IV – Was steht mir zu?

SUSANNE FRIEDAUER | KASPAR GEHRING

IV – Was steht mir zu?

Das müssen Sie über Renten, Rechte und
Versicherungen wissen

Beobachter
EDITION

■ ■ ■ EIN RATGEBER AUS DER BEOBACHTER-PRAXIS ■ ■ ■

Download-Angebot zu diesem Buch
Die Vorlage für eine Beschwerde gegen eine IV-Verfügung steht online zum Herunterladen bereit unter www.beobachter.ch/download (Code 0383).

Stand Gesetze und Rechtsprechung: Juni 2020

Beobachter-Edition
7., aktualisierte Auflage, 2020
© 2004 Ringier Axel Springer Schweiz AG, Zürich
Alle Rechte vorbehalten
www.beobachter.ch

Herausgeber: Der Schweizerische Beobachter, Zürich
Lektorat: Käthi Zeugin, Zürich; Martina Plüss, Zug
Umschlaggestaltung: Jacqueline Roth, Zürich
Umschlagfotos: iStock
Bilder im Inhalt: iStock
Reihenkonzept: buchundgrafik.ch
Satz: Bruno Bolliger, Gudo
Druck: Grafisches Centrum Cuno GmbH & Co. KG, Calbe

ISBN 978-3-03875-291-2

Zufrieden mit den Beobachter-Ratgebern?
Bewerten Sie unsere Ratgeber-Bücher im Shop:
www.beobachter.ch/shop

Mit dem Beobachter online in Kontakt:
 www.facebook.com/beobachtermagazin
 www.twitter.com/BeobachterRat

Inhalt

Vorwort 11

1 Soziale Sicherheit: So funktioniert das System 13

Das Netz der Sozialversicherungen 14
Wann ist eine Versicherung sozial? 14
Welche Sozialversicherungen decken das Invaliditätsrisiko? 15
Case Management: praktische Hilfe in einer komplexen Situation 19

Was ist Invalidität? 20
Arbeitsunfähigkeit und Erwerbsunfähigkeit 20
Invalidität: erst ab einer gewissen Dauer 22
Wie misst man Invalidität? 24
Die Diskussion um Missbrauch und «Scheininvalide» 26

2 IV: die zentrale Versicherung bei Invalidität 33

Wer ist bei der IV versichert? 34
Mindestens drei Beitragsjahre sind für eine IV-Rente nötig 35
Wohnsitz und/oder Arbeit in der Schweiz 36

Die Beiträge an die IV 38
Die Beitragspflicht: Wer zahlt ab wann? 38
Wie hoch sind die IV-Beiträge? 39

Oberster Grundsatz: Eingliederung vor Rente 42
Revisionitis – wie weiter? 43
Früherfassung: den Kontakt herstellen 43
Erste Schritte: die Frühintervention 44
Integrationsmassnahmen: Stütze in prekären Situationen 45
Zu guter Letzt: die klassische berufliche Eingliederung 47
Taggeld: der Lebensunterhalt während der Eingliederung 49
Das Kleingedruckte: auch bei der Eingliederung zentral 51
Eingliederung: Wie weit ist sie möglich? 52

Invaliditätsgrad: der Massstab für die Rente 53
Am Anfang steht der Einkommensvergleich 53
Die ganze Rechnung an einem Beispiel 59
Wenn Hausfrauen invalid werden 60
Was gilt bei Teilzeitarbeit? 62
Wenn invaliditätsfremde Gründe ins Spiel kommen 67
Weiterarbeiten trotz IV-Rente? 69

Welche Renten kennt die IV? 71
Die Hauptrente 71
Kinderrenten: oft überlebenswichtig 72
Etwas Mathematik: Wie werden die Renten berechnet? 73
Warten auf die Rente 76

Hilflosenentschädigung und Hilfsmittel 79
Hilflosenentschädigung: auf Dritte angewiesen 79
Rollstuhl, Auto, Treppenlift: die Hilfsmittel der IV 81

Verfahren: Wer richtig vorgeht, kommt weiter 83
Ohne Anmeldung läuft nichts 85
Die IV klärt ab 87
Gutachten: Darauf sollten Sie achten 90
Verzugszinsen: wenn die IV zu langsam arbeitet 92
Die IV entscheidet 93
Nicht einverstanden mit dem Entscheid der IV 94
Hilfe im Verfahrensdschungel 96

Wenn die Umstände ändern 97
Meldepflichten nicht vergessen 97
Wenn Leistungen zurückgefordert werden 100

3 Die Unfall- und die Krankenversicherung 105

Besser gedeckt bei der Unfallversicherung 106
Wann ist man versichert? 107
Was gilt als Unfall? 107
Die Abklärungen nach einem Unfall 108

Die Leistungen der Unfallversicherung … 111
Zuerst gibt es Taggelder … 111
Die Renten … 113
Integritätsentschädigung: Genugtuung für die Schmerzen … 115

Das Zusammenspiel von IV und Unfallversicherung … 117
Verunfallt und krank: Wer zahlt was? … 118
Schlag auf die invalide Hand: die Überentschädigung … 118
So kommen Sie zu Ihrem Recht … 121

Wann kommt die Krankenversicherung zum Zug? … 122
Die Leistungen der Grundversicherung … 122
Die Krankenversicherung deckt nicht alle Kosten … 123
Was bringen Zusatzversicherungen? … 124
Vom Umgang mit der Krankenkasse … 125

Krankentaggeld: der Lebensunterhalt für die erste Zeit … 126
KVG und VVG: ein entscheidender Unterschied … 127
Übertritt von der Kollektiv- in die Einzelversicherung … 127
Krankentaggelder und IV-Rente … 129
Was gilt bei teilweiser, was bei langer Arbeitsunfähigkeit? … 130

4 Die Rolle der Pensionskassen … 133

Berufliche Vorsorge: eher umständlich organisiert … 134
Wer ist versichert? … 136
Wie sind Teilinvalide versichert? … 140

Die Leistungen der Pensionskasse … 141
Berechnung der Invalidenrente:
eine sehr technische Angelegenheit … 141
Bindungswirkung: Die IV spurt vor … 145
Was gilt bei Überentschädigung? … 146

Welche Pensionskasse ist zuständig? … 148
Kernfrage: Wann hat die Arbeitsunfähigkeit angefangen? … 149
Der Gesundheitszustand verschlechtert sich … 151

Das Verfahren bei der Pensionskasse 153
Nicht einverstanden? So gehen Sie vor 153

5 Die Ergänzungsleistungen 157

Wer hat Anspruch auf zusätzliche Zahlungen? 158
Die Voraussetzungen für den EL-Bezug 159

Wie werden Ergänzungsleistungen berechnet? 161
Die anrechenbaren Einnahmen 162
Die anerkannten Ausgaben 163
Krankheits- und behinderungsbedingte Kosten 164

6 3. Säule und andere privat finanzierte Versicherungen 167

Risikodeckung über die Säule 3a 168
Was leisten Säule-3a-Versicherungen bei Invalidität? 168

Privat organisierter Invaliditätsschutz 170
Versicherungen, die von Nutzen sein können 172
Überentschädigung auch bei privat finanzierten
Versicherungen? 173

7 Rat für verschiedene Lebenssituationen 177

Als Angestellte invalid 178
Wo bin ich versichert? 178
Zuerst arbeitsunfähig, dann invalid 178
Welche Leistungen kann ich erwarten? 180
Stelle verloren, was gilt? 183
Weiterarbeiten trotz Invalidität? 185

Als Teilerwerbstätiger invalid 186
Welche Versicherung muss was leisten? 186
Wenn ich gesund wäre, würde ich wieder voll arbeiten 189

Als Arbeitslose invalid ... 191
Problem Krankheit ... 191

Als Selbständigerwerbender invalid ... 192
Was gilt bei der IV? ... 192
Selber für Sicherheit sorgen ... 194

Mit ausländischem Pass invalid ... 196
Wie bin ich als Ausländer versichert? ... 196
Und wenn ich ins Heimatland zurückkehre? ... 197

Als Hausfrau oder Hausmann invalid ... 198
Wie bin ich versichert? ... 198
Wenn ich gesund wäre, wäre ich wieder berufstätig ... 198

Wenn Kinder invalid werden ... 199
Von Geburt auf krank ... 200
Kinderunfall und Kinderkrankheit ... 201
Wenn das Kind volljährig wird ... 203

Leben im Heim ... 203
Doch zu Hause bleiben? ... 205

Anhang ... 207

Glossar ... 208
Vorlage ... 217
Hilfsmittelliste der IV ... 218
Hilfreiche Adressen und Links ... 221
Nützliche Beobachter-Ratgeber ... 230
Stichwortverzeichnis ... 231

SO FINDEN SIE SICH IN DIESEM RATGEBER ZURECHT

Der Ratgeber geht das Thema Invalidität von zwei Seiten an: In den ersten sechs Kapiteln werden die einzelnen Sozialversicherungszweige vorgestellt und auch die Privatversicherungen kurz besprochen. Hier finden Sie also alles Wichtige zur Invalidenversicherung, zur Unfallversicherung, zur Krankenversicherung, zur beruflichen Vorsorge, zu den Ergänzungsleistungen und zur 3. Säule. Die Grundbegriffe und Mechanismen werden anhand von vielen praktischen Beispielen erklärt.

Das letzte Kapitel (ab Seite 173) geht von konkreten Lebenssituationen aus. Hier können Sie nachlesen, wie Sie sich gegenüber den Versicherungen korrekt verhalten, wenn Sie als Angestellte, als Hausfrau, als Selbständigerwerbender mit einer Invalidität konfrontiert sind.

Im Anhang schliesslich finden Sie ein Glossar mit den wichtigsten Fachbegriffen, die Vorlage für eine Beschwerde gegen eine IV-Verfügung, eine Reihe nützlicher Adressen und weiterführender Links sowie ein Stichwortverzeichnis, das Sie direkt zu den Antworten auf Ihre Fragen führt. ∎

Vorwort

Invalidität bringt vieles mit sich und heisst fast immer, dass das ganze Leben umgekrempelt werden muss. Invalidität bedeutet aber nicht nur einen Schicksalsschlag für den Einzelnen und sein privates Umfeld, sondern ist auch immer wieder Thema politischer Auseinandersetzungen. Je knapper die finanziellen Ressourcen, desto heftiger und polemischer fällt die Diskussion aus.

Beim Thema Invalidität ist vieles im Gang: Das IV-Gesetz wird ständig revidiert, das Bundesgericht entscheidet grundsätzliche Fragen. Es ist nicht einfach, den Überblick zu behalten. Vorwürfe wie «Scheininvalide» und «Missbrauch des sozialen Systems» tragen nichts zur Entschärfung der Situation bei, verhärten aber die Fronten und erschweren sachgerechte Lösungen. Eine Zusammenarbeit sämtlicher Sozialpartner wäre deshalb wünschenswert. Der Invalidenversicherung kommt in unserem Sozialversicherungssystem eine zentrale Funktion zu, die sie auch weiterhin behalten muss.

Da das Risiko Invalidität in verschiedenen Sozialversicherungen und auch Privatversicherungen abgedeckt ist, ergibt sich ein komplexes Zusammenspiel, in welchem oftmals Fehler passieren: Die rechtzeitige Anmeldung bei den Versicherungen geht vergessen, Leistungen werden falsch berechnet, ärztliche Berichte zuungunsten der Versicherten ausgewertet oder Gesuche über Monate hinweg nicht behandelt. Zusätzlich erschwert die umfangreiche Rechtsprechung, den Überblick zu behalten. Wir haben versucht, dieses komplexe System auf die relevanten Grundsätze zu reduzieren und aus der Sicht unserer alltäglichen Arbeit darzustellen.

Das Buch wendet sich in erster Linie an Betroffene und ihre Angehörigen. Es soll Hilfe bieten im Umgang mit Behörden, Abklärungsstellen und Versicherungen. Besonders soll es aber einen Einstieg bieten, sich im komplexen System zurechtzufinden und eine erste Beurteilung vorzunehmen, wie es um Ihren Versicherungsfall oder denjenigen von Ihren Angehörigen steht und ob Experten beigezogen werden müssen. Das grosse Ziel dieses Buches ist es, dass Sie alle Versicherungsleistungen erhalten, die Ihnen zustehen. Wir hoffen, hier einen ersten Beitrag geleistet zu haben.

Susanne Friedauer, Kaspar Gehring
im September 2020

Soziale Sicherheit: So funktioniert das System

1

Niemand rechnet mit einer Invalidität – und doch: Ungefähr jeder sechste Mann ist invalid, wenn er das Rentenalter erreicht; bei den Frauen liegt der Anteil etwas tiefer. Wer invalid ist, kämpft in aller Regel nicht nur mit gesundheitlichen Problemen, sondern muss sich auch mit vielen Versicherungen herumschlagen. Deshalb als Erstes ein Überblick über das Netz der sozialen Sicherheit in der Schweiz.

Das Netz der Sozialversicherungen

Die wichtigsten Risiken des Lebens – Arbeitslosigkeit, Alter, Krankheit, Unfall, Invalidität, Tod – werden in der Schweiz von mehreren Sozialversicherungen abgedeckt. Insgesamt bietet dieses Auffangnetz einen recht guten Schutz; die Tabelle auf der nächsten Doppelseite zeigt, welcher Versicherungszweig für welche Risiken zuständig ist. In diesem Ratgeber werden die Ihnen zustehenden Versicherungsleistungen bei gesundheitlichen Beeinträchtigungen dargestellt.

In diesem Kapitel erfahren Sie, was Sie versicherungsrechtlich zu erwarten haben, wenn das Invaliditätsrisiko eintritt. Sie werden sehen, was eigentlich eine «Invalidität» ist und weshalb die Fachleute sie von der Arbeitsunfähigkeit und von der Erwerbsunfähigkeit unterscheiden. Begriffe wie Hilflosigkeit, Umschulung, Hilfsmittel, Überentschädigung oder Rentenkürzung werden erläutert.

Im Zentrum des Ratgebers steht also die Invalidenversicherung. Daneben werden aber auch die anderen Sozialversicherungen besprochen, die bei einer Invalidität Leistungen erbringen. Dazu zählen die berufliche Vorsorge, das heisst Ihre Pensionskasse, die Unfallversicherung und die Krankenversicherung.

Wichtig können auch Privatversicherungen sein, vor allem im Rahmen der Säule 3a. Reichen die Leistungen dieser Versicherungen nicht aus, um den Lebensunterhalt zu finanzieren, werden zusätzlich sogenannte Ergänzungsleistungen ausgezahlt.

Wann ist eine Versicherung sozial?

Was als Versicherung gilt, kann hochtheoretisch oder umgangssprachlich umschrieben werden. Wichtig sind vor allem zwei Elemente:
- Die Versicherung erbringt Leistungen, wenn das versicherte Risiko – etwa die Invalidität oder der Tod – eintritt.

- Finanziert wird dies durch regelmässige Prämien oder Beiträge der Versicherten, die so bemessen sind, dass sie voraussichtlich die erwarteten Risiken sowie die Kosten des Versicherers, beispielsweise seine Verwaltungskosten, abdecken.

Ob das versicherte Risiko eintritt, ist immer ungewiss; Sie hoffen darauf, dass nichts passiert, doch wissen Sie, dass Sie im gegenteiligen Fall abgedeckt sind.

Typisch: Versicherungsobligatorium
In diesem Ratgeber werden hauptsächlich Sozialversicherungen besprochen. Sie werden fragen, ob eine Versicherung überhaupt «sozial» sein kann. Typisch für die Sozialversicherungen ist im Wesentlichen, dass sie die gesamte Bevölkerung oder doch weite Teile davon erfassen. Solange jemand die gesetzlichen Voraussetzungen erfüllt, kann ihm nicht gekündigt werden; auch «schlechte Risiken» dürfen nicht ausgeschlossen werden. Die Leistungen der Sozialversicherungen sind gesetzlich festgelegt und nur zum Teil von der Höhe der Prämienzahlungen abhängig; ein bestimmtes Minimum steht allen Versicherten zu. Hinzu kommt, dass Sozialversicherungen keinen Gewinn erzielen wollen. In aller Regel sind sie staatlich organisiert.

TIPP *Die Tabelle auf der nächsten Doppelseite gibt Ihnen einen allgemeinen Überblick über das schweizerische Sozialversicherungssystem. Die Gesetze und Verordnungen zu den einzelnen Zweigen regeln viele weitere Einzelheiten. Wenn Sie konkrete Fragen haben, lohnt es sich, die gesetzliche Regelung genau anzusehen. Am einfachsten ist der Zugriff auf die Gesetze über das Internet: www.admin.ch (→ Bundesrecht → Systematische Rechtssammlung).*

Welche Sozialversicherungen decken das Invaliditätsrisiko?

AHV für das Risiko Alter, Unfallversicherung für den Unfall, die Invalidenversicherung bei Invalidität – so einfach ist es leider nicht. Das Invaliditätsrisiko wird von ganz verschiedenen Sozialversicherungen er-

WELCHE SOZIALVERSICHERUNGEN GIBT ES?

Sozialversicherung	Versicherte Risiken
Alters- und Hinterlassenenversicherung (AHV)	Alter, Tod
Invalidenversicherung (IV)	Invalidität
Unfallversicherung	Unfall, Berufskrankheit
Krankenversicherung	Krankheit
Berufliche Vorsorge	Alter, Tod, Invalidität
Ergänzungsleistungen (EL)	Finanzielle Schwierigkeiten der Bezüger von Leistungen der AHV oder IV
Arbeitslosenversicherung	Arbeitslosigkeit
Erwerbsersatzordnung (EO)	Verdienstausfall wegen Dienstleistung oder Mutterschaft
Familienzulagen	Mehrkosten wegen Familie
Militärversicherung	Alter, Tod, Invalidität

fasst. Es ist eine der grossen Schwierigkeiten des Schweizer Sozialversicherungssystems, dass ein einzelnes Risiko in verschiedenen Zweigen abgedeckt ist.

Der heutige recht gute Schutz bei Invalidität ist historisch gewachsen. Deshalb ist auch so schwierig abzuschätzen, welche Sozialversicherungen bei einer Invalidität Leistungen erbringen. Die Zusammenstellung auf Seite 18 zeigt diejenigen Zweige, in denen Sie gegen Invalidität versi-

Wer ist versichert?	Gesetz und zuständige Stellen
Alle, die in der Schweiz arbeiten oder ihren Wohnsitz haben	AHVG; AHV-Ausgleichskassen
Alle, die in der Schweiz arbeiten oder ihren Wohnsitz haben	IVG; Ausgleichskassen und kantonale IV-Stellen
Alle in der Schweiz unselbständig Erwerbstätigen	UVG; Suva und andere Versicherungsgesellschaften
Alle, die in der Schweiz wohnen	KVG; Krankenkassen, für Zusatzversicherungen auch Versicherungsgesellschaften
Alle Unselbständigerwerbenden ab einem bestimmten Mindesteinkommen	BVG; Pensionskassen und andere Vorsorgeeinrichtungen
Gesamte Wohnbevölkerung; Bürger von Ländern ausserhalb EU und EFTA: nach zehn Jahren Wohnsitz in der Schweiz	ELG; Ergänzungsleistungsbehörde des Kantons oder der Gemeinde
Alle in der Schweiz unselbständig Erwerbstätigen	ALV; Arbeitslosenkassen und Regionale Arbeitsvermittlungszentren (RAV)
Alle, die eine Dienstleistung erbringen (Militär-, Zivil-, Zivilschutzdienst) oder im Mutterschaftsurlaub sind	EOG; Ausgleichskassen
Alle Erwerbstätigen sowie Nichterwerbstätige (bis zu einem gewissen Einkommen); eigene Regelungen für landwirtschaftliche Arbeitnehmer und für Landwirte	FamZG, FLG; Familienausgleichskassen
Alle, die Militär-, Zivil- oder Zivilschutzdienst leisten	MVG; Suva

chert sind oder sein können. Denken Sie aber daran: Viele Einzelfragen passen nicht in dieses Schema.

Das Zusammenspiel an einem Beispiel

 PIA K. IST VERKÄUFERIN. Bei einem Verkehrsunfall wird sie so schwer verletzt, dass sie nicht mehr weiterarbeiten kann. Von welchen Sozialversicherungen kann sie Leistungen beanspruchen?

HIER SIND SIE GEGEN INVALIDITÄT VERSICHERT

Sozialversicherung	Versicherte Leistungen bei Invalidität
Invalidenversicherung	■ Früherfassung, Frühintervention, Integrationsmassnahmen ■ Berufliche Massnahmen ■ Taggeld während der Eingliederung ■ Hilflosenentschädigung ■ Renten ■ Hilfsmittel ■ Assistenzbeiträge
Krankenversicherung	■ Medizinische Behandlung der Krankheit ■ Krankentaggeld (nicht obligatorisch)
Unfallversicherung	■ Medizinische Behandlung bei Unfall (Berufsunfall, Nichtberufsunfall nur bei mindestens acht Wochenstunden beim selben Arbeitgeber) ■ Taggelder ■ Renten ■ Hilflosenentschädigung ■ Integritätsentschädigung ■ Hilfsmittel (nur wenige)
Berufliche Vorsorge	■ Invalidenrenten
Ergänzungsleistungen	■ Jährliche Ergänzungsleistung ■ Nicht gedeckte Krankheits- und Behinderungskosten

- **Unfallversicherung:** Als Angestellte ist Frau K. obligatorisch gegen Unfall versichert. Während der Heilungsphase bezahlt die Unfallversicherung Taggelder; später werden diese durch eine Rente abgelöst. Allenfalls ist auch eine Integritätsentschädigung geschuldet.
- **Invalidenversicherung:** Die Invalidenversicherung prüft zunächst, ob Frau K. wieder ins Berufsleben eingegliedert werden kann, und übernimmt allenfalls die dafür nötige Umschulung. Ist dies nicht möglich, erhält Frau K. eine Rente.
- **Pensionskasse:** Auch von der Pensionskasse kann Frau K. eine Invalidenrente verlangen. Sie muss aber damit rechnen, dass diese wegen Überentschädigung gekürzt wird.

Die versicherungsrechtliche Bewältigung einer Invalidität ist oft schwierig. Hinzu kommt, dass invalide Personen ja hauptsächlich mit ihrer Gesundheit zu kämpfen haben. Für viele ist es deshalb eine Überforderung, zugleich auch noch die versicherungsrechtliche Situation im Auge zu behalten. Doch vom richtigen Vorgehen kann einiges abhängen.

 TIPP *Brauchen Sie Hilfe? Im Anhang finden Sie die Adressen verschiedener Stellen, die Sie fachkundig beraten. Es lohnt sich, die versicherungsrechtliche Situation gründlich abzuklären.*

Case Management: praktische Hilfe in einer komplexen Situation

In der Diskussion um die Invalidenversicherung ist in den vergangenen Jahren zunehmend ein Schlagwort aufgetaucht: Case Management. Eine genaue Definition dieses Begriffs ist nicht einfach; man versteht darunter, dass eine Person oder Stelle alle Bemühungen um die Rehabilitation von Menschen mit einer gesundheitlichen Beeinträchtigung koordiniert. Ziel ist es, einen raschen Wiedereinstieg ins Berufsleben zu ermöglichen und so eine Invalidität zu verhindern oder zu minimieren.

Die Case Managerin unterstützt die Versicherten, indem sie die Funktion einer Schaltstelle übernimmt zwischen Medizin (etwa Hausarzt), Beruf (Arbeitgeber, Berufsberaterin), Versicherungen (IV, Unfallversicherung) und der versicherten Person (persönliche Probleme, Familie, Freunde). Die Case Managerin tritt meist direkt in Kontakt mit der erkrankten oder verunfallten Person; es gibt also vielleicht Hausbesuche oder Besprechungen mit dem Arbeitgeber. Die Case Managerin hat auch die Aufgabe, sich mit den verschiedenen Versicherungen abzusprechen – kurz gesagt: Sie haben in ihr eine wichtige Begleitperson, wenn Sie verunfallt oder erkrankt sind.

Sorgfältiges Case Management ist eine verantwortungsvolle und oft schwierige Aufgabe. Die Berater und Betreuer müssen belastbar, ausdauernd, einfühlsam und vor allem auch neutral sein. Deshalb sollten sie eigentlich von den beteiligten Versicherungsgesellschaften unabhängig sein. Heute wird aber Case Management (noch) oft von den Versicherern betrieben. Dabei besteht die Gefahr, dass es dem Versicherer weniger um eine nachhaltige Rehabilitation geht als vielmehr darum, Kosten zu sparen. Zunehmend finden sich aber auch freiberufliche Case Managerinnen und Case Manager.

INFO *Seit der 5. IV-Revision haben auch die IV-Stellen die Möglichkeit, Case Management zu betreiben. Dabei geht es um Früherfassung einer drohenden Invalidität, um frühzeitige Intervention und Integration (mehr dazu auf Seite 41).*

Was ist Invalidität?

Invalid ist eigentlich ein schreckliches Wort, denn es bedeutet nichts anderes als «unwert». Doch in juristischer Hinsicht ist recht klar definiert, was damit gemeint ist. Die Schwierigkeit liegt darin, im konkreten Fall zu entscheiden, ob eine Invalidität eingetreten ist oder nicht. Zu Tausenden werden in der Schweiz jedes Jahr Gerichtsverfahren über diese heikle Frage geführt.

Arbeitsunfähigkeit und Erwerbsunfähigkeit

Schon wieder zwei neue Begriffe für dieselbe Situation: Jemand kann wegen einer gesundheitlichen Beeinträchtigung nicht arbeiten. Arbeitsunfähigkeit und Erwerbsunfähigkeit werden sehr häufig vermischt und verwechselt. Doch es handelt sich um zwei Begriffe, die klar voneinander zu unterscheiden sind, weil sie zwei ganz verschiedene Sachverhalte meinen.

Arbeitsunfähigkeit: der Blick zurück

Die Arbeitsunfähigkeit umschreibt die Einbusse in der bisherigen Tätigkeit. Es wird also zurückgeblickt auf die Arbeit, die die betroffene Person vor dem Eintritt der Krankheit oder des Unfalls ausgeübt hat. Die Ärztin oder der Arzt muss genau umschreiben, ob und inwieweit sie diese Tätigkeit noch bewältigen kann. Es gibt also nicht etwa «die» Arbeitsunfähigkeit; für jeden Beruf ist eine unterschiedliche Bemessung nötig.

MARGOT L. IST NACH EINEM UNFALL querschnittgelähmt. Als Informatikerin, die hauptsächlich neue Software entwickelt und Programmierarbeiten ausführt, kann sie – mit den nötigen Anpassungen des Arbeitsplatzes – trotz Querschnittlähmung ihre bisherige Tätigkeit mehr oder weniger unverändert weiterführen. Also gilt sie als 100-prozentig arbeitsfähig. Ganz anders der Maurer Friedrich P.: Mit einer Querschnittlähmung ist er in seinem bisherigen Beruf natürlich zu 100 Prozent arbeitsunfähig.

Das Beispiel zeigt die Relativität des Begriffs der Arbeitsunfähigkeit. Wenn Sie deshalb in der Situation sind, dass ein Arzt Ihre Arbeitsunfähigkeit bestimmen muss, erzählen Sie genau, wo Sie bisher tätig waren. Für die Arbeitsunfähigkeit ist nur die Einschränkung in der bisherigen Tätigkeit massgebend.

Erwerbsunfähigkeit: der Blick nach vorn

Muss die Erwerbsunfähigkeit einer erkrankten oder verunfallten Person bestimmt werden, richtet sich der Blick nach vorn. Massgebend ist nicht mehr die Einschränkung im bisherigen Beruf oder in der bisherigen Tätigkeit, sondern es wird überprüft, wie sehr diese Person auf dem gesamten Arbeitsmarkt eingeschränkt ist. Das kann natürlich ein ganz anderes Resultat ergeben.

DIE IV ÜBERPRÜFT, ob Friedrich P., der querschnittgelähmte Maurer aus dem obigen Beispiel, in anderen Tätigkeitsbereichen arbeiten kann. Sie gelangt zum Ergebnis, dass er – nach einer Umschulung – im Bürobereich durchaus zu 70 Prozent tätig sein kann. Sein Einkommen reduziert sich also nicht von 100 auf 0 Prozent, sondern allenfalls von 100 auf 70 Prozent. Friedrich P. ist deshalb zwar zu 100 Prozent arbeitsunfähig, aber nur zu 30 Prozent erwerbsunfähig.

Wozu die Unterscheidung?

Sie werden wohl denken, dass es sich um eine Unterscheidung handelt, die im Alltag nicht allzu viel taugt. Doch für die Sozialversicherung ist die Abgrenzung zwischen Arbeits- und Erwerbsunfähigkeit von allergrösster Bedeutung.

In der ersten Zeit nach einem Unfall oder einer Erkrankung richten die Sozialversicherungen üblicherweise Taggelder aus – beispielsweise die Unfallversicherung während der Heilungsphase oder die IV während einer Umschulung. In dieser Zeit wird auf die Arbeitsunfähigkeit – also auf die

Einbusse in der bisherigen Tätigkeit – abgestellt. Erst später, wenn klar ist, dass eine Rente ausgezahlt werden muss, kommt die Erwerbsunfähigkeit – die Einbusse im gesamten Arbeitsmarkt – ins Spiel. Als Faustregel können Sie sich Folgendes merken:

- Arbeitsunfähigkeit ist massgebend während der Taggeldphase.
- Erwerbsunfähigkeit ist massgebend während der Rentenphase.

HEINZ K. IST LASTWAGENCHAUFFEUR. Beim Abladen stürzt er und zieht sich gravierende Rückenverletzungen zu. Es ist klar, dass er überhaupt nicht mehr als Lastwagenchauffeur tätig sein kann. Er erhält deshalb Taggelder auf der Basis einer 100-prozentigen Arbeitsunfähigkeit. Dann meldet sich Heinz K. bei der IV an. Diese ist der Auffassung, eine rückenschonende Tätigkeit könne er ohne Weiteres zu 100 Prozent ausüben, und schlägt ihm Tätigkeiten in einem automatisierten Magazin vor. Als Lastwagenchauffeur verdiente Herr K. monatlich 5500 Franken. Die IV nimmt an, bei der vorgeschlagenen Tätigkeit im Magazin sei ein Einkommen von 4000 Franken möglich. Nach dieser Rechnung erleidet der ehemalige Lastwagenfahrer also eine Verdiensteinbusse von 1500 Franken oder von 27 Prozent. Er ist also auch nur zu 27 Prozent erwerbsunfähig, und das reicht nicht für eine Rente der IV.

Invalidität: erst ab einer gewissen Dauer

Bisher war von Arbeits- und Erwerbsunfähigkeit die Rede; Invalidität ist nun noch etwas Drittes. Von Invalidität spricht man erst, wenn eine Erwerbsunfähigkeit längere Zeit andauert. Wer nur vorübergehend – viel-

DEFINITION FÜR SCHNELLLESERINNEN UND SCHNELLLESER
- Arbeitsunfähigkeit ist im Rückblick auf die bisherige Tätigkeit zu bestimmen.
- Erwerbsunfähigkeit bedeutet die Einbusse auf dem gesamten Arbeitsmarkt.
- Invalidität liegt gemäss der IV vor, wenn während mindestens zwölf Monaten eine durchschnittliche Arbeitsunfähigkeit von mindestens 40 Prozent bestanden hat und zukünftig eine erhebliche und dauerhafte Erwerbsunfähigkeit besteht.

GEBURTSGEBRECHEN

Ein altmodisches Wort erhält in der IV eine grosse Bedeutung. Was ist überhaupt ein Geburtsgebrechen?

Als Geburtsgebrechen werden diejenigen Krankheiten bezeichnet, die bereits bei vollendeter Geburt bestehen. Eine Krankheit, die erst später eintritt, gilt nicht als Geburtsgebrechen. Eigentlich handelt es sich also um ganz normale Krankheiten, die aber schon in einem bestimmten Zeitpunkt – eben bei der Geburt – bestehen müssen. Bei solchen Krankheiten kommt nicht die Krankenversicherung für die Behandlungskosten auf, sondern die Invalidenversicherung. Die Liste der heute anerkannten Geburtsgebrechen umfasst rund 200 verschiedene Krankheiten. Dazu gehören etwa angeborene Schädeldefekte, angeborene HIV-Infektionen, angeborene Epilepsie, Tumore des Neugeborenen, kongenitale Hirnstörungen (bekannt als POS oder ADS) oder Herzkrankheiten.

Damit die IV für die Behandlungskosten aufkommt, müssen Sie Ihr Kind rechtzeitig anmelden (siehe auch Seite 200). In aller Regel werden Sie von der Ärztin darauf aufmerksam gemacht, dass ein Geburtsgebrechen vorliegt; andernfalls wird Sie der Krankenversicherer an die IV verweisen.

---

leicht einen Monat lang – erwerbsunfähig ist, gilt noch nicht als invalid. Wenn Sie meinen, das sei eine schwierig zu ziehende Grenze, haben Sie ganz recht! Die Sache vereinfacht sich aber, weil in der Invalidenversicherung angenommen wird, wer länger als zwölf Monate arbeitsunfähig ist und in Zukunft erwerbsunfähig ist, sei invalid.

Renten richtet die Invalidenversicherung also erst aus, wenn jemand mindestens zwölf Monate arbeitsunfähig geblieben ist. Nehmen Sie beispielsweise einen Aussendienstmitarbeiter, der nach einem Herzinfarkt seine Tätigkeit nicht mehr ausüben kann. Er muss zunächst zwölf Monate warten, bis die IV – wenn diese gesundheitliche Einschränkung weiter andauert – eine Invalidität annimmt. Wie hoch diese Invalidität ist, bestimmt sich durch einen Einkommensvergleich (siehe Seite 53).

TIPP *Die IV zahlt eine Invalidenrente frühestens sechs Monate, nachdem Sie sich bei der IV-Stelle angemeldet haben. Warten Sie also auf keinen Fall zu lange mit einer Anmeldung, wenn Ihre Arbeitsunfähigkeit längere Zeit dauert!*

Der ganze Arbeitsmarkt wird einbezogen

URSULA H. IST BÄCKERIN und hat schon viele Jahre auf dem Beruf gearbeitet. Mit der Zeit entwickelt sie jedoch eine Mehlallergie, die ihr eine Weiterarbeit in der Bäckerei verunmöglicht. Sie liebt ihren Beruf sehr und kann sich nicht vorstellen, überhaupt etwas anderes zu arbeiten. Ist sie nun invalid?

Die Antwort wird wohl sein: Nein! Die Sozialversicherung mutet einer in einem bestimmten Beruf arbeitsunfähigen Person durchaus zu, die Tätigkeit zu wechseln, auch wenn ihr dies weder behagt noch besonders liegt. Erst wenn feststeht, dass auch in anderen Berufszweigen eine Tätigkeit nicht mehr möglich ist, stellt sich die Frage einer Invalidität. Die Bäckerin aus dem Beispiel muss also akzeptieren, dass sie ihren Lebensunterhalt in Zukunft in einer anderen Branche zu verdienen hat. Vielleicht verfügt sie nicht über die nötigen Kenntnisse; dann bewilligt ihr die IV eine Umschulung (mehr dazu auf Seite 45).

Wie misst man Invalidität?

Bisher haben Sie immer von Invalidität an sich gelesen. Doch natürlich sind nicht alle Menschen mit einer gesundheitlichen Beeinträchtigung gleich zu 100 Prozent invalid. Die Einschränkung kann auch bloss 5 oder 10 Prozent betragen. Es muss also eine Methode geben, um das genaue Ausmass der Invalidität oder – mit dem Fachausdruck – den Invaliditätsgrad zu bestimmen. Dieser Invaliditätsgrad ist für die Betroffenen zentral, denn alle Sozialversicherungen richten ihre Leistungen danach aus. Die IV etwa gewährt bei einem Invaliditätsgrad von 40 Prozent eine Viertelsrente, ab einem Invaliditätsgrad von 50 Prozent eine halbe, ab 60 Prozent eine Dreiviertels- und ab 70 Prozent eine ganze Rente. Andere Sozialversicherungen haben ein feiner abgestuftes System: Die Unfallversicherung setzt bereits bei einem Invaliditätsgrad von 10 Prozent ein und richtet die Renten «prozentgenau» aus. Jede Erhöhung um einen einzigen Prozentpunkt bringt also bei der Unfallversicherung leicht bessere Leistungen mit sich.

Der Invaliditätsgrad steuert alle Rentenleistungen der Sozialversicherungen. Dabei gilt häufig der Spruch: «Einmal schief – immer schief.»

👁 **DORA F. LEIDET AN NIERENZYSTEN** und kann deshalb ihre bisherige Arbeit als Kellnerin nicht mehr uneingeschränkt weiterführen. Hinzu kommt, dass sie zunehmend in Depressionen verfällt. Die IV ermittelt einen Invaliditätsgrad von 48 Prozent und spricht ihr deshalb eine Rente zu. Weil der Invaliditätsgrad unter 50 Prozent liegt, erhält Frau F. nur eine Viertelsrente, die maximal 593 Franken (Stand 2020) pro Monat beträgt. Sie hat zwar den Eindruck, dass ihr Invaliditätsgrad viel höher sein sollte, weil sie wegen ihrer Depression eigentlich überhaupt nicht mehr arbeiten kann. Sie fühlt sich aber mit den versicherungsrechtlichen Fragen überfordert und lässt die ganze Sache liegen.

Später wendet sich Frau F. an die Pensionskasse und beantragt auch dort eine Rente. Eigentlich möchte sie hier eine ganze Rente erhalten, weil sie nicht mehr arbeiten kann. Die Pensionskasse beruft sich aber darauf, dass die IV nur einen Invaliditätsgrad von 48 Prozent berechnet hat. Sie erhält auch von der beruflichen Vorsorge nur eine Viertelsrente.

Schwierige Lage! Wenn es Frau F. nicht gelingt, eine Verschlechterung ihres Gesundheitszustands zu beweisen, wird sie sich mit den kargen Viertelsrenten der IV und der Pensionskasse begnügen müssen. Sie hätte schon beim IV-Entscheid richtig reagieren und den Invaliditätsgrad überprüfen lassen müssen. Bereits eine Erhöhung auf 51 Prozent hätte gereicht, um später auch eine halbe Rente der Pensionskasse zu erhalten. Ein nur 3 Prozent höherer Invaliditätsgrad würde die Leistungen der Versicherungen also verdoppeln.

Festgelegt wird der Invaliditätsgrad von der IV; Beispiele für die Berechnung finden Sie ab Seite 52. Da dieser Entscheid auch für die Leistungen aller anderen Sozialversicherungen so grosse Bedeutung hat, sollten Sie sich unbedingt wehren, wenn Sie den Eindruck haben, es sei der IV-Stelle ein Fehler unterlaufen.

❗ **TIPP** *Reagieren Sie bei einem Fehlentscheid der IV nicht, besteht eine grosse Wahrscheinlichkeit, dass Sie auch bei den anderen Sozialversicherungen keine Korrektur mehr werden erreichen können. Lassen Sie sich wenn nötig beraten; Adressen fachkundiger Stellen finden Sie im Anhang.*

Kann eine Hausfrau invalid sein?
Ist Ihnen auch aufgefallen, dass sich alle bisherigen Beispiele auf erwerbstätige Personen bezogen? Fast könnte der Eindruck entstehen, dass Hausfrauen und Hausmänner nicht invalid sein können. Das ist natürlich falsch; die Schwierigkeit liegt aber darin, dass im Haushalt Tätige nicht ein eigentliches Einkommen erzielen. Wie soll man dann bestimmen, ob eine Invalidität eingetreten ist?

Bei Hausfrauen und Hausmännern werden nicht Einbussen im Einkommen ermittelt, sondern massgebend ist, wie weit die Einschränkung in der Haushaltsführung geht. Die IV klärt also ab, in welchem Ausmass das Kochen, Putzen, Einkaufen oder die Gartenpflege noch möglich sind. Dieser sogenannte Betätigungsvergleich verlangt von den Begutachtenden viel Lebenserfahrung und Einfühlungsvermögen (mehr dazu auf Seite 58).

> **TIPP** *Auch wenn Sie als Hausfrau oder Studierende kein Einkommen erzielen, können und sollen Sie sich bei der IV anmelden, wenn Sie unter erheblichen gesundheitlichen Beeinträchtigungen leiden.*

Die Diskussion um Missbrauch und «Scheininvalide»

Immer wieder wird in politischen Diskussionen gepoltert mit dem Vorwurf «scheininvalid». Besonders weit kommt man damit allerdings nicht. Die Bestimmung des Invaliditätsgrads ist ein so heikler Vorgang, dass von aussen gesehen der Eindruck entstehen mag, manche Betroffene seien gar nicht invalid. Dieser Eindruck täuscht.

Die Bestimmung der Invalidität setzt das Zusammenwirken verschiedenster Personen voraus: Ärztinnen müssen Stellung beziehen; Berufsberater prüfen eine Umschulung; IV-Sachbearbeiterinnen klären die Einkommensmöglichkeiten ab; Rechtsdienste von IV-Stellen werden aktiv. Wo so viele verschiedene Personen zusammenwirken, ist es praktisch ausgeschlossen, dass jemand zu Unrecht eine Rente zugesprochen erhält. Zwar sind oft Ermessensentscheide zu treffen; das allein bedeutet aber noch nicht, dass Drückeberger als Invalide anerkannt werden. Viel eher beinhaltet das Schlagwort der Scheininvalidität den Versuch, bestimmte Menschen – Verunfallte und Kranke – aus der Gesellschaft auszugrenzen.

Es kann auch nicht wegdiskutiert werden, dass in der heutigen schwierigen Arbeitsmarktlage die Invalidenversicherung viele Probleme auszubaden hat, die gar nicht von ihr zu lösen sind. Unternehmen werden fusioniert und Arbeitsplätze abgebaut im Interesse von Kapitalrenditen und Topsalären für Manager und Berater. Zu oft wurden Menschen bei diesen Prozessen in die Invalidenversicherung abgeschoben, obwohl viele von ihnen am liebsten weitergearbeitet hätten. Weil die Wirtschaft aber keine für sie geeigneten Arbeitsplätze zur Verfügung stellte, blieb ihnen kein anderer Weg als derjenige zur Invalidenversicherung – was zu einer starken Erhöhung der Rentenzahlen und schlussendlich auch zur derzeit schwierigen Finanzlage der Invalidenversicherung geführt hat. Nachdem heute vor dem Hintergrund der «Sanierung der Invalidenversicherung» viel strengere Massstäbe gelten (siehe dazu sogleich), wirkt das Wort «Scheininvalidität» höchst problematisch. Im Rahmen der 6. IV-Revision, mit welcher Rentner hätten wiedereingegliedert werden sollen, hat sich abgezeichnet, dass die Integration kranker oder invalider Menschen in den Arbeitsmarkt schwierig, wenn nicht gar illusorisch ist, solange die Arbeitgeberschaft nicht gezwungen wird, entsprechende Arbeitsplätze zur Verfügung zu stellen.

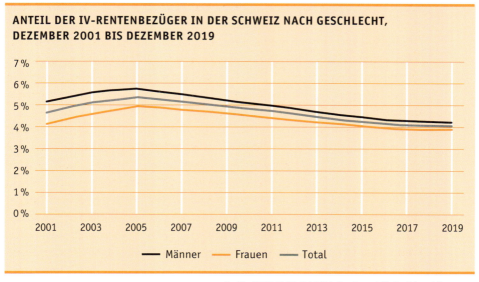

Quelle: IV-Statistik Mai 2020, Bundesamt für Sozialversicherungen

Es ist schwieriger geworden
Das Misstrauen gegenüber allfälligen «Scheininvaliden» und die schlechte Finanzlage der IV haben in den vergangenen Jahren zu einer Praxisverschärfung geführt. Noch restriktiver als bisher werden die Bestimmungen ausgelegt, noch akribischer wird geprüft, bevor jemand eine Rente erhält. Seit 2003 hat die Anzahl neu zugesprochener Renten drastisch abgenommen, wie die Zahlen der IV zeigen: 2003 lag der Anteil der Neurentner an der Bevölkerung bei 0,6 Prozent, 2011 betrug er noch rund die Hälfte oder 0,31 Prozent, und bis 2015 ging er noch einmal leicht zurück.

Nachdem die Zahlen der Neurenten nach Einführung der 5. IVG-Revision auf tiefem Niveau stabilisiert werden konnten, wurden mit der 6. IV-Revision die laufenden Renten überprüft. Es wurden neue Integrationsmöglichkeiten geschaffen. Das Ziel war, 17 000 Rentenbezügerinnen und -bezüger einzugliedern. Die neusten Zahlen fallen jedoch ernüchternd aus: Eingliederungen konnten kaum realisiert werden – anstelle erfolgreicher Eingliederungen ist es vielmehr zu ersatzlosen Rentenaufhebungen gekommen. Nachdem die 6. IV-Revision in zwei Teile unterteilt werden musste (6a und 6b) und die Revision 6b gescheitert ist, hat der Bundesrat im Februar 2017 die Botschaft zur Weiterentwicklung der IV ans Parlament überwiesen. Im Zentrum stehen eine intensivere Begleitung und Regelung bei Geburtsgebrechen, die gezielte Unterstützung bei Jugendlichen beim Übergang ins Erwerbsleben sowie der Ausbau der Beratung und der Begleitung von Menschen mit psychischen Gesundheitsstörungen. Ebenso wird in der Vorlage vorgesehen, das heute vierstufige Rentenmodell (Viertelsrente, halbe Rente, Dreiviertelsrente, ganze Rente) durch ein stufenloses System zu ersetzen. Im Rahmen der Debatten in den Räten sind wichtige Punkte bezüglich der Transparenz im Gutachterwesen sowie Tonaufnahmen von Gutachten hinzugekommen. Die letzten Differenzen wurden in der Debatte im Nationalrat am 4. März 2020 bereinigt. Es geht nun noch um die Umsetzung und Inkraftsetzung dieser Revision.

Schmerzen, Schleudertrauma und ähnliche Beeinträchtigungen
2004 hat das Bundesgericht entschieden, bei der Diagnose «somatoforme Schmerzstörung» sei in der Regel keine Arbeitsunfähigkeit anzuerkennen beziehungsweise diese Diagnose könne keine Invalidität begründen (BGE 130 V 352). Diese Rechtsprechung wurde in den Folgejahren auf weitere Krankheiten und Verletzungen ausgeweitet:

- Fibromyalgiesyndrom (Weichteilrheuma)
- Dissoziative Sensibilitäts- und Empfindungsstörungen
- HWS-Distorsion (Schleudertrauma) ohne nachweisbare organische Funktionsausfälle
- Nicht organische Hypersomnie (Schlafsucht)
- Neurasthenie
- Chronic Fatigue Syndrom (chronisches Müdigkeitssyndrom, CFS) mit Ausnahme bei Krebserkrankungen

Bei diesen Erkrankungen wurde vermutet, dass die Versicherten mit gutem Willen (in juristischer Sprache «mit zumutbarer Willensanstrengung») arbeiten könnten. Ausnahmen wurden nur selten anerkannt. Eine heikle Vermutung!

Das Bundesgericht hat diese Theorie der Überwindbarkeit in einem Entscheid aus dem Jahr 2015 schliesslich aufgegeben und das frühere «Regel/Ausnahme»-Modell durch ein neues Prüfungsraster ersetzt (BGE 141 V 281): In diesem – als strukturiertes Beweisverfahren bezeichneten – Raster wird vorab geprüft, wie schwerwiegend die gesundheitlichen Einschränkungen sind. Dabei wird einerseits auf die medizinische Diagnose abgestellt, andererseits werden auch die persönlichen Ressourcen und das soziale Umfeld berücksichtigt. In einem zweiten Schritt wird überprüft, ob das Verhalten und die Aussagen der Versicherten in sich konsistent sind in dem Sinne, dass sich die Einschränkungen auf alle Lebensbereiche (z. B. Arbeit und Freizeit) auswirken.

Diese neue Rechtsprechung wurde vorerst nur bei den vorgenannten Diagnosen angewendet. Nach und nach hat sich der Anwendungsbereich jedoch erweitert. Ende 2017 wurde die Rechtsprechung vorerst zusätzlich auf leichte bis mittelgradige Depressionen und später dann grundsätzlich auf sämtliche psychischen Erkrankungen ausgeweitet. Ausgenommen sind ganz klare schwere psychiatrische Fälle. Kurz zusammengefasst kann man sagen, dass diese Indikatorenprüfung bei ganz klaren somatischen Gesundheitsschäden oder ganz schweren psychischen Erkrankungen nicht zur Anwendung kommt, sonst aber mehr oder weniger flächendeckend angewendet wird. Zuletzt hat das Bundesgericht entschieden, dass auch Suchterkrankungen – welche früher äusserst restriktiv beurteilt wurden – unter diese neue Rechtsprechung fallen.

Die Rechtsänderung hat die Gesamtlage insoweit etwas verbessert, als bei den erwähnten Krankheitsbildern nicht per se von der «Überwindbarkeit» ausgegangen wird und sich die Gerichte in aller Regel auch intensiver mit der Indikatorenprüfung auseinandersetzen als das früher bei der Überwindbarkeitsrechtsprechung der Fall war. Immer noch etwas unklar bleibt die Aufgabenteilung zwischen den medizinischen Gutachtern und den Versicherungen/Gerichten. Klar ist, dass durch medizinische Gutachten umfassende Grundlagen für den Entscheid bei den Versicherungen und Gerichten geschaffen werden müssen. Dabei sollen sich die Gutachter zu den folgenden Themenkomplexen äussern:

A. Kategorie «funktioneller Schweregrad»
   a. Komplex «Gesundheitsschädigung»
     i. Ausprägung der diagnoserelevanten Befunde
     ii. Behandlungserfolg oder -resistenz
     iii. Eingliederungserfolg oder -resistenz
     iv. Komorbiditäten
   b. Komplex «Persönlichkeit» (Persönlichkeitsdiagnostik, persönliche Ressourcen)
   c. Komplex «Sozialer Kontext»

B. Kategorie «Konsistenz» (Gesichtspunkte des Verhaltens)
   a. Gleichmässige Einschränkung des Aktivitätenniveaus in allen vergleichbaren Lebensbereichen
   b. Behandlungs- und eingliederungsanamnestisch ausgewiesener Leidensdruck

Die Würdigung dieser einzelnen Faktoren obliegt dann jedoch den Gerichten. Wie Sie sehen, ist die Sache immer noch schwer durchschaubar. Immerhin ist das Prüfungsverfahren gegenüber der Schmerzrechtsprechung jedoch heute transparenter und die Urteile sind nachvollziehbarer.

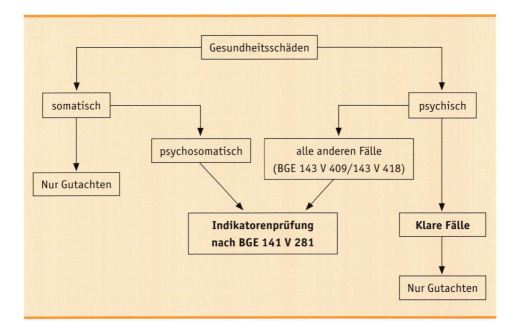

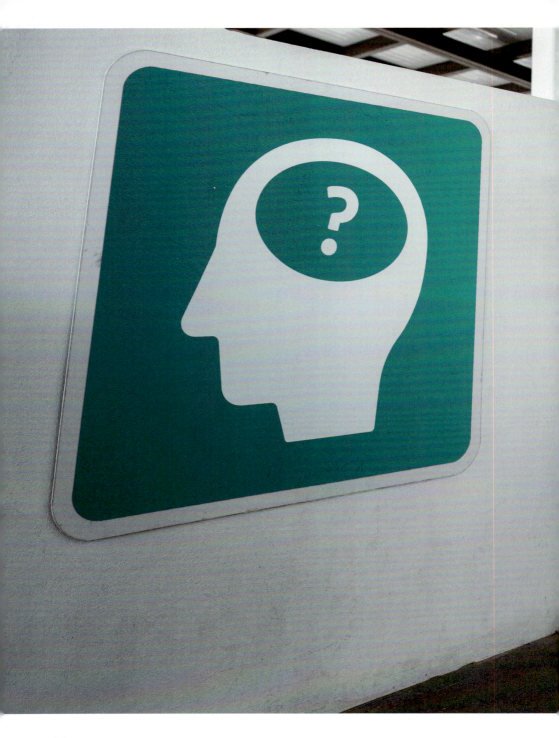

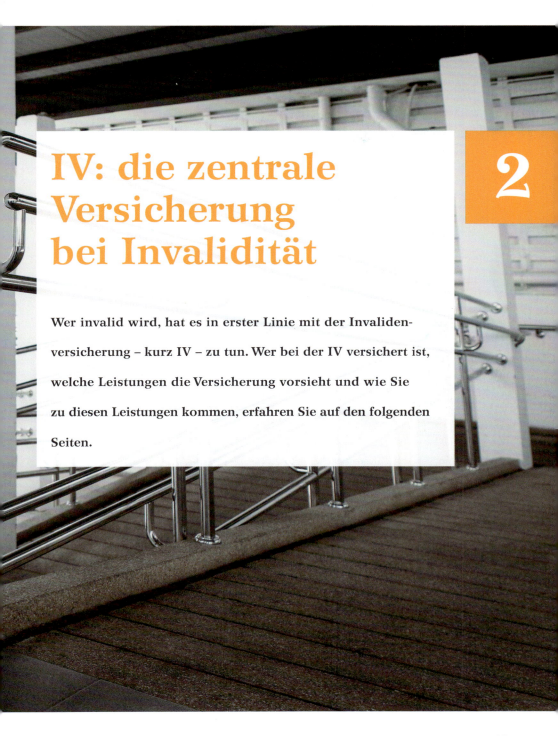

IV: die zentrale Versicherung bei Invalidität

2

Wer invalid wird, hat es in erster Linie mit der Invalidenversicherung – kurz IV – zu tun. Wer bei der IV versichert ist, welche Leistungen die Versicherung vorsieht und wie Sie zu diesen Leistungen kommen, erfahren Sie auf den folgenden Seiten.

Wer ist bei der IV versichert?

Die IV ist wie die AHV, mit der sie eng zusammengehört, eine obligatorische Versicherung; es gibt also kein Auswahlverfahren, man muss mitmachen, kann aber auch nicht «hinausgeworfen» werden. Obligatorisch versichert sind alle Personen, die in der Schweiz Wohnsitz haben oder hier erwerbstätig sind. Es genügt, wenn eines der beiden Kriterien erfüllt ist. Auch spielt es keine Rolle, ob Sie Ausländerin oder Schweizer sind – die Kriterien sind für beide Personengruppen dieselben. Insofern ist die IV eine sehr soziale Versicherung.

Im Gegensatz zur beruflichen Vorsorge setzt die IV keinen bestimmten Mindestlohn voraus. Versichert ist also auch, wer für einen Hungerlohn zu arbeiten hat. Personen, die in der Schweiz wohnen, aber keiner Erwerbstätigkeit nachgehen, sind ebenfalls durch die IV geschützt.

Die IV ist eine typische Volksversicherung. Als solche schichtet sie in ganz erheblichem Ausmass Einkommen um. Die Unternehmerin mit einem Jahreseinkommen von einer Million zahlt den gleich hohen Prozentsatz als Beiträge wie der Teilzeitbeschäftigte, der jährlich nur zwanzigtausend Franken verdient. Zwar beeinflusst die Höhe der Beiträge in einem gewissen Ausmass die Rente; bei gleich langer Beitragszeit ist die Maximalrente aber nur doppelt so hoch wie die tiefste. Auch wer sein Erwerbsleben lang nur wenig verdiente und fast keine Beiträge einzahlte, erhält im Invaliditätsfall mindestens halb so viel wie die Grossverdienerin, die auf einem Millioneneinkommen Beiträge ablieferte. Auch dies eine sehr soziale Ausprägung der IV. Mehr dazu finden Sie auf Seite 73.

HAUSFRAUEN UND HAUSMÄNNER SIND VERSICHERT
Weil die Invalidenversicherung nicht darauf abstellt, ob jemand erwerbstätig ist oder nicht, sind auch Hausfrauen und Hausmänner in der IV abgedeckt. Eine Hausfrau beispielsweise, die psychisch erkrankt, erhält ab einem Invaliditätsgrad von 40 Prozent (siehe Seite 68) ebenfalls eine Invalidenrente, auch wenn sie keinen Einkommensverlust erleidet. Zu oft geht das vergessen!

MARLENE Z. ARBEITET ALS VERKÄUFERIN und erzielt ein Einkommen von rund 2500 Franken monatlich. Auf diesem Lohn werden ihre AHV- und IV-Beiträge berechnet. Reto V., ein gut bezahlter Topmanager, bezahlt AHV- und IV-Beiträge auf einem Jahreseinkommen von rund 700 000 Franken. Beide werden mit 45 Jahren invalid. Frau Z. hat bis dahin Beiträge von vielleicht 60 000 Franken eingezahlt, Herrn V.s Beiträge machen rund 1,5 Millionen Franken aus. Die Invalidenrenten der beiden liegen aber gar nicht weit auseinander: Die Verkäuferin kann mit vielleicht 1500 Franken rechnen, während der Topmanager auf die Maximalrente von 2350 Franken kommt.

Mindestens drei Beitragsjahre sind für eine IV-Rente nötig

Zwar sind alle in der Schweiz wohnhaften oder erwerbstätigen Personen obligatorisch der IV unterstellt. Doch das heisst noch nicht, dass sie in jedem Fall Anspruch auf Leistungen haben. Grundsätzlich reicht für viele Leistungen (z. B. berufliche Massnahmen) eine Mindestbeitragszeit von 12 Monaten. Um eine Invalidenrente erhalten zu können, müssen Versicherte jedoch mindestens drei volle Beitragsjahre aufweisen. Was heisst das? Die technische Umschreibung des Beitragsjahrs finden Sie im Kasten auf der nächsten Seite. Als Faustregel können Sie sich merken: Ein Beitragsjahr wird anerkannt, wenn Sie für mindestens elf Monate Beiträge bezahlt oder eine entsprechende Gutschrift erhalten haben.

Die Frage der drei Mindestbeitragsjahre stellt sich einerseits bei ganz jungen Berufsleuten, vor allem aber bei Menschen, die in die Schweiz einreisen, kurz darauf erkranken oder verunfallen und später deswegen invalid werden.

CAROLA F. WIRD WEGEN EINER KRANKHEIT mit 25 Jahren bleibend erwerbsunfähig. Die IV klärt zunächst ab, ob sie drei Mindestbeitragsjahre erfüllt hat. Dazu konsultiert sie das individuelle Konto (IK) von Frau F. (siehe Seite 39). Hier ist verzeichnet, auf welchem Einkommen bisher Beiträge für sie eingezahlt wurden. Wenn Frau F. vor ihrer Erkrankung bereits im Erwerbsleben stand, hat sie die nötige Mindestbeitragszeit zweifellos erfüllt. Vielleicht gibt es in ihrem IK

> **DEFINITION: BEITRAGSJAHR**
> Ein Beitragsjahr haben Sie erfüllt, wenn Sie eine der folgenden Bedingungen erfüllen:
> - Es kann Ihnen ein volles Jahr Einkommen angerechnet werden – entweder weil Sie selbst Beiträge eingezahlt haben oder weil Sie mit jemandem verheiratet waren oder in eingetragener Partnerschaft lebten, der mindestens den doppelten Mindestbeitrag entrichtet hat (siehe Seite 38).
> - Es kann Ihnen eine Erziehungsgutschrift angerechnet werden (siehe Seite 73).
> - Es kann Ihnen eine Betreuungsgutschrift angerechnet werden (siehe Seite 73).

aber auch noch keine Einträge. Dann wird abgeklärt, ob Carola F. Kinder hat; denn dann würde ihr für jedes Jahr der Kinderbetreuung eine Erziehungsgutschrift angerechnet. Vielleicht war Frau F. verheiratet und ihr Ehemann hat mehr als den doppelten Mindestbeitrag bezahlt. Dies wird ihr auch angerechnet. Je mehr Beitragszeiten zusammengetragen werden können, umso höher liegt die IV-Rente.

Wohnsitz und/oder Arbeit in der Schweiz

Wer in der Schweiz Wohnsitz hat, ist obligatorisch bei der AHV und bei der IV versichert. Als Wohnsitz gilt der Lebensmittelpunkt. Es ist also massgebend, wo Sie hauptsächlich Ihre Kontakte pflegen, wo Sie Steuern zahlen, wo Sie Ihren Freundeskreis haben und wo Sie sich hauptsächlich aufhalten. Für die obligatorische Versicherung bei der AHV und IV reicht es aus, wenn Wohnsitz in der Schweiz genommen wird. Eine spezielle Anmeldung bei der AHV-Ausgleichskasse ist nicht verlangt.

Obligatorisch versichert bei der AHV und bei der IV sind Sie auch, wenn Sie in der Schweiz arbeiten – selbst wenn Sie beispielsweise als Grenzgängerin im nahen Ausland wohnen. Ob Sie angestellt oder selbständigerwerbend sind, spielt keine Rolle. Es reicht aus, wenn Sie eine Tätigkeit ausüben, die auf einen Erwerb gerichtet ist.

! ACHTUNG *Meistens erledigt der Arbeitgeber die nötigen Formalitäten mit der AHV. Als Selbständigerwerbende oder Nichterwerbstätiger müssen Sie sich selbst bei der Ausgleichskasse melden.*

Was gilt bei Schwarzarbeit?
Auch Schwarzarbeiterinnen und Schwarzarbeiter sind in der AHV und der IV obligatorisch versichert. Es ist nicht massgebend, ob jemand eine Arbeitsbewilligung hat oder nicht – obligatorische Versicherung bleibt obligatorische Versicherung. Aber natürlich können die Ausgleichskassen die Schwarzarbeit nur erfassen, wenn diese gemeldet wird. Häufig geschieht das erst, wenn eine schwarzarbeitende Person verunfallt oder erkrankt. Dann zieht die AHV-Ausgleichskasse die geschuldeten Beiträge für die letzten fünf Jahre beim Arbeitgeber ein, und diese Periode wird als Beitragszeit anerkannt.

Auslandaufenthalt: Bleibt man versichert?
Die AHV/IV-Abdeckung im Ausland ist eine komplizierte Angelegenheit. Viele Fragen sind in Staatsverträgen und im bilateralen Abkommen mit der EU über die Personenfreizügigkeit geregelt. Hier die wichtigsten Grundsätze:

- Wenn Sie von Ihrem Schweizer Arbeitgeber ins Ausland geschickt werden, sind Sie in der Regel vorerst versichert. Klären Sie die Versicherungsdeckung direkt mit ihm ab.
- Wenn Sie in einen EU- oder EFTA-Staat ziehen und bei einer dortigen Firma arbeiten, sind Sie im Sozialversicherungssystem dieses Staates versichert. Dasselbe gilt für einige weitere Staaten, mit denen die Schweiz ein Sozialversicherungsabkommen abgeschlossen hat.
- Wenn Sie Wohnsitz ausserhalb des EU-/EFTA-Raums nehmen, können Sie sich als Schweizer Bürgerin oder Schweizer Bürger oder als Staatsangehöriger eines EU-Landes der freiwilligen AHV anschliessen. Dadurch stellen Sie sicher, dass Sie weiterhin bei der AHV/IV abgedeckt sind.

TIPP *Planen Sie einen Auslandaufenthalt, sollten Sie sich unbedingt mit der anwendbaren staatsvertraglichen Ordnung vertraut machen. Die AHV hält dazu Merkblätter bereit, die Sie bei Ihrer Ausgleichskasse beziehen oder von der Webseite der AHV (www.ahv-iv.info → Merkblätter → International) herunterladen können.*

Die Beiträge an die IV

Meist ist die Rede bloss von den AHV-Beiträgen; gemeint sind aber zugleich auch die Beiträge an die IV. Denn diese werden zusammen mit denjenigen an die AHV von den AHV-Ausgleichskassen eingezogen, liegen allerdings prozentual wesentlich tiefer. Es gilt also folgende Faustregel: Wer AHV-Beiträge bezahlt, ist automatisch bei der IV versichert.

Die Beitragspflicht: Wer zahlt ab wann?

Zwar sind Sie ab Geburt bei der IV versichert – sofern Sie in der Schweiz wohnen. Doch die Beitragspflicht beginnt erst später.

- **Erwerbstätige** zahlen Beiträge ab dem 1. Januar des Jahres, in dem sie das 17. Altersjahr zurückgelegt haben; eine obere Altersgrenze existiert nicht. Auch der Pensionär, der noch in beratender Funktion für das eine oder andere Unternehmen tätig ist, zahlt von seinem Einkommen IV-Beiträge. Davon kann er immerhin einen Freibetrag von 1400 Franken pro Monat, das sind 16 800 Franken pro Jahr, abziehen.
- **Nichterwerbstätige** zahlen IV-Beiträge ab dem 1. Januar nach Vollendung des 20. Altersjahrs, und zwar bis zum Ende des Monats, in dem sie das offizielle Rentenalter erreichen.
- **Verheiratete und eingetragene Partner:** Die AHV und die IV bevorzugen bei der Bezahlung von Beiträgen verheiratete und in eingetragener Partnerschaft lebende Personen. Diese sind nämlich – wenn sie nicht selbst erwerbstätig sind – von Beitragszahlungen befreit, sofern der Ehegatte oder die Partnerin als Erwerbstätige versichert sind und mehr als den doppelten Mindestbeitrag einzahlt. Das ist schon mit einem Jahreseinkommen von rund 10 000 Franken der Fall. Wenn Sie also verheiratet sind, den Haushalt führen und Ihre Partnerin erwerbstätig ist, müssen Sie keine Nichterwerbstätigenbeiträge einzahlen.

> **ACHTUNG** *Die Beitragsbefreiung spielt nur während der Ehe oder Partnerschaft. Wenn Sie als Hausfrau oder Hausmann geschieden werden oder die Partnerschaft auflösen,*

sind Sie nicht mehr beitragsbefreit. Dann müssen Sie selbst AHV- und IV-Beiträge bezahlen. Wenden Sie sich an die AHV-Ausgleichskasse an Ihrem Wohnort.

Wie hoch sind die IV-Beiträge?

Die Beiträge an die Invalidenversicherung sind – verglichen mit denjenigen an die AHV (8,7 Prozent) – viel niedriger, nämlich 1,4 Prozent des Einkommens. Wie diese Beiträge berechnet werden, hängt von Ihrem Status in der Erwerbswelt ab:

- **Unselbständigerwerbende** liefern 0,7 Prozent auf dem AHV-pflichtigen Lohn (siehe Seite 40) an die IV ab; gleich viel übernimmt der Arbeitgeber. Er zieht die Beiträge direkt vom Lohn ab und rechnet für seine Angestellten mit der Ausgleichskasse ab.
- **Selbständigerwerbende** bezahlen die ganzen 1,4 Prozent an die IV selber. Ihre Beiträge werden aber nicht auf dem Bruttoeinkommen, sondern auf dem Einkommen nach Abzug der geschäftlich notwendigen Unkosten berechnet. Diese Zahlen erhält die Ausgleichskasse von den Steuerbehörden.
- **Nichterwerbstätige:** Auch wer kein Erwerbseinkommen erzielt, zahlt Beiträge an die IV. Diese werden aufgrund des Vermögens und allfälliger Renteneinkommen berechnet (der AHV/IV/EO-Mindestbeitrag liegt bei 496 Franken, der Maximalbeitrag bei 24 800 Franken pro Jahr, Stand 2020).

WENN DIE BEITRÄGE NICHT EINGEZAHLT WERDEN
Immer wieder kommt es vor, dass Arbeitgeber ihren Angestellten zwar die Beiträge abziehen, diese aber nicht an die Ausgleichskasse weiterleiten. In der Regel erleiden Sie dadurch keinen Schaden: Wenn Sie mit einem Lohnausweis belegen können, dass Ihnen die Sozialversicherungsbeiträge abgezogen wurden, müssen diese Summen in Ihrem individuellen Konto berücksichtigt werden.

Anders sieht es aus für Selbständigerwerbende und Nichterwerbstätige. Wenn diese ihre eigenen Beiträge schuldig bleiben, wird im individuellen Konto auch nichts eingetragen. Das Resultat: eine tiefere Rente.

- **Arbeitslose:** Auf den Taggeldern der Arbeitslosenversicherung werden AHV- und IV-Beiträge abgezogen. Solange jemand also Taggelder beziehen kann, ist er oder sie weiterhin bei der IV versichert. Haben Arbeitslose den Taggeldanspruch ausgeschöpft, ohne dass sie eine Stelle gefunden haben, gelten sie als nicht erwerbstätig und müssen entsprechend Beiträge zahlen.

> **ACHTUNG** *Taggelder der Krankentaggeld- und Unfallversicherung sind nicht beitragspflichtig. Wenn der Arbeitgeber auf diesen Taggeldern AHV- und IV-Beiträge abzieht, müssen Sie sich trotzdem bei der Ausgleichskasse melden und unter Umständen Nichterwerbstätigenbeiträge bezahlen. Dasselbe gilt, wenn die Taggelder direkt an Sie ausbezahlt werden.*

Was gehört zum AHV-pflichtigen Lohn?

Je tiefer der Lohn, desto tiefer die Beiträge, desto besser für mich. So denken viele Arbeitnehmer und lassen sich einen Teil des Lohnes als Spesen ausbezahlen. Damit schneiden sie sich manchmal ins eigene Fleisch. Denn gerade wenn jemand invalid wird, ist die korrekte Abrechnung des AHV-pflichtigen Lohnes wichtig. Nicht nur, um möglichst die Maximalrente erhalten zu können, sondern auch, weil die Unfallversicherung und oft auch die Pensionskasse auf den AHV-pflichtigen Lohn vor dem Unfall abstellen. Je höher dieser liegt, umso höher die Renten.

Die folgende Aufzählung nennt die wichtigsten Punkte auf einer Lohnabrechnung und zeigt, wie die Ausgleichskassen dabei in der Regel entscheiden:

- Grundlohn (Stunden- und/oder Monatslohn), samt dem 13. Monatslohn: beitragspflichtig
- Überstundenentschädigungen: beitragspflichtig
- Bonus und Gewinnbeteiligungen: beitragspflichtig
- Gratifikation: nur beitragspflichtig, wenn sie vertraglich geschuldet ist
- Trinkgelder: beitragspflichtig, jedoch nur, wenn sie einen wesentlichen Lohnbestandteil ausmachen
- Regelmässige Naturalleistungen wie Verpflegung und Unterkunft: beitragspflichtig, wenn sie nicht Spesenersatz sind
- Schichtzulagen: beitragspflichtig, wenn sie nicht Spesenersatz sind

- Spesenersatz: nicht beitragspflichtig, ausser wenn es sich um versteckten Lohn handelt. Damit sind als Spesen deklarierte Pauschalbeträge gemeint, die Sie auch erhalten, wenn Sie nicht arbeiten, beispielsweise in den Ferien.
- Familienzulagen: nicht beitragspflichtig

Kontrolle über die eigenen Beiträge

Die Ausgleichskassen führen für jede versicherte Person ein individuelles Konto, kurz IK. Darin sind alle Angaben eingetragen, die für die Berechnung der Leistungen von AHV und IV nötig sind, vor allem die Höhe des Einkommens und der Zeitpunkt des Erwerbs. Vermerkt ist auch, über welchen Arbeitgeber abgerechnet wurde und wie lange die Anstellung dauerte.

Im Lauf Ihres Erwerbslebens wird Ihr individuelles Konto von verschiedenen Ausgleichskassen geführt, denn mit dem Arbeitgeber wechseln Sie häufig auch die Kasse. Die Nummern der Ausgleichskassen, bei denen für Sie abgerechnet wurde, finden Sie im Internet (www.ahv-iv.info → Merkblätter & Formulare → InfoRegister). Als Versicherte haben Sie das Recht, Einblick in Ihr individuelles Konto zu verlangen. Sie können bei jeder auf Ihrem Ausweis eingetragenen Ausgleichskasse einen kostenlosen Gesamtauszug bestellen. Darauf können Sie kontrollieren, ob Ihre Arbeitgeber korrekt für Sie abgerechnet haben.

TIPPS *Es lohnt sich, alle fünf Jahre einen Gesamtauszug Ihres individuellen Kontos zu bestellen. Nur so können Sie überprüfen, ob auf all Ihren Löhnen Beiträge eingezahlt wurden. Am schnellsten geht das per Internet unter www.ahv-iv.info (→ Bestellung Kontoauszug). Wichtig: Klicken Sie auf: «Ich wünsche Auszüge sämtlicher für mich bei der AHV geführter Konti.»*

Entdecken Sie einen Fehler, müssen Sie innert 30 Tagen reagieren. Schicken Sie Ihre Einsprache mit eingeschriebenem Brief an die Ausgleichskasse.

Behalten Sie sämtliche Lohnabrechnungen, auf denen die Abzüge für AHV und IV vermerkt sind. Hat Ihre Arbeitgeberin nicht sauber abgerechnet, dienen Ihnen diese gegenüber der Ausgleichskasse als Beweise.

Achtung Beitragslücke!
Immer wieder kommt es vor, dass Nichterwerbstätige, die sich ja selbst um ihre Beitragszahlungen kümmern müssen, aus Unwissenheit oder Unbekümmertheit keine Beiträge einzahlen. Oder dass junge Leute nach dem Studium oder der Ausbildung für längere Zeit ins Ausland gehen und ihre Sozialversicherungsbeiträge vergessen. Entdeckt werden solche Beitragslücken meist erst, wenn die säumigen Zahler eine Leistung der AHV oder IV beanspruchen wollen. Gerade bei Invalidität kann die Rente dadurch deutlich tiefer ausfallen (siehe auch Seite 73). Oft möchten die Betroffenen die fehlenden Beiträge noch nachzahlen, um so die Rente zu erhöhen, doch weiter als fünf Jahre zurück ist dies nicht möglich.

Oberster Grundsatz: Eingliederung vor Rente

Es gibt Grundsätze, die allen bekannt sind, aber kaum beachtet werden. Dazu zählte über Jahre der Grundsatz «Eingliederung vor Rente». Eigentlich war es schon immer das Ziel der IV, eher die Eingliederung zu fördern als jemanden in Rente zu schicken. Das waren aber oft leere Worte, denn eine Eingliederung ist viel schwieriger, aufwendiger und unsicherer als eine Rentenzusprache.

Wer kennt das nicht aus eigener Erfahrung, wie sehr eine schlechte Stimmung einen am Arbeiten hindern kann? Wie viel schwieriger muss es da sein, wenn Kranke oder Verunfallte wieder in den Arbeitsprozess zurückkehren sollen! Mit der 5. IV-Revision sollte der Grundsatz «Eingliederung vor Rente» umgesetzt werden. Mehr noch, seit 2008 gilt: «Eingliederung statt Rente». Wenn immer möglich sollen Menschen mit einer gesundheitlichen Beeinträchtigung in den Erwerbsprozess integriert und so Rentenzahlungen gespart werden. Die Erfahrungen mit der Umsetzung zeigen jedoch, dass die Realität heisst: «weder Eingliederung noch Rente».

Revisionitis – wie weiter?

Nach der 5. IV-Revision, mit welcher die Zahl der Neurenten reduziert werden sollte und konnte, sollten mit der 6. IV-Revision die laufenden Renten reduziert werden. Das Ziel war – und ist es noch –, IV-Rentner wieder ins Erwerbsleben einzugliedern.

Mit der Revision 6a wurden im Jahr 2012 insbesondere die Regelungen zu Rentenbezügern mit unklaren Beschwerdebildern revidiert. Die IV schätzte, 17 000 Rentenbezügerinnen und Rentenbezüger wieder eingliedern zu können. Die Rentenüberprüfungen fanden in den Jahren 2012 bis Ende 2014 statt. Die Ergebnisse fielen ernüchternd aus: Entgegen der Vermutung der Invalidenversicherung gab es viel weniger Rentenbezügerinnen und Rentenbezüger, die ausschliesslich an unklaren Beschwerdebildern litten. Zudem konnten kaum Wiedereingliederungen erreicht werden (es waren lediglich 160). Der Bundesrat plante, mit einer Revision 6b noch weiter zu gehen und die IV in mancher Hinsicht neu zu strukturieren: So sollte es keine halben und keine Dreiviertelsrenten mehr geben. Die Renten sollten stattdessen prozentgenau berechnet werden. Dieser Vorschlag wurde jedoch vom Parlament im Juni 2014 zurückgewiesen. Wie es nun weitergehen soll, ist offen. Im Zentrum der 7. IV-Revision soll die Integration von Kindern, Jugendlichen und Menschen mit psychischen Beeinträchtigungen stehen (siehe Seite 28).

TIPP *Der Grundsatz Eingliederung vor Rente wird nicht nur vom Gesetzgeber, sondern auch von den Gerichten sehr streng genommen. Daraus wird auch der Grundsatz abgeleitet, dass eine Eingliederung vor einer Rentenrevision (Herabsetzung oder gänzliche Aufhebung der Rente) vorgenommen werden muss. Dies, sofern sich eine versicherte Person allein mittels Eigenanstrengung selber nicht in den Arbeitsmarkt wiedereingliedern kann, was insbesondere bei Personen ab dem 55. Altersjahr oder solchen, die die Rente seit mehr als 15 Jahren beziehen, gilt.*

Früherfassung: den Kontakt herstellen

Die IV muss rechtzeitig erfahren, wer gefährdet ist und allenfalls eine Eingliederung benötigt. Deshalb gibt es ein Früherfassungssystem: Wer während mehr als 30 Tagen arbeitsunfähig ist oder immer wieder arbeitsunfähig wird, kann sich sofort bei der IV-Stelle melden.

Verschiedene andere Personen und Stellen können ebenfalls eine solche Meldung machen. Das kann zum Beispiel Ihr Ehepartner oder Ihre Tochter sein; auch Ihre Arbeitgeberin kann Sie bei der IV melden oder der Arzt sowie alle beteiligten Versicherungen (Krankentaggeldversicherung, Pensionskasse, Arbeitslosenversicherung etc.). Für eine solche Meldung von Dritten braucht es Ihre Zustimmung nicht; Sie müssen aber immerhin darüber informiert werden.

Wenn eine Frühmeldung eingeht, prüft die IV-Stelle sofort, ob die Grundvoraussetzung gegeben ist: ob die betroffene Person tatsächlich arbeitsunfähig ist. Mit dem Früherfassungsgespräch, das auf der IV-Stelle stattfindet, wird genauer geklärt, was am besten vorzukehren ist. Wenn die IV sieht, dass bestimmte Eingliederungsmassnahmen nötig sind, wird man aufgefordert, sich sofort bei der IV anzumelden.

> **TIPP** *Halten Sie Früherfassung und Anmeldung bei der IV-Stelle klar auseinander. Bei der Früherfassung handelt es sich nur um ein Vorverfahren, um zu klären, ob Sie sich tatsächlich anmelden sollen oder nicht.*

Erste Schritte: die Frühintervention

Die Frühintervention ist der allererste Eingliederungsschritt. Vieles ist hier noch offen und unklar, doch will die IV versuchen, Betroffene durch Sofortmassnahmen zu unterstützen.

> **MONA B. ARBEITET ALS IT-SUPPORTERIN**; die Arbeit ist hektisch und anforderungsreich. Frau B. fühlt sich mehr und mehr gestresst und überfordert und fällt deshalb krankheitshalber immer wieder aus. Sie hat sich zur Früherfassung bei der IV-Stelle gemeldet, die rasch reagiert und Frau B. auffordert, sich sofort bei der IV anzumelden, was diese tut. Jetzt werden die Verhältnisse genauer geprüft. Die IV ordnet eine Berufsberatung bei einer Beratungsstelle an. Hier wird Mona B. gezeigt, welche Möglichkeiten sie hat, um mit ihren Kenntnissen eine Stelle zu finden, bei der sie weniger Stress ausgesetzt ist.

«Massnahmen der Frühintervention» – so heisst es im Gesetz. Was ist damit gemeint? Das Gesetz nennt verschiedene Möglichkeiten:
- Anpassungen am Arbeitsplatz
- Ausbildungskurse
- Arbeitsvermittlung
- Berufsberatung
- Sozialberufliche Rehabilitation
- Beschäftigungsmassnahmen

Ziel solcher Massnahmen ist die «Angewöhnung an den Arbeitsprozess». Pro versicherte Person darf die Angelegenheit nicht mehr als 20 000 Franken kosten – ein Betrag, mit dem sich doch einiges bewirken lässt.

INFO *Einen Rechtsanspruch auf Frühinterventionsmassnahmen haben die Versicherten gemäss dem Gesetzestext nicht. Das ist unverständlich. Immerhin aber muss die IV-Stelle die Situation korrekt abklären und gleich gelagerte Fälle auch gleich entscheiden. Beharren Sie also darauf, wenn Sie eine solche Frühinterventionsmassnahme beanspruchen wollen.*

Integrationsmassnahmen: Stütze in prekären Situationen

Es gibt immer wieder Versicherte, die unmittelbar davor stehen, endgültig aus dem Erwerbssystem herauszufallen. Vor allem bei psychischen Erkrankungen können solche Situationen entstehen. Hier muss zunächst alles unternommen werden, damit der labile Zustand nicht vollends kippt. Genau darauf zielen die Integrationsmassnahmen ab. Versicherte, die noch nicht beruflich eingegliedert werden können, sollen dank solcher Massnahmen so weit vorbereitet werden, dass dies später möglich wird. Vorgesehen sind beispielsweise:
- Belastbarkeitstraining
- Aufbautraining
- Einüben einer Tagesstruktur
- WISA-Massnahme (= wirtschaftsnahe Integration mit Support am Arbeitsplatz)

Solche Hilfestellungen sind gerade für psychisch erkrankte Personen zentral. Integrationsmassnahmen kann jemand beanspruchen, wenn er oder sie immerhin fähig ist, eine Präsenzzeit von mindestens zwei Stunden täglich während mindestens vier Tagen pro Woche zu leisten. Das ist eine recht tiefe Hürde. Die Integrationsmassnahmen werden für höchstens ein Jahr zugesprochen, doch ist ausnahmsweise eine Verlängerung um ein weiteres Jahr möglich.

> **INFO** *Ist eine Arbeitgeberin bereit, einem gesundheitlich beeinträchtigten Angestellten in ihrem Betrieb Eingliederungsmassnahmen zu ermöglichen (WISA), kann sie von der IV dafür Einarbeitungszuschüsse erhalten.*

Intensive Betreuung durch die IV-Stellen
Das Zusammenspiel der verschiedenen Massnahmen – Frühintervention, Integration, berufliche Eingliederung – wird durch einen Eingliederungsplan gesteuert, den die IV gestützt auf die Ergebnisse eines Assessments (Lagebeurteilung) erstellt. In diesem Assessment wird genau geklärt, welche Möglichkeiten zur Verfügung stehen, welche Fähigkeiten noch vorhanden sind und was das Ziel der Bemühungen ist. Anhand des Eingliederungsplans verfolgt die IV, ob die einzelnen Schritte richtig ausgestaltet sind und ob die betroffene Person vorankommt.

DAS STELLT DIE IV DEN ARBEITGEBERN ZUR VERFÜGUNG
Die Eingliederung kann nur dann erfolgreich sein, wenn die Betroffenen auch tatsächlich eine Arbeitsstelle erhalten. Die IV muss eng mit Arbeitgeberinnen und Arbeitgebern zusammenarbeiten und diese ermuntern, auch gesundheitlich beeinträchtigte Personen anzustellen. Zu den Massnahmen der IV gehören:
- Interprofessionelle Assessments
- Einarbeitungszuschüsse, die die Arbeitgeber entlasten (Art. 18 IVG). Unter bestimmten Voraussetzungen erhält eine Arbeitgeberin auch eine besondere Entschädigung für Beitragserhöhungen der obligatorischen beruflichen Vorsorge und der Krankentaggeldversicherung.
- Ein besonderer Beitrag von höchstens 60 Franken pro Tag, den ein Arbeitgeber erhalten kann, wenn eine versicherte Person bei ihm eine sogenannte Integrationsmassnahme durchführt (Art. 14a Abs. 5 IVG).

Das alles setzt eine intensive Begleitung und Betreuung durch die IV-Stelle voraus. Eingliederung ist eben aufwendiger als eine Rentenzusprache!

Zu guter Letzt: die klassische berufliche Eingliederung

Bisher war von Massnahmen die Rede, die möglichst rasch eingeleitet werden und in einer prekären Phase helfen sollen, das Gleichgewicht nicht zu verlieren. Nicht immer gelingt es jedoch, mit Frühintervention und Integrationsmassnahmen die Situation endgültig zu stabilisieren. Deshalb sieht die IV eine bunte Palette beruflicher Massnahmen vor, die möglichst definitiv sicherstellen sollen, dass die betroffene Person eine Arbeitstätigkeit ausüben kann. Die wichtigsten beruflichen Eingliederungsmassnahmen sind die Umschulung, die Erstausbildung und die Kapitalhilfe.

Im Zentrum: Umschulung

Die Umschulung ist die häufigste berufliche Massnahme. Sie wird von der IV immer dann bewilligt, wenn jemand aus gesundheitlichen Gründen eine Lohneinbusse von mindestens 20 Prozent in Kauf nehmen muss und wenn die Aussicht besteht, dass mit der Umschulung eine (Wieder-)Eingliederung in die Berufswelt möglich wird. Einen beruflichen Aufstieg allerdings finanziert die IV nicht. Auf der andern Seite darf sie aber auch nicht zu knauserig sein und muss einem Versicherten eine gleichwertige Ausgangslage ermöglichen. Kriterien dafür sind im Wesentlichen die Ausbildungsdauer und die Verdienstmöglichkeiten.

MARC Z. IST ALS FLACHMALER TÄTIG. Wegen einer Allergie muss er diese Tätigkeit einstellen. Ihm schwebt vor, in Zukunft als Pilot zu arbeiten, was grundsätzlich möglich ist, da er alle Voraussetzungen für den Besuch einer Flugschule erfüllt. Er beantragt, dass die IV die Kosten übernimmt. Die IV lehnt das Gesuch ab mit der Begründung, dass mit dem geplanten Wechsel nicht eine Umschulung, sondern (auch) ein erheblicher beruflicher Aufstieg verbunden sei. Die IV übernimmt aber nur Eingliederungsmassnahmen, die auf die Ausübung einer gleich gelagerten Tätigkeit gerichtet sind; berufliche Aufstiege fallen nicht in ihren Bereich. Wenn Marc Z. aber trotzdem Pilot werden will, bezahlt ihm die IV einfach so viel, wie eine gleichwertige Ausbildung kosten würde. Den Rest muss er selber berappen. Man nennt das Austauschbefugnis.

In der Gerichtspraxis finden sich verschiedene Beispiele von bewilligten Umschulungen. Die folgende Zusammenstellung kann Ihnen als Anregung dienen. Einen direkten Anspruch können Sie allerdings nicht daraus ableiten, denn es hängt immer von den konkreten Umständen ab, was bewilligt wird:

- Ein Maurer wurde zum Maltherapeuten umgeschult.
- Eine kaufmännische Angestellte erhielt Gelegenheit, sich zur Sozialarbeiterin umzuschulen.
- Ein Servicemonteur wurde zum technischen Kaufmann umgeschult, wozu zuerst Einzellektionen in Deutsch und Mathematik nötig waren.
- Ein Versicherter, der als Radio- und Fernsehelektriker tätig gewesen war, konnte sich zum Damencoiffeur umschulen lassen.

Umschulungsmassnahmen dauern oft mehrere Jahre und sind wohl die wichtigste Eingliederungsmassnahme der IV. Wie die Erfahrung zeigt, sind es gute, eng begleitete und betreute Umschulungen, die oft erst sicherstellen, dass jemand wieder eine volle Arbeitstätigkeit ausüben kann. Zugleich sind Umschulungen aber teuer. Das soll und kann die IV nicht hindern, sie zu bewilligen. Die Ersparnis, wenn keine Rente nötig wird, ist nämlich weit grösser.

Seltener: Erstausbildung

Erstausbildungen haben vor allem bei Geburtsbehinderten oder bei Personen mit einer gestörten Schulkarriere Bedeutung. Denn eigentlich finanziert die IV gar keine Erstausbildungen. Die Begründung: In der Schweiz absolviert jedermann die Erstausbildung auf eigene Kosten. Erstausbildungen übernimmt die IV deshalb nur, wenn wegen der gesundheitlichen Einschränkung eine Verzögerung entsteht oder wenn wegen der Invalidität eine Umstellung oder Neuausrichtung nötig wird. Und sie übernimmt auch nur die durch die Behinderung zusätzlich entstehenden Kosten.

TIPP Haben Sie mit Kindern oder jugendlichen Erwachsenen zu tun, die aus gesundheitlichen Gründen in der Erstausbildung scheitern oder zeitliche Verzögerungen erleben, können Sie sich an die IV wenden. Die IV klärt ab, ob gewisse Mehrkosten übernommen werden.

Kapitalhilfe: Das Portemonnaie wird geöffnet

In einzelnen Fällen gelingt die berufliche Eingliederung dadurch, dass jemand eine selbständige Erwerbstätigkeit aufnimmt oder ausbaut. Dazu ist oft Kapital nötig, um zum Beispiel bestimmte Arbeitsinstrumente anzuschaffen. Wenn die Aufnahme der selbständigen Tätigkeit aus gesundheitlichen Gründen notwendig ist und wenn die Sache erfolgversprechend aussieht, spricht die IV eine Kapitalhilfe.

Kapitalhilfen haben vor allem in der Landwirtschaft grosse Bedeutung. Ein Bauer, der beispielsweise aus gesundheitlichen Gründen einen Kran benötigt, um seine Arbeit weiterführen zu können, kann diesen Kran grundsätzlich über eine Kapitalhilfe der IV finanzieren.

Taggeld: der Lebensunterhalt während der Eingliederung

Eingliederungsmassnahmen dauern oft Monate oder auch Jahre. Angenommen, Sie erhalten zunächst Massnahmen der Frühintervention, werden dann mit Integrationsmassnahmen auf die Umschulung vorbereitet und absolvieren zum Schluss die eigentliche Umschulung – da werden Sie mehrere Jahre lang kein Einkommen erzielen können. Es ist deshalb zentral, wer während der Eingliederung den Lebensunterhalt bezahlt.

Die IV übernimmt bei verschiedenen – aber eben nicht bei allen – Eingliederungsmassnahmen ein Taggeld. Das bedeutet, dass Sie pro Wochentag einen bestimmten Betrag erhalten, der zur Bestreitung des Lebensunterhalts dient.

- **Taggelder** werden bezahlt während Integrationsmassnahmen, Umschulungen und Erstausbildungen.
- **Keine Taggelder** werden während der Phase der Frühintervention ausgerichtet. Wichtig ist, dass in dieser Zeit entweder die Arbeitgeberin weiterhin einen Lohn zahlt oder eine Taggeldversicherung Leistungen gewährt. Erkundigen Sie sich bei Ihrer Arbeitgeberin, was in Ihrem Fall gilt.
- **Kein Taggeld** erhalten Personen, die vor der gesundheitlichen Beeinträchtigung nicht erwerbstätig waren: zum Beispiel Hausfrauen und -männer, Studierende. Hier argumentiert die IV, dass ja auch ohne gesundheitliche Beeinträchtigung kein Einkommen erzielt worden wäre. Immerhin können Sie als Nichterwerbstätige den Ersatz von Betreu-

ungskosten verlangen – für eigene Kinder, Pflegekinder und andere pflegebedürftige Personen in Ihrem Haushalt. Ersetzt werden aber nur zusätzliche Kosten während der Eingliederung in einem Umfang, der die effektiven Auslagen häufig nicht deckt.

 CAROLINE F. IST DREIFACHE MUTTER und war bisher ausschliesslich in der Kindererziehung und im Haushalt tätig. Wegen einer schweren Depression kann sie diese Aufgaben nicht mehr bewältigen. Sie wird bei der IV für eine Früherfassung gemeldet, und es werden ihr für später Eingliederungsmassnahmen zugesprochen. Im Hinblick auf den vorgesehenen beruflichen Wiedereinstieg erhält sie eine Integrationsmassnahme, mit deren Hilfe sie sich wieder an eine Tagesstruktur gewöhnen soll. Während dieser Zeit stellt Frau F. eine Haushaltshilfe an und bringt die Kinder tageweise in die Krippe. Für die Mehrkosten, die 20 Franken übersteigen, kommt die IV bis zum Höchstbetrag von 82 Franken pro Tag auf.

Wer zahlt, wenn man auf die Eingliederung wartet?

Taggelder werden nicht nur während der Eingliederungsmassnahmen gezahlt, sondern auch dann, wenn Sie auf eine Erstausbildung oder auf eine Umschulung warten müssen. Wenn Sie zu mindestens 50 Prozent arbeitsunfähig sind und nicht sofort mit einer solchen Eingliederung beginnen können, erhalten Sie für die Wartezeit ebenfalls ein Taggeld. Und auch während der Arbeitsvermittlung (im Anschluss an eine Umschulung) erhalten Sie ein Taggeld; dieses ist aber auf maximal 60 Tage beschränkt.

Gleich verhält es sich, wenn Sie für eine Abklärung erscheinen müssen. Dauert diese mehr als zwei Tage, erhalten Sie Taggeld. Dies kommt beispielsweise vor, wenn Sie in einer MEDAS (Medizinische Abklärungsstelle) untersucht werden. Solche Abklärungen dauern oft fünf Tage, lange genug also, dass ein Taggeld bezahlt wird.

Wie hoch ist das Taggeld?

Die Taggelder der IV variieren in der Höhe erheblich; je nach Situation wird das grosse oder das kleine Taggeld ausgezahlt:
- **Grosses Taggeld:** Wer in einer Umschulung ist, hat Anspruch auf das grosse Taggeld. Dieses beträgt 80 Prozent des zuletzt erzielten Erwerbseinkommens (maximal von 148 200 Franken, respektive 326 Fraunken

pro Tag, Stand 2020). Hat jemand Kinder zu betreuen, werden zusätzlich Kindergelder (9 Franken pro Tag) ausgerichtet. Auch während einer Integrationsmassnahme sollte grundsätzlich das grosse Taggeld bezahlt werden.
- **Kleines Taggeld:** Nehmen Sie an einer Erstausbildung teil oder sind Sie noch unter zwanzig, ist das Taggeld deutlich tiefer; es beträgt minimal 10 Prozent (Franken 40.20 pro Tag) und maximal 30 Prozent des grossen Taggelds (Franken 122.10 pro Tag).

> **TIPP** *Kommen Sie während der Eingliederung finanziell nicht über die Runden, denken Sie an die Ergänzungsleistungen. Wer während mehr als sechs Monaten ein IV-Taggeld bezieht, hat Anspruch darauf (mehr dazu auf Seite 153).*

Das Kleingedruckte: auch bei der Eingliederung zentral

Sie wissen, dass Sie bei allen Verträgen vor allem das Kleingedruckte lesen müssen. Oft verstecken sich hier Fussangeln, die Sie zum Straucheln bringen können, wenn Sie nicht von Anfang an davon wissen. Nicht anders verhält es sich bei der Eingliederung. In Gesetz und Verordnung finden sich einige Fussangeln, die Sie unbedingt kennen müssen, wie die folgenden Beispiele zeigen.

 BALZ O. WEISS GENAU, dass er aus gesundheitlichen Gründen seine Arbeit im Forstbetrieb nicht weiter ausüben kann. Sein Arbeitgeber hat ihn zur Früherfassung gemeldet und die IV-Stelle legt fest, dass er sofort eine IV-Anmeldung ausfüllen muss. Das passt Herrn O. nicht. Die Sachbearbeiterin hat ihm nämlich mitgeteilt, dass sogleich eine Integrationsmassnahme angeordnet wird; daran hat er kein Interesse. Balz O. füllt deshalb keine IV-Anmeldung aus. Er bleibt zu Hause, sein psychischer Zustand verschlechtert sich immer mehr. Nach 17 Monaten wird er vom Sozialamt, das mittlerweile seinen Lebensunterhalt finanziert, bei der IV angemeldet. Die IV kann Herrn O. die Leistungen kürzen oder ganz verweigern, wenn seine Arbeitsunfähigkeit wegen der verspäteten Anmeldung und dem Verpassen der Integrationsmassnahme länger dauert.

Die Mitwirkungspflichten

Während des ganzen Eingliederungsprozesses müssen Sie vielfältige Mitwirkungspflichten beachten:

- Sie müssen sich prinzipiell bei der IV anmelden, wenn dies nach einer Früherfassung so festgelegt wird.
- Sie müssen an Besprechungen teilnehmen, beispielsweise am Früherfassungsgespräch.
- Sie müssen an den angeordneten Eingliederungsmassnahmen teilnehmen, soweit es Ihnen zumutbar ist. Zumutbar ist grundsätzlich alles, was die Behörde anordnet; persönliche schwierige Umstände werden nur in einem sehr engen Rahmen berücksichtigt.
- Sie müssen Ärzte, Arbeitgeber und sonstige Stellen ermächtigen, der IV Auskunft zu erteilen und Unterlagen zu übermitteln.

Kurz: Eingliederung bedeutet eine weitgehende Durchleuchtung Ihrer Person und Situation.

SUSANNE D. MELDET SICH BEI DER IV AN, weil sie an Angstzuständen leidet, die ein Arbeiten weitgehend verunmöglichen. In der Anmeldung nennt sie die Ärztinnen und Ärzte, die sie bisher behandelt haben. Diese müssen der IV Auskunft geben. Ein Berufsgeheimnis besteht in dieser Beziehung nicht mehr, weil Frau D. in ihrer Anmeldung die Ärztinnen und Ärzte namentlich aufgeführt hat.

Während der Früherfassung werden die ersten Weichen gestellt. Unter Umständen lohnt es sich deshalb bereits in diesem Zeitpunkt, rechtskundige Hilfe beizuziehen. Wenn Sie unsicher sind, wenden Sie sich am besten an eine der Beratungsstellen, die im Anhang aufgeführt sind.

Eingliederung – wie weit ist sie möglich?

Dass Menschen nach einem Unfall oder nach einer Krankheit so rasch wie möglich wieder ins Berufsleben zurückkehren sollen, ist ein wichtiges und zentrales Ziel. Es ist also unbedingt zu unterstützen, dass die IV vielfältige (vielleicht sogar bunte) Eingliederungsmassnahmen vorsieht. Es ist auch richtig, dass mit der 5. und vor allem mit der 6. IV-Revision das Schwergewicht auf neue Eingliederungsmassnahmen gelegt wurde. Doch manches Mal scheitert die Eingliederung trotz der Massnahmen der IV – weil sich keine Arbeitsstelle finden lässt.

Intensiv diskutiert wird in diesem Zusammenhang, ob es die richtige Lösung sei, dass Arbeitgebende ab einer bestimmten Zahl von Angestellten (beispielsweise ab 250) zwingend mindestens eine gesundheitlich beeinträchtigte Person anstellen müssen. Manches spricht für eine solche Quotenregelung, weil gerade grössere Arbeitgeber oft wenig bereit sind, auch gesundheitlich beeinträchtigte Mitarbeitende einzustellen. Bei den KMU ist es für Behinderte oft einfacher, eine Arbeitsstelle zu finden. Das Parlament hat die Quotenregelung schon lange abgelehnt.

Invaliditätsgrad: der Massstab für die Rente

Die zentrale Grösse, wenn es um die Rente geht, ist der Invaliditätsgrad – und dies nicht nur für die IV-Rente, sondern auch für Leistungen anderer Sozialversicherer, etwa der Pensionskasse. Deshalb gilt: Bleiben Sie ganz besonders am Ball, wenn es um die Festsetzung der Invalidität beim Rentenanspruch geht. Prüfen Sie genau, ob der Invaliditätsgrad richtig berechnet wurde.

Am Anfang steht der Einkommensvergleich

Die IV ermittelt den Invaliditätsgrad, indem sie zwei Einkommen einander gegenüberstellt. Einerseits bestimmt sie, wie hoch das Einkommen liegt, das ohne gesundheitliche Einbusse erzielt werden könnte. Diese Grösse bezeichnet man als **Valideneinkommen**. Anderseits ermittelt die IV das **Invalideneinkommen**, das ist dasjenige Einkommen, das nach Eintritt der Krankheit oder des Unfalls und unter Berücksichtigung der gesamten gesundheitlichen

Situation erzielt werden kann. Aus dem Vergleich des Validen- mit dem Invalideneinkommen ergibt sich der Invaliditätsgrad. Die Formel lautet:

$$\frac{(\text{Valideneinkommen} - \text{Invalideneinkommen}) \times 100}{\text{Valideneinkommen}}$$

HERBERT L. KÖNNTE – nach den Feststellungen der IV – ohne gesundheitliche Einbusse ein jährliches Einkommen von 80 000 Franken erzielen. Wegen einer Krankheit kann er nur Teilzeit arbeiten, wobei er gemäss IV 35 000 Franken pro Jahr verdienen kann. Sein Invaliditätsgrad beträgt:

$$\frac{(80\,000 - 35\,000) \times 100}{80\,000} = 56{,}25\,\%$$

Herbert L. verzeichnet eine Einkommenseinbusse von 56,25 Prozent – und dies ist zugleich der massgebende Invaliditätsgrad. Bei einem Invaliditätsgrad zwischen 50 und 60 Prozent richtet die IV eine halbe Rente aus; eine solche erhält auch Herr L.

Was Sie über das Valideneinkommen wissen sollten
Das Valideneinkommen ist bei invaliden Personen immer eine hypothetische Grösse. Wer invalid ist, kann gerade nicht mehr ohne gesundheitsbedingte Einbusse arbeiten. Um das Valideneinkommen zu bestimmen, werden verschiedene Überlegungen angestellt. Darüber lässt sich streiten. Sie als Versicherte haben naturgemäss ein Interesse daran, dass das

---

DEFINITION: VALIDEN- UND INVALIDENEINKOMMEN
Zentral für die Bestimmung des Invaliditätsgrads sind folgende zwei Vergleichsgrössen:
- Das Valideneinkommen ist das Einkommen, das die versicherte Person ohne die gesundheitsbedingte Einbusse erzielen könnte.
- Das Invalideneinkommen stellt dasjenige Einkommen dar, das die invalide Person unter Berücksichtigung aller gesundheitlichen Einschränkungen nach abgeschlossener (medizinischer oder beruflicher) Eingliederung auf dem in Betracht kommenden ausgeglichenen Arbeitsmarkt zumutbarerweise erzielen kann.

Valideneinkommen hoch liegt, weil dann ein höherer Invaliditätsgrad resultiert.

Vieles fällt bei dieser Argumentation ins Gewicht: Sie können etwa vorbringen, dass Sie ohne gesundheitliche Einbusse eine Karriere hätten in Angriff nehmen wollen (und können). Oder dass Sie vorhatten, in eine besser bezahlte Tätigkeit zu wechseln; dass Ihr Einkommen aus konjunkturellen Gründen erheblich gestiegen wäre; dass Sie durch eine Weiterbildung in eine höhere Lohnklasse gerutscht wären... Die Rechtsprechung ist aber sehr streng, wenn es um die Anerkennung solcher Entwicklungen geht. Sie müssen konkrete Schritte nachweisen können, die Sie etwa in Bezug auf eine Karriere getan haben – beispielsweise dass Sie sich gezielt dafür weitergebildet haben oder dass mit dem Arbeitgeber ein schriftlicher Karriereplan festgelegt wurde.

BEI GIORDANA M. NIMMT DIE IV ein Valideneinkommen von 60 000 Franken an. Sie geht davon aus, dass Frau M. ohne ihre Krankheit monatlich 5000 Franken verdienen könnte, und multipliziert diesen Betrag mit 12. Das Invalideneinkommen – also das Einkommen, das Frau M. mit allen gesundheitlichen Einschränkungen sollte erzielen können – setzt die IV auf 32 000 Franken pro Jahr fest. Daraus resultiert folgender Invaliditätsgrad:

$$\frac{(60\,000 - 32\,000) \times 100}{60\,000} = 46{,}66\,\%$$

Giordana M. würde damit eine Viertelsrente der IV erhalten. Zum Glück merkt sie, dass die IV das 13. Monatsgehalt nicht berücksichtigt hat. Frau M. würde nämlich ohne Krankheit nicht 60 000, sondern 65 000 Franken verdienen. Der richtige Invaliditätsgrad beträgt deshalb:

$$\frac{(65\,000 - 32\,000) \times 100}{65\,000} = 50{,}77\,\%$$

Damit erhält Frau M. statt der zuerst zugesprochenen Viertels- eine halbe Rente der IV. Geändert hat sich nicht ihr Gesundheitszustand, sondern das Valideneinkommen.

Um das Valideneinkommen zu bestimmen, muss die IV **alle Einkommensbestandteile** berücksichtigen, die jemand ohne gesundheitliche Beeinträchtigung erzielen würde. Dazu gehören vor allem folgende Elemente:

- Lohn
- 13. Monatslohn
- Entschädigung für regelmässig geleistete Überstunden
- Naturallohn (etwa Verpflegung im Betrieb)
- Firmenauto zum Privatgebrauch
- Verbilligte Wohnung
- Boni, soweit sie regelmässig ausgezahlt werden
- Einkommen aus Schwarzarbeit
- Einkommen aus Nebenbeschäftigungen

Kurz gesagt: Alle Einkünfte, die auf eine Erwerbstätigkeit zurückzuführen sind, gelten als Teil des Valideneinkommens. Dabei ist mit dem Bruttoeinkommen zu rechnen.

In der Regel erkundigt sich die IV bei Ihrem Arbeitgeber, wie viel Sie bisher verdient haben. Oft aber vergisst ein Arbeitgeber, das gesamte Einkommen zu melden. Oder Ihre Chefin weiss gar nicht, dass Sie noch weitere Einkommen hatten. Es gehört zu Ihrer Aufgabe, der IV alle Nebeneinkünfte zu melden. Scheuen Sie sich auch nicht, Einkommen aus Schwarzarbeit anzugeben! Die IV muss solche Einkünfte ebenfalls berücksichtigen und ist im Übrigen an die Schweigepflicht gebunden. Sie darf also nicht etwa Ihre Arbeitgeberin über Nebenjobs informieren.

> **TIPP** *Überprüfen Sie im Invaliditätsfall sehr exakt, ob das Valideneinkommen richtig ermittelt wurde. Gehen Sie dabei nach der obigen Auflistung vor. Melden Sie alle Ihre Einkünfte, auchdiejenigen aus Schwarzarbeit. Je höher das Valideneinkommen, umso höher liegt Ihr Invaliditätsgrad.*

Schwierig wird die Bemessung des Valideneinkommens, wenn jemand so früh invalid wird, dass er oder sie gar keine berufliche Ausbildung in Angriff nehmen oder abschliessen konnte. Für diese Geburts- und Frühbehinderten greift die IV auf den statistisch ermittelten durchschnittlichen Lohn von Arbeitnehmenden in der Schweiz zurück, den sogenannten Tabellenlohn.

Was Sie über das Invalideneinkommen wissen sollten

Auch die Festsetzung des Invalideneinkommens ist mit einigen Tücken verbunden. Die Definition auf Seite 52 zeigt, dass eine ganze Reihe von Kriterien berücksichtigt werden muss. Es gilt also, sorgfältig und der Reihe nach vorzugehen.

- **Berücksichtigung aller gesundheitlichen Einschränkungen:** Für die IV spielt es keine Rolle, ob Ihre gesundheitlichen Einschränkungen aus einem Unfall oder einer Krankheit entstanden sind, ob sie physischer oder psychischer Natur sind. Alles, was sich negativ auf die Arbeitsfähigkeit auswirkt, muss berücksichtigt werden. Dies bedeutet, dass die IV auch Einschränkungen wie Depressionen, Kopfschmerzen, degenerative Rückenveränderungen oder Gelenkschmerzen einbeziehen muss.

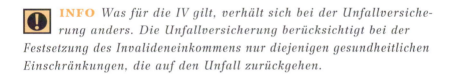

INFO Was für die IV gilt, verhält sich bei der Unfallversicherung anders. Die Unfallversicherung berücksichtigt bei der Festsetzung des Invalideneinkommens nur diejenigen gesundheitlichen Einschränkungen, die auf den Unfall zurückgehen.

- **Einkommen nach Eingliederung:** Die IV muss zuerst prüfen, ob die invalide Person eine Eingliederung erhält (mehr dazu auf Seite 45). Um das Invalideneinkommen zu bestimmen, wird diejenige Tätigkeit herangezogen, die Sie nach abgeschlossener Eingliederung sollten ausüben können. Der Verkäufer beispielsweise, der von der IV für eine Arbeit im kaufmännischen Bereich umgeschult wird, muss sich das – vielleicht höhere – Einkommen anrechnen lassen, das er im neuen Beruf erzielen könnte.
- **Einkommen auf dem offenstehenden Arbeitsmarkt:** Dieses Kriterium ist ein ausserordentlich heikles! Die IV darf zwar keine Tätigkeiten berücksichtigen, die auf dem Arbeitsmarkt gar nicht mehr zu finden sind. Aber es gilt ein wichtiger Grundsatz: Die IV darf vom «ausgeglichenen» Arbeitsmarkt ausgehen – auch wenn es ihn tatsächlich gar nicht gibt. Obwohl der Stellenmarkt ausgetrocknet ist, darf die IV also argumentieren, dass Sie im betreffenden Beruf eine Stelle finden könnten, wenn der Arbeitsmarkt ausgeglichen wäre – und kann Ihnen ein entsprechend hohes Invalideneinkommen anrechnen. Sie selbst tragen also das Risiko, dass Sie möglicherweise keine Stelle finden. Die IV

kann sich darauf berufen, dass sie für die schlechte Arbeitsmarktsituation nicht verantwortlich ist. Zuständig wären die Arbeitslosenversicherung und – wenn jemand keine Stelle findet und ausgesteuert wird – das Sozialamt.

Diese Argumentation ist für die Betroffenen oft völlig unverständlich. Was nützt dem Gärtnermeister mit Arthritis der Hinweis, dass sich auf einem ausgeglichenen Arbeitsmarkt eine zumutbare leichtere Tätigkeit für ihn finden liesse, wenn er trotz intensiven Bemühungen keine solche Stelle ergattern kann? Immerhin können Sie sich darauf berufen, dass die IV keine Stellen berücksichtigen darf, die auch auf dem ausgeglichenen Arbeitsmarkt gar nicht mehr vorhanden sind. Eine Tätigkeit als Schriftsetzer beispielsweise darf Ihnen heute nicht mehr zugemutet werden, weil Schriftsetzer auch auf dem ausgeglichenen Arbeitsmarkt keine Stellen mehr finden können.

DIE IV MUTET MARIETTA T. eine wechselbelastende Tätigkeit zu, eine Arbeit also, bei der sie abwechslungsweise stehen und sitzen kann. Konkret schlägt ihr die IV eine Tätigkeit im internen Postdienst oder in einem Magazin vor. Frau T. bestreitet gar nicht, dass sie eine solche Stelle bewältigen könnte, doch sie argumentiert, sie habe sich schon auf 23 Anzeigen beworben und jedes Mal eine Absage erhalten. Trotzdem darf ihr die IV als Invalideneinkommen die Summe anrechnen, die sie an einer Stelle im internen Postdienst er-

---

MÜSSEN INVALIDE SELBSTÄNDIGE IHR GESCHÄFT AUFGEBEN?
Nicht selten stellt sich heraus, dass ein Selbständigerwerbender nach einem Unfall oder einer Erkrankung sein eigenes Geschäft nur noch reduziert weiterführen kann. Eine Tätigkeit als Angestellter aber wäre aus medizinischer Sicht noch ganztags möglich. Dann stellt sich die Frage, ob es zumutbar ist, dass dieser Unternehmer seinen Betrieb aufgibt und in Zukunft den Lebensunterhalt als Arbeitnehmer verdient.

Das muss sehr sorgfältig geprüft werden; Kriterien sind etwa, ob Sie einen erheblichen Betrag in Ihren Betrieb investiert haben, ob Sie das Geschäft schon über Jahrzehnte führen, ob eine Liquidation überhaupt möglich ist und ob eine reelle Chance besteht, dass Sie in Ihrem Alter und mit Ihren Qualifikationen eine unselbständige Erwerbstätigkeit finden.

zielen könnte. Wenn Marietta T. keine Arbeit findet, muss sie sich an die Arbeitslosenversicherung wenden.

- **Zumutbares Einkommen:** Die IV darf nichts Unzumutbares verlangen. Das ist einfach gesagt und schwierig umzusetzen. Sehr oft ist nur schon strittig, was medizinisch zumutbar ist. Die betroffene Person ist überzeugt, dass sie mit ihren Gelenkschmerzen eigentlich überhaupt nicht arbeiten kann, doch die Ärzte sehen trotz Gelenkproblemen keinen Hinderungsgrund für eine Ganztagesstelle. Hier muss genau bestimmt werden, was in der konkreten Situation zumutbar ist. Berücksichtigt werden müssen das Alter, der allgemeine Gesundheitszustand und weitere persönliche Umstände wie zum Beispiel Fähigkeiten, Begabungen, die berufliche Ausbildung und der bisherige Werdegang. Die Verwaltungs- und Gerichtspraxis dazu ist sehr streng. Ausnahmen macht sie nur bei Versicherten, die ihre bisherige Arbeit nicht mehr ausführen können und kurz vor der Pensionierung stehen.

TIPP *Wenn die IV Ihnen ein Invalideneinkommen vorhält, müssen Sie sorgfältig prüfen, ob dieses Einkommen unter Berücksichtigung all dieser Kriterien überhaupt realistisch ist. Dabei können Ihnen die im Anhang aufgeführten Beratungsstellen helfen.*

Die ganze Rechnung an einem Beispiel

NORMAN E. HAT BISHER als Flight Attendant gearbeitet und dabei 5700 Franken monatlich verdient; auch einen 13. Monatslohn hat er vertraglich zugut. Daneben ist er mit einem kleinen Pensum für eine Zeitschrift tätig und erhält dort als Honorar monatlich 300 Franken (ohne 13. Monatslohn). Weil Herr E. immer stärker an Flugangst leidet, kann er nicht mehr als Flight Attendant arbeiten. Die IV finanziert ihm eine Umschulung zum kaufmännischen Angestellten, ein Beruf, in dem ein Einkommen von 5000 Franken monatlich oder 65 000 Franken pro Jahr (inkl. 13. Monatslohn) möglich wäre. Aus psychischen Gründen ist Herr E. aber auch für eine kaufmännische Tätigkeit nur noch zu 60 Prozent arbeitsfähig. Die Mitarbeit bei der Zeitschrift dagegen kann er unverändert weiterführen.

Aus all diesen Vorgaben errechnet die IV-Stelle nun das Validen- und das Invalideneinkommen und bestimmt aus dem Vergleich der beiden Grössen den Invaliditätsgrad:

- **Valideneinkommen**
  Tätigkeit als Flight Attendant: Fr. 5700.– × 13   Fr. 74 100.–
  Redaktionstätigkeit: Fr. 300.– × 12   Fr.   3 600.–
  Total Valideneinkommen   Fr. 77 700.–

- **Invalideneinkommen**
  Kaufmännische Tätigkeit zu 60 %:
  60 % von Fr. 65 000.– = Fr. 39 000.–
  Weil statistisch feststeht, dass bei Männern
  die Löhne für Teilzeitarbeit tiefer sind,
  werden 10 % abgezogen:
  Fr. 39 000.– × 90 %   Fr. 35 100.–
  Redaktionstätigkeit   Fr.   3 600.–
  Total Invalideneinkommen   Fr. 38 700.–

- **Invaliditätsgrad**

$$\frac{(77\,700-38\,700) \times 100}{77\,700} = 50{,}19\,\%$$

Mit einem Invaliditätsgrad von 50,19 Prozent erhält Norman E. eine halbe Rente der IV.

Wenn Hausfrauen invalid werden

Wenn Nichterwerbstätige invalid werden, gibt es keine Einkommen, die miteinander verglichen werden könnten. Trotzdem können auch Hausmänner und Hausfrauen eine Invalidenrente erhalten; die IV stellt bei der Bestimmung des Invaliditätsgrads auf einen Tätigkeitsvergleich ab. Sie fragt also, welche der Arbeiten, die Sie früher erledigten, mit der gesundheitlichen Beeinträchtigung noch möglich sind und welche nicht. Dabei werden vor allem folgende Punkte abgeklärt:

- Wie viele Personen leben im Haushalt (Ehemann, Kinder, betagte Tante)?
- Wie sind die Wohnverhältnisse (Anzahl Zimmer, Stockwerk, Garten, der zu pflegen ist)?
- Welche technischen Einrichtungen stehen zur Verfügung (Geschirrspüler, Waschmaschine in der Wohnung)?
- Welche Aufgaben sind zu erledigen, welches Gewicht haben sie im Rahmen des gesamten Haushalts?
- Würde die Versicherte ohne den Gesundheitsschaden allenfalls eine Teilzeiterwerbstätigkeit ausüben?

ANNA B. IST HAUSFRAU. Nach einem Unfall leidet sie unter Nacken- und Kopfschmerzen, ermüdet rasch, hat Schlafstörungen und kann den Haushalt nicht mehr besorgen wie vorher. Die IV schickt eine Sachbearbeiterin vom Abklärungsdienst vorbei. Diese stellt fest, dass Frau B. den Haushalt für ihren Mann und die zwei Kinder führt, im zweiten Stock in einer Vierzimmerwohnung mit Balkon wohnt und ihr die üblichen Haushaltsgeräte zur Verfügung stehen. Auch ohne Gesundheitsschaden wäre sie nicht erwerbstätig. Insgesamt ermittelt die Abklärerin eine Behinderung von 44 Prozent (siehe folgenden Kasten). Damit steht Anna B. eine Viertelsrente der IV zu.

INVALIDITÄTSGRAD EINER HAUSFRAU

Bereich	Gewichtung	Einschränkung	Behinderung (Gewichtung × Einschränkung)
Haushaltsführung	5%	20%	1%
Ernährung	20%	35%	7%
Wohnungspflege	15%	60%	9%
Einkaufen und Besorgungen	10%	20%	2%
Wäsche und Kleiderpflege	15%	33%	5%
Betreuung der Kinder	20%	40%	8%
Gartenpflege, kunsthandwerkliche Arbeiten etc.	15%	80%	12%
Total	**100%**		**44%**

Wie weit müssen die Angehörigen der invaliden Mutter im Haushalt helfen? Das ist immer wieder ein Streitpunkt. Natürlich ist davon auszugehen, dass in einer Familie oder einer Lebensgemeinschaft gegenseitige Hilfe richtig und nötig ist. Diese Hilfe darf aber nicht so weit gehen, dass die Angehörigen ihre Berufstätigkeit oder ihre Freizeitwünsche übermässig einschränken müssen. Diese Hilfe darf aber nicht so weit gehen, dass die Angehörigen ihre Berufstätigkeit oder ihre Freizeit übermässig einschränken müssen oder aber aufgrund der Doppelbelastung selbst krank werden. Sie haben grundsätzlich das Recht, ihr Leben so weiterzuführen wie bisher. Die IV darf sich also nicht darauf berufen, dass die minderjährigen Kinder anstelle der Mutter das gesamte Einkaufen oder Putzen übernehmen könnten. Kann die Hausfrau diese Arbeiten nicht mehr ausführen, liegt eine massgebende Einschränkung vor, die allenfalls zu einer Invalidenrente führt.

TIPP *Viel zu häufig bemühen sich erkrankte oder verunfallte Hausfrauen, den Sachbearbeiterinnen vom Abklärungsdienst einen möglichst perfekten Haushalt zu präsentieren. Also nimmt die IV an, die Betroffene sei durchaus in der Lage, den Haushalt weiterzuführen, und habe keine nennenswerte Einbusse erlitten. Deshalb: Seien Sie ehrlich mit sich selbst und geben Sie zu, wenn Sie den Haushalt nur noch eingeschränkt besorgen können.*

Was gilt bei Teilzeitarbeit?

Mehr und mehr Männer und Frauen arbeiten Teilzeit, weil sie eine flexiblere Lebensgestaltung wünschen. Wenn jedoch der Invaliditätsgrad bestimmt werden soll, bringt Teilzeitarbeit einige besondere Schwierigkeiten mit sich. Weil bei Teilzeitlern neben der Berufstätigkeit auch die Kinderbetreuung und die Haushaltsführung ins Gewicht fällt, kann nicht bloss auf den Einkommensrückgang abgestellt werden. Die IV berücksichtigt ja auch Einbussen im Haushaltsbereich, sodass eine besondere Methode für die Bestimmung des Invaliditätsgrads nötig ist.

INFO *Die ausserberufliche Tätigkeit wird nicht berücksichtigt, wenn Teilzeitler neben der Berufsarbeit nicht den Haushalt führen, sondern beispielsweise sportlich trainieren oder sich mit ihren*

Hobbys beschäftigen. In einem solchen Fall wird nur auf die gesundheitlich bedingte Einbusse in der Erwerbsarbeit abgestellt.

Invaliditätsgrad nach der gemischten Methode
Bei der Bestimmung des Invaliditätsgrads von Teilerwerbstätigen nimmt die IV eine Teilung vor: Für den Anteil der Erwerbsarbeit kommt wie bei allen Erwerbstätigen der Einkommensvergleich zum Zug (siehe Seite 53); für den Anteil der Haushaltsarbeit werden Tätigkeiten verglichen.

 RITA Z. ARBEITETE ZU 60 % als kaufmännische Angestellte und verdiente dabei zuletzt monatlich 3'000.00 Franken (plus einen 13. Monatslohn). Daneben führte sie den Haushalt und kümmerte sich um ihre Tochter. Aufgrund einer schweren Erkrankung musste sie ihr Pensum um 50 % reduzieren und arbeitet nun noch 30 %. In diesen Fällen klärt die IV den Invaliditätsgrad sowohl im Erwerbsleben als auch bei der Haushaltsführung und Kinderbetreuung ab.

Bis Ende 2017 geltende gemischte Methode:
- **Invalidität bei der Erwerbstätigkeit:** Dem Valideneinkommen von jährlich 39 000 Franken stellt die IV ein Invalideneinkommen von 19 500 Franken gegenüber, sodass ein Invaliditätsgrad von 50 % resultiert.
- **Invalidität im Haushalt:** Die IV stellt anlässlich ihrer Haushaltsabklärung fest, dass Rita Z. wegen ihrer Erkrankung auch bei der Haushaltsarbeit und Kinderbetreuung stark eingeschränkt ist. Bei geschickter Zeiteinteilung sollte sie jedoch im Aufgabenbereich lediglich zu 20 % eingeschränkt sein.
- **Gesamter Invaliditätsgrad:**
  – Teilbereich Erwerbsarbeit 60 %
  mit einem Invaliditätsgrad
  von 50 % ergibt einen gewichteten
  Invaliditätsgrad von   30 %
  – Teilbereich Haushalt 40 % mit einem
  Invaliditätsgrad von 20 % ergibt einen
  gewichteten Invaliditätsgrad von   8 %
  Gesamt Invaliditätsgrad: 38 %

Mit einem massgebenden Gesamtinvaliditätsgrad von 38 % hat Rita Z. keinen Anspruch auf eine Rente der Invalidenversicherung.

Schwachstelle Haushalt
Die Erfahrung hat gezeigt, dass im Haushaltsbereich regelmässig ein tieferer Invaliditätsgrad festgelegt wird als im Erwerbsbereich. Dies hängt mit verschiedenen Faktoren zusammen. Zum einen ist es tatsächlich so, dass in manchen Fällen der Haushalt auch mit einer gesundheitlichen Einschränkung noch eher geführt werden kann; hier ist die Zeiteinteilung flexibler und oft können Arbeiten auch auf die Familienmitglieder verteilt werden. Dass die Sachbearbeiter der IV im Haushaltsbericht regelmässig einen tieferen Invaliditätsgrad annehmen, ist aber auch Ausdruck davon, dass die Haushaltsarbeit generell geringer geschätzt wird. Vereinfacht gesagt, man nimmt an, auch eine unter Depressionen leidende Frau könne noch kochen!

Diese Ausgangslage bringt aber mit sich, dass es für Teilzeitangestellte schwieriger ist, auf einen Invaliditätsgrad zu kommen, der einen Rentenanspruch ergibt. Von der Bemessungsmethode her ist die IV ganz auf Erwerbstätige zugeschnitten.

Mutter werden und die Rente verlieren?
Die Aussichten eine Rente der IV zu erhalten, sind also schlechter, wenn Sie Teilzeitarbeiten oder nicht erwerbstätig sind. Das wissen die IV-Stellen natürlich. Es kam immer wieder vor, dass Frauen nach der Geburt ihres Kindes kurzerhand zu Hausfrauen «umfunktioniert» wurden; mit der Folge, dass ihnen keine Invalidenrente zugesprochen werden muss.

Diese Diskriminierung hat der europäische Gerichtshof für Menschenrecht erkannt und im Februar 2016 im Zusammenhang mit der gemischten Methode ein Urteil gegen die Schweiz gefällt. Diese musste daraufhin die gemischte Methode grundsätzlich überdenken. Der Gesetzgeber hat zwischenzeitlich eine entsprechende gesetzliche Grundlage erlassen, was dazu führt, dass Rita Z. im vorstehenden Beispiel nach der neuen Methode Anspruch auf eine halbe Rente hat.

Ab Januar 2018 geltende gemischte Methode:
- **Invalidität bei der Erwerbstätigkeit:** Dem Valideneinkommen von 65 000 Franken (es wird berücksichtigt, was Rita Z. in einem vollen

Pensum verdienen würde) stellt die IV ein Invalideneinkommen von weiterhin 19 500 Franken gegenüber, es resultiert ein Invaliditätsgrad von 70 %.

- **Invalidität im Haushalt:** Die IV stellt anlässlich ihrer Haushaltsabklärung fest, dass Rita Z. wegen ihrer Erkrankung auch bei der Haushaltsarbeit und Kinderbetreuung stark eingeschränkt ist. Bei geschickter Zeiteinteilung sollte sie jedoch im Aufgabenbereich lediglich zu 20 % eingeschränkt sein.
- **Gesamter Invaliditätsgrad:**
  - Teilbereich Erwerbsarbeit: 60 % mit einem Invaliditätsgrad von 70 % ergibt gewichtet einen Invaliditätsgrad von   42 %.
  - Teilbereich Haushalt von 40 % mit einem Invaliditätsgrad von 20 % ergibt gewichtet einen Invaliditätsgrad von   8 %

  Gesamtinvaliditätsgrad   50 %.

Obwohl sich die gesundheitliche Situation von Rita Z. nicht geändert hat, erhält sie allein aufgrund der neuen Berechnungsmethode eine halbe Invalidenrente.

Trotz dieser erfreulichen Neuerung sind noch nicht alle Probleme gelöst.

PAULA S. HAT EINE KAUFMÄNNISCHE AUSBILDUNG absolviert und trägt sich mit dem Gedanken einer Weiterbildung. Erste Module hat sie erfolgreich abgeschlossen. Bevor sie diese Ausbildung beenden kann, wird sie jedoch Mutter zweier Kinder und kümmert sich vorerst um deren Betreuung. Die angestrebte Ausbildung wird verschoben. Ganz gibt Paula S. ihre Erwerbstätigkeit jedoch nie auf: Zu einem kleinen Pensum ist sie auch während die Kinder klein sind ausser Haus in ihrer kaufmännischen Tätigkeit tätig. Bevor Paula S. ihre Ausbildung wieder in Angriff nehmen kann, geht es ihr gesundheitlich schlecht. Die Ausbildungspläne und die Steigerung des Arbeitspensums werden aufgrund der Krankheit zurückgestellt. Drei bis vier Jahre später stellt sich heraus, dass Paula S. an Multipler Sklerose (MS) erkrankt ist. Sie stellt einen Antrag auf Leistungen bei der Invalidenversicherung. Im Rahmen der Abklärungen erfolgt eine Haushaltsabklärung. Obwohl Paula S. anlässlich dieser Abklärung beteuert, bei guter Gesundheit hätte sie die Ausbildung abgeschlossen und würde nun, da die Kinder älter sind, Vollzeit arbeiten, wendet die IV die gemischte Methode an und führt aus, da Frau S. grossen Wert auf eine gute Kinderbetreuung lege, sei nicht davon auszugehen, dass sie mehr als 60 Prozent erwerbstätig wäre. Da Paula S. noch in einem kleinen Pensum erwerbstätig sein kann und der Ehemann und die beiden Kinder sie im Rahmen der Schadenminderungspflicht im Haushalt unterstützen könnten, lehnt die IV einen Rentenanspruch ab.

Wo liegt das Problem? Die IV macht geltend, dass Paula S. nicht genügend plausibel machen konnte, dass sie ohne gesundheitliche Beeinträchtigung die bereits begonnene Ausbildung abgeschlossen hätte und in ihrem neuen Beruf voll erwerbstätig wäre. Begründet wird dies damit, dass Frau S. bis zur klaren Diagnosestellung keine Bemühungen hinsichtlich der Wiederaufnahme der Ausbildung respektive einer Steigerung ihres Arbeitspensums ausser Haus vorlegen könne. Die IV lässt dabei ausser Acht, dass die gesundheitlichen Beeinträchtigungen bereits drei bis vier Jahre vor der Diagnosestellung auftraten. Dadurch ist es Paula S. aber fast unmöglich, den von der IV geforderten Beweis zu erbringen.

Ob Sie eine Rente erhalten, hängt also ganz entscheidend davon ab, welche Art Tätigkeit – Haushalt oder Beruf – die IV in ihrem Fall in den Vordergrund stellt. Folgende Kriterien fallen dabei ins Gewicht:

- **Bisherige Tätigkeit:** Wenn Sie vor Eintritt der Invalidität schon immer voll berufstätig gewesen sind, können Sie sich grundsätzlich darauf berufen, dass Sie ohne gesundheitliche Beeinträchtigung auch weiterhin zu 100 Prozent erwerbstätig geblieben wären.
- **Geburt eines Kindes:** Immer mehr Mütter sind heute weiterhin erwerbstätig – oft in unverändertem Ausmass. Bloss weil eine Frau ein Kind zur Welt gebracht hat, darf die IV also nicht annehmen, sie hätte nun sowieso auf eine Erwerbstätigkeit verzichtet. Aufgrund des Urteils des Europäischen Gerichtshofes für Menschenrechte vom Februar 2016 darf die IV in einem solchen Fall die gemischte Methode nicht anwenden, sondern muss weiterhin allein auf die Einbusse im Erwerbsbereich abstellen.
- **Kinder erreichen das Schulalter:** Haben Sie vor Ihrer Erkrankung wegen der Kinderbetreuung Ihre Erwerbstätigkeit eingeschränkt oder aufgegeben, können Sie, wenn Ihr Kind in die Schule kommt, geltend

machen, dass Sie ohne gesundheitliche Beeinträchtigung jetzt Ihr Pensum wieder aufstocken oder eine andere Stelle annehmen würden. Es lohnt sich, diesen Sachverhalt nicht nur zu behaupten, sondern möglichst konkret zu belegen, wie und durch wen die Betreuung der Kinder während Ihrer Abwesenheit erfolgen würde.
- **Scheidung:** Die Erfahrung zeigt, dass Frauen nach einer Scheidung sehr häufig gezwungen sind, wieder eine Erwerbstätigkeit aufzunehmen. Bei einer Scheidung kann die IV deshalb nicht mehr davon ausgehen, die Frau wäre weiterhin zu 100 Prozent im Haushalt tätig geblieben.

TIPPS *Wenn Sie als Teilzeitangestellte erkranken oder verunfallen, müssen Sie die Bestimmung des Invaliditätsgrads besonders sorgfältig prüfen. Berücksichtigen Sie alle oben besprochenen Punkte.*

Seien Sie besonders vorsichtig, wenn die IV Sie fragt, ob Sie ohne Krankheit oder Unfall denn auch zu 100 Prozent erwerbstätig wären. Bejahen Sie diese Frage klar, wenn Sie der Meinung sind, es verhalte sich tatsächlich so.

Überprüfen Sie die Begründung in der IV-Verfügung genau. Qualifiziert Sie die IV als teil- oder als vollzeitlich erwerbstätig? Die Höhe des Invaliditätsgrads hängt direkt von dieser Einstufung ab.

Besondere Vorsicht ist auch geboten, wenn noch ein Anspruch auf Leistungen der beruflichen Vorsorge bestehen.

Sind Sie unsicher, ob Sie korrekt eingestuft wurden, konsultieren Sie mit Vorteil eine Beratungsstelle (Adressen im Anhang).

Wenn invaliditätsfremde Gründe ins Spiel kommen

Mit dem Argument, es lägen auch invaliditätsfremde Gründe für die gesundheitliche Beeinträchtigung vor, versucht die IV manchmal, den Invaliditätsgrad niedrig zu halten. Ein unverständlicher Begriff für Sie? Dann liegen Sie eigentlich ganz richtig. Denn was genau solche «invaliditätsfremden» Gründe sein sollen, ist auch in der Rechtsprechung oft unklar. Gemeint ist, dass eine Einbusse im Erwerb auch auf andere als gesundheitliche Umstände zurückzuführen sein kann: etwa auf das Alter, auf mangelnde Ausbildung, auf Verständigungsschwierigkeiten oder auf den Aufenthaltsstatus (zum Beispiel als Kurzaufenthalter). Dies ist selbstverständlich, hilft aber nicht viel weiter.

Klar ist: Bloss weil jemand keine Stelle findet und arbeitslos ist, ist er deshalb nicht bereits invalid. Viel schwieriger aber ist die Abgrenzung, wenn beispielsweise ein Maurer, der nur wenig Deutsch spricht, zwar über Jahre hinweg gute Arbeit auf dem Bau leisten kann, dann aber wegen zunehmender Rückenbeschwerden diese Tätigkeit aufgeben muss. Hat er es zu verantworten, dass er mit seinen schlechten Deutschkenntnissen keine Arbeit findet? Ohne Rückenprobleme würde er weiterhin als Maurer arbeiten, weshalb – so betrachtet – die Lohneinbusse eigentlich invaliditätsbedingt ist, obschon sie durchaus auch auf seine sprachlichen Schwierigkeiten zurückgeht.

In der Praxis gilt immerhin, dass die IV-Stellen solche «invaliditätsfremden» Gründe sowohl beim Valideneinkommen wie auch beim Invalideneinkommen (siehe Seite 53) berücksichtigen müssen. Das heisst für den Maurer, der trotz schlechtem Deutsch auf dem Bau eine gute Arbeit geleistet hat, dass die IV bei der Festsetzung des zumutbaren Invalideneinkommens nicht vom Lohn eines Tramchauffeurs ausgehen und behaupten darf, die fehlenden Sprachkenntnisse seien der einzige Grund dafür, dass der Maurer nicht auf diesem Beruf arbeiten könne. Will die IV ihm zumuten, als Tramchauffeur tätig zu sein, muss sie ihm zuerst einen ausreichenden Deutschkurs finanzieren.

Beispiel: chronische Schmerzen
«Invaliditätsfremde» Gründe spielen nicht erst bei der Bestimmung des Invaliditätsgrads eine Rolle, sondern schon in der medizinischen Abklärung. Das zeigt sich etwa bei der Begutachtung von Personen mit chronischen Schmerzen. Die Schmerzempfindung ist subjektiv und nicht direkt messbar. In der Medizin gibt es verschiedene Theorien zur Entstehung, Chronifizierung und Behandlung von Schmerzen. Unter anderem geht man davon aus, dass Schmerzempfindung und Schmerzausdruck auch von der Reaktion der Umgebung abhängen und kulturell geprägt sind. Es spielen dabei also individuelle und soziale Faktoren zusammen.

Wenn nun eine Gutachterin beurteilen muss, welche Arbeitsleistung einem Menschen mit chronischen Schmerzen noch zumutbar ist, hängt einiges von ihrer Einstellung ab und davon, welche Schmerztheorie sie als richtig ansieht. Stellt sie vor allem soziale Faktoren in den Vordergrund, wird sie diese als «invaliditätsfremd» nicht berücksichtigen, während ein anderer Gutachter den persönlichen Faktoren mehr Gewicht beimisst und diese bei der Beurteilung der zumutbaren Restarbeitsfähigkeit stärker gewichtet. Oft sind daher für die Beurteilung der Arbeitsunfähigkeit nicht oder nicht nur die gesundheitlichen Einschränkungen der begutachteten Person massgebend, sondern die Weltanschauungen der Ärzte und Ärztinnen, die die Begutachtung vornehmen.

> **INFO** *Schwierig sind die Entscheidungen immer dann, wenn nicht ganz klare somatische/körperliche Erkrankungen oder sehr schwere psychische Krankheiten vorliegen. Es wird anhand eines strukturierten Beweisverfahrens und Beweisrasters ganz genau geprüft, wie schwerwiegend die gesundheitlichen Einschränkungen sind und ob die betroffene Person unter Aufbietung ihrer sämtlicher Ressourcen noch arbeiten kann.*

Weiterarbeiten trotz IV-Rente?

Kann ich eine (Teil-)Rente der IV beziehen und trotzdem weiterarbeiten? Oder wird mir die Rente gekürzt? Diese Frage stellen sich viele Rentenbezüger. Es gilt Folgendes: Wenn die IV Ihnen ein bestimmtes Invalideneinkommen anrechnet, meint sie dies ernst. Die IV hält es für möglich und zumutbar, dass Sie ein Einkommen in dieser Höhe verdienen. Niemand und nichts kann Sie daran hindern, dies tatsächlich zu tun. Deshalb ist es keineswegs ausgeschlossen, sondern durchaus zulässig, dass Sie neben einer Rente der IV weiterhin berufstätig sind.

> **NIKLAUS O. IST SEIT VIELEN JAHREN** als Flugkapitän tätig. Mit der Zeit treten bei ihm – wie bei manchen Piloten – starke Rückenbeschwerden auf. Aus medizinischer Sicht kann er nicht mehr im Cockpit sitzen. Er ist aber durchaus in der Lage, einer Tätigkeit am Boden nachzugehen, etwa in der Ausbildung von

Piloten. Allerdings ist sein Einkommen einiges tiefer: Als Pilot hatte er zuletzt 200 000 Franken jährlich verdient; im Schulungsbereich wird er nur noch auf 90 000 Franken pro Jahr kommen. Mit diesen Vergleichseinkommen beträgt sein Invaliditätsgrad 55 Prozent und er erhält eine halbe Rente der IV. Daneben darf er natürlich das Invalideneinkommen von 90 000 Franken erzielen.

Auch eine ganze Rente der IV muss ein Einkommen nicht unbedingt ausschliessen, denn sie wird ab einer Invalidität von 70 Prozent ausgerichtet. Massgebend ist immer, wie hoch das Einkommen ist, das die IV einer versicherten Person trotz Gesundheitseinbusse noch zumutet. Wie viel das ist, können Sie der Begründung in der IV-Verfügung entnehmen (siehe Seite 93).

TIPP *Möchten Sie wissen, wie viel Einkommen Sie noch erzielen können, fragen Sie bei der IV-Stelle nach, welches Invalideneinkommen für Sie festgelegt wurde. Genau diesen Betrag können Sie verdienen, ohne den bisherigen Rentenanspruch zu gefährden. Bedenken Sie aber auch: Wenn Sie genau das Ihnen zugemutete Invalideneinkommen verdienen, wird die IV allenfalls überprüfen, ob es Ihnen denn nicht möglich sei, noch mehr zu verdienen. Und das könnte die Kürzung oder gar Aufhebung Ihrer Rente nach sich ziehen. Deshalb: Arbeiten Sie nur so viel, wie Ihnen medizinisch möglich ist!*

Welche Renten kennt die IV?

Die Invalidenversicherung gewährt Renten in erster Linie für die invalide Person selbst – das ist die sogenannte Hauptrente. Daneben sind auch Renten für die Kinder vorgesehen. Alles in allem ist die IV eine traditionelle und familienbezogene Versicherung. Wer drei oder vier Kinder hat, ist im Invaliditätsfall bereits über die Renten der IV recht gut abgedeckt.

Anders verhält es sich für alleinstehende Personen; sie können ihren Lebensunterhalt aus den IV-Renten allein unmöglich bestreiten.

Die Hauptrente

Die Rente, die Sie als invalide Person ausgezahlt erhalten, ist zuerst einmal nach dem Invaliditätsgrad (siehe Seite 53) abgestuft. Es gilt folgende Einteilung:
- Viertelsrente   ab einem Invaliditätsgrad von 40 %
- Halbe Rente   ab einem Invaliditätsgrad von 50 %
- Dreiviertelsrente   ab einem Invaliditätsgrad von 60 %
- Ganze Rente   ab einem Invaliditätsgrad von 70 %

Der Invaliditätsgrad ist aber nur das eine. Das andere ist die Frage, wie viele Franken die zugesprochene Rente ausmachen wird. Dies wird aufgrund der Beiträge berechnet, die Sie seit Ihrem 20. Altersjahr an die AHV sowie die IV gezahlt haben (mehr dazu auf Seite 37). Wenn Sie eine lückenlose Beitragsdauer ab dem 20. Altersjahr bis zur Entstehung der Invalidität vorweisen können, beträgt die ganze Rente mindestens 1185 und höchstens 2370 Franken. Die Dreiviertelsrente liegt zwischen 889 und 1778 Franken, die halbe Rente zwischen 593 und 1185 Franken und als Viertelsrente werden mindestens 297 und höchstens 593 Franken ausgezahlt (Stand 2020).

> **INFO** *Diese Abstufung wird sich bald ändern. Mit der 7. IV-Revision soll für Rentnerinnen und Rentner mit einem Invaliditätsgrad zwischen 40 % und 69 % ein stufenloses Rentensystem eingeführt werden. Ab 70 % gibt es weiterhin eine Vollrente. Dieses System bringt Verbesserungen für tiefe Invaliditätsgrade zwischen 40 % und 59 %.*

Kinderrenten: oft überlebenswichtig

Als traditionell ausgerichtete Sozialversicherung pflegt die IV ein althergebrachtes Familienbild und richtet deshalb auch Kinderrenten aus, was etwa die Unfallversicherung nicht tut. Dies bedeutet eine erhebliche Besserstellung invalider Menschen mit Kindern. Schwierig zu verstehen ist aber, dass eine alleinstehende Person nur eine oft tiefe Hauptrente erhält, aus der sie ihren Lebensunterhalt unmöglich bestreiten kann.

Kinderrenten gibt es für alle Kinder, bis sie achtzehn Jahre alt sind. Steht ein Kind dann noch in Ausbildung, dauert der Anspruch bis längstens zum fünfundzwanzigsten Altersjahr. Die IV-Stelle fordert regelmässig Bestätigungen darüber, dass die Ausbildung ordnungsgemäss stattfindet. Das ist manchmal strittig: Die IV verlangt eine zielgerichtete Ausbildung, die einem systematischen Lehrplan folgt. Keine Kinderrente zahlte sie beispielsweise für ein Kind, das in einem Drogenrehabilitationsprogramm stand. Ein solches Programm sei keine zielgerichtete Ausbildung.

Die Kinderrente macht 40 Prozent der Hauptrente aus. Das ist sehr viel! Wenn Sie drei oder vier Kinderrenten erhalten, ergibt das einen wesentlichen Zuschuss. Manchmal sind die Kinderrenten sogar so hoch, dass sie wegen Überentschädigung gekürzt werden. Dabei stellt die IV-Stelle darauf ab, wie hoch Ihr massgebendes durchschnittliches Jahreseinkommen ist, das heisst, wie viel Sie in Ihrer bisherigen Berufslaufbahn durchschnittlich verdienten.

HERR UND FRAU J. HABEN FÜNF KINDER. Der Vater ist wegen einer schweren Erkrankung erwerbsunfähig und erhält eine ganze Rente der IV von 1493 Franken. Die Kinderrenten machen 40 Prozent seiner Hauptrente aus; das sind 597 Franken pro Kind oder 2960 Franken insgesamt. Damit hat Herr J. gegenüber der IV folgenden Anspruch:

Hauptrente	Fr. 1493.–
Kinderrenten	Fr. 2985.–
Total	Fr. 4478.–

So viel hat Herr J. in seinem ganzen Leben noch nie verdient. Die Berechnung seines massgebenden durchschnittlichen Jahreseinkommens ergibt einen Betrag von 28 440 Franken. Die IV darf ihre Zahlung auf 90 Prozent dieses Einkommens kürzen. Herr J. erhält deshalb insgesamt nur 2133 Franken pro Monat.

Etwas Mathematik: Wie werden die Renten berechnet?

Die Eckpunkte sind rasch klar: Eine ganze Rente der IV beträgt maximal 2370 Franken, die minimale Viertelsrente 297 Franken (Stand 2020). Wo dazwischen Ihre konkrete Rente liegt, ist jedoch recht schwierig zu berechnen. Im Folgenden deshalb kurz das Prinzip.

Erstes Kriterium: Beitragsdauer

Als Erstes überprüft die IV, ob die betreffende Person seit dem 20. Altersjahr lückenlos Beiträge eingezahlt hat. Lückenlos ist Ihre Beitragsdauer dann, wenn Sie in jedem Jahr wenigstens den Mindestbeitrag bezahlt haben oder – als Verheiratete – über die Beitragszahlung Ihres Partners, Ihrer Partnerin versichert waren (siehe Seite 38). Wer seit dem zwanzigsten Altersjahr lückenlos Beiträge bezahlt hat, gelangt in die Skala 44. Das ist nicht eine Wunderzahl, sondern eine rein mathematische Grösse, die aus der Berechnung der AHV-Rente stammt: Skala 44 bedeutet, dass während 44 Jahren – von Alter 20 bis zum Jahr vor Erreichen des Rentenalters, also 65 – immer Beiträge eingezahlt wurden. Die IV hat dieses System übernommen und stuft die invaliden Personen ebenfalls in eine Rentenskala von 1 bis 44 ein. Wenn Sie seit Ihrem 20. Altersjahr immer Beiträge bezahlt haben, gelangen Sie automatisch in die Skala 44 – und haben damit Anspruch auf eine Vollrente.

Was aber gilt, wenn Ihr individuelles Konto **Beitragslücken** aufweist? Solche Lücken können etwa entstehen, wenn jemand während längerer Zeit seinen Wohnsitz im Ausland hat oder wenn eine Frau nach der Scheidung wegen der Kinder nicht berufstätig ist und vergisst, sich als Nichterwerbstätige bei der Ausgleichskasse zu melden (siehe auch Seite 39). Fehlen Ihnen – verglichen mit den gleichaltrigen Versicherten – Beitragsjahre, wird Ihre Rente prozentual gekürzt und Sie erhalten nur noch eine Teilrente. Gerade wenn jemand in jungen Jahren invalid wird, wirken sich Beitragslücken schmerzhaft aus. Je kürzer die Soll-Beitragsdauer, desto höher die prozentuale Einbusse pro fehlendes Jahr.

> **TIPP** *Sind Sie nicht sicher, ob Ihre Beitragsdauer lückenlos ist, können Sie bei der AHV-Ausgleichskasse einen Auszug aus Ihrem individuellen Konto verlangen (siehe Seite 41).*

Zweites Kriterium: Beitragshöhe
Neben der Beitragsdauer bestimmt die Höhe der geleisteten Beiträge die IV-Rente. Das lässt sich als Laie allerdings kaum nachrechnen. Folgende Elemente berücksichtigt die IV als Beiträge:

- Zunächst natürlich alle **Einkommen**, auf denen AHV/IV-Beiträge abgerechnet wurden (siehe Seite 40). Die Einkommen aus früheren Jahren werden mit dem sogenannten Aufwertungsfaktor rechnerisch ans heutige Lohnniveau angepasst.
- Hinzu kommen die **Erziehungsgutschriften** für die Betreuung von Kindern. Diese werden Ihnen für alle Jahre angerechnet, in denen Sie die elterliche Sorge für eines oder mehrere Kinder unter sechzehn hatten. Für ältere Kinder gibt es keine Gutschriften mehr. Natürlich erhalten Sie von der AHV oder IV kein Geld für die Erziehung Ihrer Kinder, doch es wird Ihnen ein zusätzliches Einkommen von 992 Franken pro Erziehungsjahr auf Ihrem Beitragskonto angerechnet (Stand 2020). Verheirateten Eltern wird je die Hälfte dieses Betrags gutge-

---

DIE RENTENBERECHNUNG IM ÜBERBLICK
- Der Invaliditätsgrad bestimmt, ob Sie eine Viertels-, eine halbe, eine Dreiviertels- oder eine ganze Rente erhalten.
- Von der Höhe Ihrer Beiträge hängt es ab, ob Sie von der Ihnen zugesprochenen Rentenstufe den maximal möglichen oder nur den Minimalbetrag erhalten.
- Von der Anzahl Beitragsjahre hängt es ab, ob Sie eine Voll- oder eine Teilrente erhalten.

schrieben, Alleinerziehenden der ganze. Das ist eine beträchtliche Besserstellung, vor allem für die Frauen, die mit der Geburt ihrer Kinder die Erwerbstätigkeit einschränken oder ganz aufgeben und ohne solche Gutschriften auf deutlich tiefere Renten kämen.

- **Betreuungsgutschriften:** Ähnliche Gutschriften kennen die AHV und die IV auch für die Betreuung naher Verwandten im eigenen Haushalt. Allerdings erhalten Sie diese Beträge nicht automatisch gutgeschrieben, sondern Sie müssen sie jedes Jahr bei der Ausgleichskasse verlangen und dabei nachweisen, dass Sie Ihren Verwandten immer noch betreuen.

Alle diese Beträge werden zusammengezählt und durch die Anzahl Beitragsjahre dividiert. Vom so errechneten durchschnittlichen Jahreseinkommen hängt es ab, wo zwischen dem Maximal- und dem Mindestbetrag Ihre eigene Rente liegt. Menschen, die vor dem 25. Altersjahr invalid geworden sind, haben Anspruch auf mindestens 133 $^{1}/_{3}$ Prozent der Minimalrente; das sind bei einer ganzen Rente 1566 Franken (Stand 2017).

Splitting und Plafonierung: Für Verheiratete ist alles ganz anders

Die Rentenberechnung für Verheiratete läuft anders als für Alleinstehende, denn die besondere Aufgabenteilung während der Ehe soll berücksichtigt werden: Die eine Seite – meist ist es der Mann – hat ein Erwerbseinkommen erzielt, während sich die andere, oft neben einer Teilzeittätigkeit, um die Kinder und den Haushalt gekümmert hat. Mit dem **Splitting** wird dieses Ungleichgewicht ausgeglichen: Die Einkommen von Frau und Mann werden zusammengezählt und jede Seite erhält die Hälfte der gesamten Summe gutgeschrieben.

Das Splitting kommt aber erst zum Zug, wenn beide Eheleute Renten beziehen. Das ist manchmal von Vorteil und manchmal von Nachteil. Vorteilhaft ist es beispielsweise, wenn der erwerbstätige Ehemann, dessen Frau den Haushalt geführt hat, invalid wird. Dann wird – zumindest bis die Frau das AHV-Alter erreicht – sein ganzes Einkommen berücksichtigt. Nachteilig ist die Regelung hingegen, wenn die Hausfrau invalid wird. Sie kann vom Einkommen ihres Ehemanns erst profitieren, wenn auch er selbst eine Rente erhält. Kompliziert und oft nicht mehr überblickbar!

Die Berechnung für Verheiratete wird zusätzlich kompliziert, weil die Renten von Ehepaaren auf 150 Prozent der Einzelrente **plafoniert** sind. Mann und Frau erhalten also zusammen maximal Renten im Gesamtbetrag von 3555 Franken (150 Prozent von 2370 Franken). Eheleute ärgern sich in vielen Fällen über diese Plafonierung, was auch verständlich ist. Sie haben ja trotz Heirat Beiträge bezahlt, weshalb nicht ganz einsichtig ist, dass man ihre Rente auf diese Weise beschränkt. Gerade wenn beide Eheleute erwerbstätig waren, wirkt die Plafonierung sehr stossend.

INFO *Da die eingetragene Partnerschaft im Sozialversicherungsrecht der Ehe gleichgestellt ist, gelten Splitting und Plafonierung auch für eingetragene Partnerinnen und Partner.*

Warten auf die Rente

Es ist ein bekanntes Phänomen, dass die IV Monate, gelegentlich gar Jahre braucht, bis sie über ein Rentengesuch entschieden hat. Das hat eine Reihe von Gründen: Zuerst muss abgeklärt werden, ob eine Eingliederung möglich ist (siehe Seite 47). Mit der Früherfassung wird der erste Kontakt hergestellt, darauf folgt die Frühintervention, allenfalls schliessen sich Integrationsmassnahmen an und je nach Situation wird eine Umschulung oder eine andere berufliche Massnahme angeordnet (mehr zum Ablauf auf Seite 42). Wie lange all diese Massnahmen in Anspruch nehmen, hängt auch davon ab, wie schnell und gut die IV sich organisiert.

Ist dann schliesslich klar, dass die Eingliederung nicht möglich ist, muss die IV verschiedene weitere Punkte abklären, bevor sie überhaupt über den Rentenanspruch entscheiden kann (siehe Seite 87). Auch diese Abklärungen nehmen oft Monate in Anspruch.

Bei Unfällen und Berufskrankheiten wartet die IV zudem häufig ab, wie die Unfallversicherung entscheidet, obschon diese nicht die gleichen Fragen abklärt. So werden oft wichtige Rehabilitationsmassnahmen nicht eingeleitet, weil die Wiedereingliederung nicht in den Aufgabenbereich der Unfallversicherung gehört und die IV abwartet. Doch gerade für die berufliche Eingliederung wären die ersten Wochen und Monate die wichtigsten. Je länger ein Unfallopfer von der Berufswelt abgeschnitten bleibt, desto schwieriger wird der Wiedereinstieg. Hier müsste etwa das Case Management einsetzen (siehe Seite 19), und hier setzt auch die Früherfassung der IV ein.

Für die Versicherten ist die lange Wartezeit natürlich ausserordentlich schwierig. Nicht nur für die berufliche Zukunft und das Selbstwertgefühl – zu oft geraten die Betroffenen auch in grösste finanzielle Schwierigkeiten. Was tun?

- Zunächst müssen Sie unbedingt abklären, ob Sie von anderen Versicherungen Leistungen zugut haben. Das kann beispielsweise die Krankentaggeldversicherung Ihres Arbeitgebers sein oder auch eine Taggeldversicherung, die Sie privat abgeschlossen haben.
- Sie können auch versuchen, bei der IV oder bei der Unfallversicherung einen Vorschuss zu erhalten. Dieser wird aber nur bewilligt, wenn es sehr wahrscheinlich ist, dass Ihnen die Leistung tatsächlich zusteht. Manchmal schiessen auch Arbeitgeber Leistungen vor.
- Wenn Sie die Stelle verlieren und noch nicht klar ist, ob Sie nun invalid sind oder nicht, müssen Sie sich unbedingt bei der Arbeitslosenversicherung melden. Denn für Invalide bestehen erleichterte Bedingungen: Sie gelten als vermittlungsfähig und haben damit Anspruch auf Taggeld, wenn Ihnen auf dem ausgeglichenen Arbeitsmarkt eine Stelle vermittelt werden könnte – und zwar auch dann, wenn es diesen in der Realität gar nicht gibt. Das klingt zwar sehr theoretisch, hilft Ihnen aber. Die Arbeitslosenversicherung darf Sie nicht wegweisen mit der Begründung, eine Stelle, wie Sie sie bräuchten, lasse sich sowieso nicht finden. Zum Bezug von Taggeldern reicht es aus, wenn Ihnen theoretisch eine Stelle vermittelt werden könnte. So lässt sich die Wartezeit bis zum Entscheid der IV oft überbrücken. Liegt noch kein definitiver Entscheid der Invalidenversicherung oder ein Gerichtsentscheid vor, muss die Arbeitslosenkasse die ganzen Taggelder erbringen, wenn Sie nicht offensichtlich vermittlungsunfähig sind: Sind Sie also in irgendeiner Tätigkeit mindestens 20 Prozent arbeits- und damit vermittlungsfähig, muss die Arbeitslosenkasse die ganzen Taggelder ausrichten.

Anspruch auf Sozialhilfe
Wenn alle diese Stricke reissen, bleibt die Sozialhilfe. Sie haben einen Anspruch darauf, dass Ihnen das Sozialamt die Mittel zur Verfügung stellt, die Sie zur Bewältigung des Lebens unbedingt brauchen.

Im Gegenzug wird verlangt, dass Sie dem Staat die zu erwartenden Versicherungsleistungen abtreten. Das bedeutet, dass Sie damit einverstanden sind, dass die Versicherungen später ihre nachzuzahlenden Leistungen zunächst an das Sozialamt überweisen. Dafür ist eine genaue Abrechnung notwendig. Die IV oder die Unfallversicherung kann eine später zugesprochene Rente nur für diejenige Zeit dem Sozialamt auszahlen, während der das Sozialamt tatsächlich Leistungen erbracht hat. Und natürlich darf die Versicherung dem Sozialamt nicht mehr auszahlen, als das Sozialamt Ihnen gezahlt hat.

Praktisch geht dies jeweils so vor sich, dass das Sozialamt – wenn Ihnen die Rente zugesprochen wurde – zusammenstellt, während wie langer Zeit Sie mit welchen Beträgen unterstützt wurden. Die Rentenzahlungen, die in diesen Zeitraum fallen, überweist die IV bis zum ausgewiesenen Betrag an das Sozialamt. Sind Sie damit nicht einverstanden, können Sie Beschwerde beim kantonalen Versicherungsgericht erheben.

URS D. KANN SEINE ARBEIT nach einem Hirnschlag nicht mehr bewältigen und erhält schliesslich die Kündigung. Im November 2012 meldet er sich zum Bezug von IV-Leistungen an. Die ersten Monate kann er aus seinem Ersparten noch finanzieren, ab April 2013 muss er Sozialhilfe in Anspruch nehmen. Das Sozialamt zahlt Urs D. monatlich 1900 Franken für seine Lebenskosten. Im Januar 2016 entscheidet die IV endlich und spricht ihm mit Wirkung ab Januar 2013 eine ganze Rente zu. Herr D. hat Anspruch auf die Maximalrente, also 2340 Franken (Höchstbetrag 2013). Das Sozialamt kann von der IV den Betrag verlangen, den es von April 2013 bis Januar 2016 übernommen hat (34 Monate à 1900 Franken = 64 400 Franken). Was die IV zusätzlich auszahlt, steht nicht dem Sozialamt, sondern Urs D. direkt zu. Würde die IV-Rente tiefer ausfallen als die Sozialhilfeleistungen, müsste Urs D. den bereits bezogenen Mehrbetrag vorerst nicht zurückzahlen. Hätte er Anspruch auf Ergänzungsleistungen, würde der bereits bezogene Mehrbetrag in diesem Umfang mit den Ergänzungsleistungen verrechnet.

Besser wäre es natürlich, wenn die IV-Stellen die bei ihnen liegenden Dossiers rascher bearbeiten würden. Dazu benötigen sie jedoch genügend fachkundiges Personal; das kostet bekanntlich Geld und gerät in Konflikt mit den immer wieder von politischer Seite geforderten und verordneten Sparmassnahmen.

Hilflosenentschädigung und Hilfsmittel

Die IV kennt neben den Renten und Eingliederungsmassnahmen eine breite Palette von Leistungen, die Menschen mit gesundheitlichen Beeinträchtigungen das Leben vereinfachen. Sie sind unter den Begriffen Hilflosenentschädigung und Hilfsmittel zusammengefasst.

Hilflosenentschädigung: auf Dritte angewiesen

Ein unschöner Begriff, aber eine gute Sache: Gemeint ist damit, dass die IV eine finanzielle Leistung erbringt, wenn jemand wegen einer gesundheitlichen Beeinträchtigung gewisse alltägliche Verrichtungen nicht mehr selbst erledigen kann; einige praktische Beispiele:

LINDA F. IST SEIT GEBURT BLIND, weshalb sie auf Hilfe von Dritten angewiesen ist.
JULIO I. IST SEIT EINEM UNFALL nicht mehr in der Lage, sich selbständig anzukleiden; nur mit der Unterstützung einer Drittperson kann er die Kleider anziehen.

Diesen Beispielen ist gemeinsam, dass Verrichtungen, die Menschen üblicherweise selbst vornehmen, wegen einer Krankheit oder eines Unfalls nicht mehr möglich sind. Für solche Einschränkungen bezahlt die IV eine Hilflosenentschädigung.

Was bedeutet «hilflos»?
Die IV kennt sechs Lebensbereiche, in denen geprüft wird, ob eine Dritthilfe nötig ist, nämlich:
- Sich ankleiden, auskleiden
- Aufstehen, sich hinlegen, sich setzen
- Essen
- Körperpflege

- Verrichtung der Notdurft
- Fortbewegung im oder ausser Haus, Kontaktaufnahme

Daneben prüft die IV auch, ob eine «lebenspraktische Begleitung» notwendig ist. Behinderte Menschen sollen in ihrer Autonomie gefördert werden, indem sie diejenigen Hilfen zur Verfügung gestellt erhalten, die ihnen ein selbständiges Wohnen ausserhalb eines Heimes ermöglichen. Brauchen Sie dafür eine regelmässige Begleitung durch eine Drittperson, zahlt die IV ebenfalls Hilflosenentschädigung. Auch wenn eine hilflose Person für Kontakte ausserhalb der Wohnung auf Begleitung einer Drittperson angewiesen ist oder wenn Gefahr besteht, dass sie sich ohne solche Hilfe dauernd von der Aussenwelt isoliert, kann die IV unter dem Titel «lebenspraktische Begleitung» Leistungen ausrichten. Die Voraussetzung für eine solche «lebenspraktische Begleitung» ist erfüllt, wenn die Hilfe während mindestens zwei Stunden pro Woche notwendig ist.

TIPP Möchten Sie Hilflosenentschädigung beziehen, müssen Sie der IV eine ärztliche Bestätigung Ihrer Hilflosigkeit vorlegen. Sie erhalten dazu ein Formular, das Ihr Arzt auszufüllen hat und auf dem er für jede einzelne Tätigkeit angeben muss, ob eine Dritthilfe nötig ist oder nicht. Besprechen Sie dieses Formular sorgfältig mit Ihrem Arzt – die Angaben darauf sind zentral für den Entscheid der IV.

Wie hoch ist die Hilflosenentschädigung?
Die IV hat eine Dreiteilung eingeführt: Wer in mindestens zwei der oben aufgeführten Tätigkeiten eingeschränkt oder dauernd auf eine «lebenspraktische Begleitung» angewiesen ist, ist in leichtem Grad hilflos; ab vier Lebensbereichen, in denen eine Einschränkung besteht (zwei, wenn eine «lebenspraktische Begleitung» nötig ist), wird eine mittlere Hilflosigkeit angenommen. Ist jemand in allen sechs Lebensbereichen auf Dritthilfe angewiesen, spricht man von einer schweren Hilflosigkeit. Diese Dreiteilung hat einen direkten Einfluss auf die Höhe der Hilflosenentschädigung (Stand 2020, für Personen zu Hause):
- Leichte Hilflosigkeit   474 Franken pro Monat
- Mittlere Hilflosigkeit   1185 Franken pro Monat
- Schwere Hilflosigkeit   1896 Franken pro Monat

Für Personen, die sich in einem Heim aufhalten, gelten folgende Ansätze (Stand 2020):
- Leichte Hilflosigkeit   119 Franken pro Monat
- Mittlere Hilflosigkeit   296 Franken pro Monat
- Schwere Hilflosigkeit   474 Franken pro Monat

TIPP *Die Dienstleistungen, die «hilflose» Menschen benötigen, werden von verschiedenen Organisationen angeboten: öffentliche und private Spitexdienste, Sozialbegleiterinnen, Nachbarschaftshilfen, Behindertenfahrdienste, Mahlzeitendienste und andere. Auskunft über das Angebot in Ihrer Region erhalten Sie bei Pro Infirmis (www.proinfirmis.ch).*

Gerade bei psychisch kranken Personen muss genau abgeklärt werden, ob eine «lebenspraktische Begleitung» notwendig ist. Die bisherige Praxis zeigt jedoch, dass die IV-Stellen in diesem Bereich oft unsorgfältig arbeiten.

GÉRARD D. IST 45 JAHRE ALT. *Wegen eines schweren Verkehrsunfalls während der Schulzeit lebt er immer noch bei seinen Eltern und muss von diesen regelmässig angeleitet werden. Ohne elterliche Aufforderung würde er ständig zu Hause bleiben und völlig vereinsamen. Seine Eltern leisten eindeutig eine «lebenspraktische Begleitung»; Gérard D. kann Anspruch auf eine Hilflosenentschädigung erheben.*

Rollstuhl, Auto, Treppenlift: die Hilfsmittel der IV

Hilfsmittel sind Geräte und Apparate, mit denen eine Körperfunktion ersetzt wird, die nach einem Unfall oder wegen einer Krankheit nicht mehr möglich ist. Beispiele gefällig? Nehmen Sie eine Frau, die wegen einer Gehbehinderung nicht ohne Auto zum Arbeitsplatz kommt – die IV muss ihr fixe Amortisationsbeiträge für ein Fahrzeug ausrichten. Oder denken Sie an einen Sachbearbeiter, der wegen seiner Sehbehinderung einen speziell eingerichteten Computer am Arbeitsplatz benötigt – auch dieses Hilfsmittel bezahlt die IV.

Hilfsmittel haben für sehr viele Personen eine grosse Bedeutung. Die IV ist recht grosszügig; sie hält sich an eine gut ausgebaute Hilfsmittelliste.

Hier finden sich Dutzende von Dingen, die den Alltag erleichtern: Gehhilfen, Hilfen im Sehbereich, Rollstühle (auch elektrische), Fahrzeuge, Treppenlifte oder Duscheinrichtungen.

Neben dem eigentlichen Hilfsmittel übernimmt die IV auch die Kosten für das notwendige Training, zum Beispiel im Umgang mit einer Prothese oder eine Fahrschulung. Je nach Hilfsmittel werden auch Beiträge an die Kosten für Betrieb und Unterhalt ausgezahlt, beispielsweise ein Zustupf an die Haltung eines Blindenhunds.

Perücken als Hilfsmittel?

Wohl kaum, werden Sie denken. Doch die IV übernimmt eine Perücke als Hilfsmittel, wenn einer Krebskranken nach der Chemotherapie die Kopfhaare ausfallen. Wenden Sie sich in einer solchen Situation an die IV und Sie werden das Hilfsmittel erhalten.

> **TIPPS** *Oft vergessen Behinderte, dass die IV Hilfsmittel übernimmt. Deshalb der einfache Ratschlag: Sobald Sie wegen einer Krankheit oder wegen eines Unfalls etwas anschaffen müssen, das Sie sonst nicht kaufen würden, lohnt es sich, nachzufragen, ob die IV dies als Hilfsmittel bezahlt.*

Im Anhang (Seite 214) finden Sie die vollständige Hilfsmittelliste abgedruckt. Blättern Sie sie durch und zögern Sie nicht, ein geeignetes Hilfsmittel zu beantragen, wenn Sie es wegen Ihrer gesundheitlichen Situation benötigen.

Verfahren: Wer richtig vorgeht, kommt weiter

Verfahren hat mit «sich verfahren» natürlich nichts zu tun – und doch gibt es viele «verfahrene Verfahren»! Der schönste Anspruch auf Leistungen der IV nützt Ihnen nichts, wenn es nicht gelingt, ihn im richtigen Verfahren durchzusetzen.

Nur zu häufig merken Versicherte erst zu spät, dass sie verfahrensmässige Fehler begangen haben und deshalb nicht diejenigen Leistungen erhalten, die ihnen eigentlich zustehen würden. Es lohnt sich deshalb, sich frühzeitig damit auseinanderzusetzen. Das zeigen das folgende Beispiel und das auf Seite 89 besonders gut.

NICOLA S. IST AUF IV-LEISTUNGEN ANGEWIESEN. Er leidet an einer schweren Stoffwechselkrankheit und kann deshalb sein eigenes kleines Transportunternehmen nicht mehr weiterführen. Er hat sich bei der IV angemeldet und eine Rente beantragt. Mehrere Monate lang geschieht nichts und Herr S. beschliesst, für längere Zeit ins Ausland zu verreisen. Er hofft, dass ihm ein Ortswechsel auch psychisch gut tut. Genau in dieser Zeit aber trifft die IV-Verfügung ein, in dem ausgeführt wird, es stehe Herrn S. keine Rente zu, das zeige die Analyse seiner Geschäftsbuchhaltung.

Dieser Entscheid ist falsch; die IV hat die Geschäftsunterlagen nicht richtig ausgewertet. Das liesse sich leicht zeigen, wenn der Transportunternehmer dem zuständigen Sachbearbeiter seine Buchhaltung erklären würde. Doch weil er niemanden damit beauftragt hat, während seiner Abwesenheit die Post durchzusehen, realisiert er gar nicht, dass der IV-Entscheid vorliegt. Als Nicola S. nach zwei Monaten wieder aus den Ferien zurückkommt, ist die 30-tägige Frist für eine Beschwerde längst abgelaufen. Er kann nichts mehr unternehmen – die IV-Rente ist ihm entgangen. Seine einzige Hoffnung ist ein Wiedererwägungsgesuch. Doch dabei ist er auf den Goodwill der IV angewiesen; sie ist nicht verpflichtet, darauf einzugehen.

ACHTUNG *Die Invalidenversicherung meldet sich im Zusammenhang mit dem Entscheid zweimal bei Ihnen (siehe Seite 93). Zuerst schickt sie den Vorbescheid, in welchem sie ankündigt, wie sie entscheiden will. Daraufhin haben Sie 30 Tage Zeit, um eine Stellungnahme bei der IV einzureichen. Verpassen Sie diese Frist, ist der Entscheid noch nicht definitiv. Die IV muss auf jeden Fall eine Verfügung erlassen. Gegen die Verfügung können Sie sich beim*

DIESE STELLEN SIND INVOLVIERT

- **Kantonale IV-Stellen:** Jeder Kanton muss eine eigene IV-Stelle einrichten. Diese sind die zentrale Anlaufstelle für alle Fragen zur Invalidenversicherung. Die IV-Stellen nehmen Anmeldungen entgegen, klären den Sachverhalt ab und entscheiden über die Leistungsgesuche der Versicherten. Sie sind auch verpflichtet, Sie über Ihre Rechte aufzuklären und zu beraten. Bei den IV-Stellen arbeiten Sachbearbeiter, Berufsberaterinnen, Juristen und Ärztinnen.
- **Regionale ärztliche Dienste (RAD):** Diese Dienste sind den IV-Stellen angegliedert. Sie haben die medizinischen Voraussetzungen für einen Anspruch zu überprüfen und stehen den IV-Stellen beratend zur Verfügung. Es ist möglich, dass der regionale ärztliche Dienst bei Ihnen eine Untersuchung vornimmt, wenn dies notwendig ist.
- **MEDAS:** Eine MEDAS ist eine Abklärungsstelle, die vor allem für die IV medizinische Abklärungen bei Rentenansprüchen vornimmt. Es gibt rund dreissig solcher, vom Bundesamt anerkannte Abklärungsstellen. Sie finden sich an verschiedenen Orten der Schweiz (Sie finden sie unter www.suissemedap.ch → Informationen über die Gutachterstellen). Eigentlich sind die MEDAS unabhängig von der IV, doch schreiben sie hauptsächlich für diesen Sozialversicherungszweig Gutachten.
- **Ausgleichskassen:** Die Ausgleichskassen sind zuständig für die frankenmässige Berechnung der Leistungen der IV und deren Auszahlung. Wenn Sie eine Rente erhalten, nimmt die Ausgleichskasse alle Abklärungen vor, damit die Rente korrekt berechnet werden kann. Sie prüft etwa, während welcher Jahre Sie Beiträge eingezahlt haben, wie hoch diese Beiträge sind, ob Ihnen Erziehungsgutschriften angerechnet werden etc.
- **Bundesamt für Sozialversicherungen:** Das Bundesamt für Sozialversicherungen (BSV) ist die Aufsichtsbehörde über alle IV-Stellen. Kommen Sie mit einer IV-Stelle überhaupt nicht mehr zurande, können Sie sich mit einer Aufsichtsbeschwerde an dieses Bundesamt wenden. Das BSV hält auch viele Informationsmittel bereit, ein Blick auf seine Webseite lohnt sich (www.bsv.admin.ch).

Gericht wehren. Diese 30-tägige Beschwerdefrist dürfen Sie nun auf keinen Fall verpassen, da ansonsten der Entscheid definitiv rechtskräftig wird.

Ohne Anmeldung läuft nichts

Unaufgefordert richtet die IV keine Renten aus. Wollen Sie Leistungen beziehen, müssen Sie sich zuerst einmal dafür anmelden. Die nötigen Formulare erhalten Sie bei der IV-Stelle in Ihrem Kanton (Adressen im Anhang). Es gibt ein mehrseitiges Grundsatzformular zum Bezug von IV-Leistungen für Erwachsene allgemein; daneben gibt es eine Reihe besonderer Formulare, zum Beispiel für den Bezug der Hilflosenentschädigung.

Füllen Sie die Formulare sehr genau aus. Immer wieder wird später auf Ihre Angaben in diesem Gesuch abgestellt. Wenn sich hier Ungenauigkeiten oder Fehler einschleichen, kann sich dies irgendwann einmal für Sie nachteilig auswirken. Seien Sie besonders sorgfältig bei den folgenden Punkten:

- Dauer des Wohnsitzes in der Schweiz: Wichtig ist diese Dauer, weil bei der Rentenberechnung massgebend ist, wie lange Sie in der Schweiz versichert waren. Je länger Ihr Wohnsitz in der Schweiz gedauert hat, umso höher ist grundsätzlich Ihre Rente.
- Genauer Beginn der Arbeitsunfähigkeit: Dieser Zeitpunkt ist wichtig, weil die Invalidenrente erst einsetzt, nachdem Sie während eines Jahres durchschnittlich zu mindestens 40 Prozent arbeitsunfähig waren. Dieser Zeitpunkt bestimmt in der Regel auch die Zuständigkeit der Pensionskasse. Im Prinzip muss diejenige Pensionskasse Leistungen ausrichten, bei der Sie versichert waren, als die Arbeitsunfähigkeit zum ersten Mal auftrat.
- Angabe der zuständigen Pensionskasse: Anzugeben, welche Vorsorgeeinrichtung für Ihre IV-Rente zuständig ist, ist nicht immer ganz einfach. Mehr dazu erfahren Sie in Kapitel 4 (Seite 144).
- Angabe der Adressen von Ärztinnen und Ärzten: Diese werden von der IV-Stelle angefragt und müssen Auskunft geben über Ihren Gesundheitszustand, die Heilungschancen und die Arbeitsunfähigkeit. Sie sollten deshalb nur Personen angeben, zu denen Sie Vertrauen haben.

TIPPS *Beschönigen Sie nichts, aber übertreiben Sie auch nicht, wenn Sie Symptome und Beeinträchtigungen beschreiben.*

Oft wird auf den Anmeldeformularen gefragt, welche Leistungen Sie beanspruchen: Umschulung, Rente, Hilflosenentschädigung. Eigentlich müsste die IV alle infrage kommenden Leistungen überprüfen, doch manchmal hat das richtige Ankreuzen dennoch eine Bedeutung. So überprüft die IV-Stelle den Anspruch auf eine Hilflosenentschädigung in der Regel nur, wenn Sie das entsprechende Feld angekreuzt haben. Überlegen Sie sich also, was Sie beanspruchen wollen. Denken Sie auch daran, dass eine Rente nur gewährt wird, wenn eine berufliche Umschulung nicht möglich ist.

Wenn Sie die Anmeldung ausgefüllt haben, gehen Sie die Angaben mit einer Vertrauensperson durch. Dieser fällt vielleicht der eine oder andere Fehler auf, der jetzt noch korrigiert werden kann.

Unbedingt rechtzeitig anmelden

Sobald die IV-Stelle Ihr fertig ausgefülltes Gesuch erhalten hat, gelten Sie als angemeldet. Dieser Zeitpunkt ist für verschiedene Leistungen von zentraler Bedeutung: Die IV zum Beispiel spricht Renten erst nach sechs Monaten zu – gerechnet ab der Anmeldung. Wenn Sie also schon längere Zeit arbeitsunfähig sind und zu lange mit der IV-Anmeldung zuwarten, entgehen Ihnen möglicherweise Rentenzahlungen.

Ihre Anmeldung sollten Sie spätestens drei Monate nach Beginn der Arbeitsunfähigkeit eingereicht haben. Auch für die Leistungen der Pensionskasse kann der Zeitpunkt der Anmeldung bei der IV von Bedeutung sein (siehe Seite 149).

KARIN A. IST SCHON LÄNGERE ZEIT alkoholabhängig; daraus sind unterdessen weitere gesundheitliche Probleme entstanden. Sie lebt hauptsächlich auf der Strasse und kümmert sich kaum um ihre Angelegenheiten. Einer Arbeit nachgehen kann sie zweifellos nicht mehr; ihre letzte Stelle hat sie schon vor langer Zeit verloren. Frau A. hätte seit einigen Jahren eine ganze IV-Rente zugut – wenn sie sich angemeldet hätte. Dies geschieht aber erst, als sie mit dem Sozialdienst an ihrem Wohnort in Kontakt kommt. Die Behörde realisiert, dass nicht ein Sozialhilfe-, sondern ein Versicherungsfall vorliegt, und meldet Karin A. bei der IV an. Nach einigen Abklärungen steht fest, dass Frau A. eine ganze Rente zugut hat. Diese wird aber nicht für die gesamte Zeit der Invalidität rückwirkend nachgezahlt, sondern nur bis sechs Monate nach der Anmeldung. Schade um das verlorene Geld!

ACHTUNG *Aufgepasst: Wenn Sie zu einem Früherfassungsgespräch bei der IV-Stelle waren, sind Sie damit noch nicht angemeldet. Bei der Früherfassung handelt sich um ein Vorverfahren, in dem erst abgeklärt wird, ob eine Anmeldung bei der IV nötig ist (siehe Seite 44).*

Die IV klärt ab

Nachdem Ihre Anmeldung eingegangen ist, nimmt die IV-Stelle die notwendigen Abklärungen vor.
- Zuerst wird überprüft, ob Sie in der schweizerischen Invalidenversicherung überhaupt versichert sind (siehe Seite 34).
- Wenn dies feststeht, wird die medizinische Seite abgeklärt. Die IV holt Berichte von denjenigen Ärztinnen und Ärzten ein, die Sie in der Anmeldung nennen. Deshalb ist es von grosser Wichtigkeit, dass Sie vertrauenswürdige Personen angeben. Die IV-Stelle verfügt zudem über eigene ärztliche Dienste, die RAD (siehe Seite 84). Diese prüfen die eingegangenen Unterlagen auf die Frage hin, ob in medizinischer Hinsicht etwas Besonderes vorliegt. Die ärztlichen Dienste haben ein grosses Gewicht bei der Festsetzung der Arbeitsunfähigkeit oder bei der Bestimmung der Ihnen noch zumutbaren Arbeiten.
- In aller Regel holt die IV auch bei Ihrem (früheren) Arbeitgeber Auskünfte ein. Auf einem Fragebogen muss dieser angeben, ob und wann Sie Arbeitsausfälle hatten, welchen Lohn Sie in den letzten drei Jahren verdienten und ob dieser Lohn den tatsächlichen Arbeitsleistungen entsprach. Sie kommen nicht darum herum, dass Ihr (letzter) Arbeitgeber von der IV-Anmeldung erfährt.
- Sind Sie selbständigerwerbend, nimmt die IV eine direkte Abklärung vor. Eine fachkundige Person der IV-Stelle prüft die Verhältnisse in Ihrem

Betrieb und wertet Ihre Erfolgsrechnungen und Bilanzen der letzten Jahre aus.
- Bei Hausfrauen und Hausmännern wird eine Haushaltsabklärung durchgeführt: Auch hier kommt jemand ins Haus und will sich die ganze Sache an Ort und Stelle ansehen. Es lohnt sich, sich auf diesen Besuch gut vorzubereiten (siehe auch Seite 62).

In vielen Fällen zieht die IV weitere Unterlagen hinzu, etwa die Akten einer anderen Versicherung (insbesondere der Unfallversicherung). Denkbar ist auch, dass die IV ein eigentliches Gutachten anordnet (siehe Seite 90). Je nach Situation lädt die IV-Stelle Sie zudem ein, für eine Besprechung vorbeizukommen, damit offene Fragen gemeinsam geklärt werden können. So entsteht ein umfangreiches Dossier, das die Grundlage für den Entscheid der IV bildet.

Die IV will viel wissen!
Wer in die Abklärungen der IV gerät, staunt gelegentlich, welche Auskünfte verlangt werden. Sie müssen sich in der Tat sehr viele Fragen zu sehr vielen Punkten gefallen lassen. Sie müssen es auch hinnehmen, dass die IV Akten anderer Versicherungen beizieht oder über Sie ärztliche Gutachten erstellt. Dies alles läuft unter dem Titel **Mitwirkungspflicht**: Wer Renten beanspruchen will, muss bei der Feststellung des Sachverhalts mitwirken. Wenn Sie nicht mittun, kann die IV darauf verzichten, weitere Abklärungen vorzunehmen. Wenn Sie sich beispielsweise weigern, den Namen Ihrer Hausärztin anzugeben, kann die IV darauf verzichten, eine Begutachtung in die Wege zu leiten oder einen Arztbericht einzuholen.

Es lohnt sich, diese Mitwirkung ernst zu nehmen. Letzten Endes geht es darum, ob Sie die beantragten Leistungen erhalten oder nicht. Sie haben aber nicht nur Mitwirkungspflichten, sondern auch Rechte. Diese ergeben sich vor allem aus Ihrem Anspruch auf **rechtliches Gehör,** einer Verfahrensgarantie, die für alle Sozialversicherungen gilt. Ihre beiden wichtigsten Rechte daraus sind:
- **Akteneinsichtsrecht:** Sie können jederzeit Einblick in die Akten der Versicherung nehmen und sich davon auch Kopien anfertigen. Ärztliche Berichte und Gutachten über Sie können Sie ebenfalls ohne Einschränkung durchlesen. Nur wenn die Lektüre eines Gutachtens für Sie nachteilig sein könnte, kann die IV bestimmen, dass Sie den Inhalt über Ihren

Hausarzt vermittelt erhalten. Dies ist etwa dann der Fall, wenn das Gutachten die Diagnose einer Krankheit enthält, von der Sie bisher überhaupt nichts wussten.
- **Recht zur Mitwirkung:** Sie können bei der Abklärung des Sachverhalts mitwirken. Sie dürfen zu allem Stellung nehmen, was für den Entscheid wichtig ist, zum Beispiel zur Person einer vorgesehenen Gutachterin. Sie können Gegenvorschläge machen, sich zur Fragestellung an Ärztinnen oder Gutachter äussern und Ergänzungsfragen stellen. Meist berücksichtigt die IV solche Einwände jedoch nicht.

Vom Umgang mit der IV-Stelle
Allgemeine Tipps für den Umgang mit IV-Stellen zu geben, ist recht schwierig. Es gilt hier, was auch für den Umgang mit anderen Versicherungen wichtig ist: Geben Sie offen und ehrlich Auskunft, übertreiben Sie die Schilderungen Ihrer gesundheitlichen Einschränkungen nicht, vergessen Sie aber nicht, alle Schwierigkeiten – auch die peinlichen – zu beschreiben.

Vergewissern Sie sich, dass alle Ihre Angaben korrekt notiert werden. Sie haben ein Akteneinsichtsrecht und können beispielsweise nach Abschluss der Abklärungen alle Unterlagen der IV durchsehen. Lesen Sie jede Zeile genau durch und überlegen Sie sich immer wieder, ob das, was notiert ist, auch zutrifft.

Erhalten Sie während der Abklärungen den Eindruck, die Unterlagen seien unzutreffend oder unvollständig, sollten Sie rasch einen Termin mit der zuständigen IV-Stelle vereinbaren und die Akten gründlich ansehen. Denn nicht nur Sie haben Pflichten, auch die Invalidenversicherung hat gesetzliche Pflichten: Sie muss die Umstände sehr genau abklären und den relevanten Hinweisen, die Sie ihr geben, nachgehen – das wird Untersuchungsgrundsatz genannt. Solange die Invalidenversicherung nicht alle relevanten Umstände zweifelsfrei abgeklärt hat, darf sie keinen Entscheid fällen. Tut sie dies trotzdem, müssen Sie sich wehren.

> **TIPP** *Wenn Ihnen in den Akten etwas nicht klar ist, machen Sie sich Kopien und besprechen Sie die Unterlagen mit einer fachkundigen Person. Wenn Sie niemanden kennen, wenden Sie sich an eine Beratungsstelle (Adressen im Anhang).*

Gutachten: Darauf sollten Sie achten

Die Abklärung der gesundheitlichen Situation ist eine ganz zentrale Angelegenheit im Verfahren bei der Invalidenversicherung. Die IV holt dazu bei Ihren Ärzten und Ärztinnen aktuelle medizinische Berichte ein. In vielen Fällen wird jedoch nicht auf die Berichte Ihrer Ärztinnen und Ärzte abgestellt, sondern die IV ordnet ein Gutachten an. Daran können – je nachdem, wie komplex Ihr Gesundheitsschaden ist – verschiedene Fachärzte beteiligt sein. Man spricht von mono- (eine Facharztdisziplin), bi- (zwei Facharztdisziplinen) oder polydisziplinären (drei oder mehr Facharztdisziplinen) Gutachten.

Wie werden die Gutachter ausgewählt?
Polydisziplinäre Gutachten dürfen nur von vom Bundesamt akzeptierten MEDAS-Stellen durchgeführt werden. Diese Stellen werden durch einen Zufallsgenerator ausgewählt. Nur die Invalidenversicherung hat Zugang zu diesem Zufallsgenerator. Sie können also nicht überprüfen, ob der «Zufall» eingehalten wurde.

Für mono- und bidisziplinäre Gutachten gibt es keinen solchen Zufallsgenerator. Die Invalidenversicherung wählt einen oder zwei Gutachter aus. Sie haben dann die Möglichkeit, dazu Stellung zu nehmen. Grundsätzlich muss sich die IV mit Ihnen gemeinsam auf eine Gutachtensperson einigen. Immer mehr IV-Stellen setzen diesen Grundsatz durch und einigen sich mit den Versicherten auf die Gutachtenspersonen. Üblicherweise werden dabei Gutachter berücksichtigt, die sich auf entsprechenden Listen befinden, welche auf den Internetseiten der einzelnen IV-Stellen eingesehen werden können.

Sie haben aber Anspruch darauf, dass Ihnen die IV vorgängig mitteilt, welche Ärztinnen und Ärzte die Begutachtung durchführen. Sie hätten eigentlich auch das Recht, einzelne Gutachter abzulehnen, wenn Sie dafür triftige Gründe vorbringen können. Solche Ablehnungsgründe sind jedoch nur sehr schwer zu finden. Persönliche Freundschaft oder Feindschaft wäre zum Beispiel ein möglicher Grund, oder wenn sich ein Gutachter früher einmal abschätzig über Sie geäussert hat. Die Invalidenversicherung zieht häufig die gleichen Gutachter bei, was natürlich die Frage aufwirft, ob diese Gutachter wirklich noch neutral und wirtschaftlich unabhängig sind. Doch selbst wenn ein Gutachter viele Gutachten für die Invalidenversicherung geschrieben hat, finden sich in der Praxis kaum Fälle, in welchen die Unabhängigkeit deswegen verneint wurde.

Was gehört in ein Gutachten?

Im Gutachten ist festzuhalten, was aus ärztlicher Sicht bei Ihnen festzustellen war. Es wird ausgeführt, welche Akten zur Verfügung standen, was Sie der Gutachterin erzählten (Anamnese), welche medizinischen Befunde erhoben wurden (zum Beispiel Röntgenaufnahmen), welches die ärztlichen Diagnosen sind. Dann setzt sich das Gutachten in der Beurteilung mit dem gesamten Material auseinander und begründet, welche Tätigkeiten Sie allenfalls in Zukunft ausüben können, ob Sie noch ärztlich behandelt werden sollen und wie die Prognose für die weitere gesundheitliche Entwicklung ist. Am Schluss werden die gestellten Fragen beantwortet.

So verhalten Sie sich richtig

Lassen Sie sich, wenn Sie zu einer Begutachtung aufgeboten werden, nochmals alle gesundheitlichen Einschränkungen durch den Kopf gehen. Wie fühlen Sie sich wirklich? Was macht Ihnen Probleme – bei der Arbeit, im Haushalt, beim Schlafen? Halten Sie sich dann während der Begutachtung an folgende Ratschläge:

- Schildern Sie den Ärzten offen und möglichst konkret, woran Sie leiden. Auch wenn Ihre Ärzte die gesundheitlichen Probleme schon geschildert haben, übertreiben Sie nicht, aber tun Sie auch nicht das Gegenteil.
- Machen Sie sich während der Begutachtung Notizen über Ihre Gedanken. Schreiben Sie auch auf, wie lange die einzelne Abklärung – etwa eine Besprechung beim Psychiater – gedauert hat.
- Geben Sie sich nicht Mühe, besonders gesund oder besonders krank zu erscheinen; sehr häufig wirkt sich das für Sie bloss nachteilig aus. Gefragt ist auch hier: korrektes Angeben gesundheitlicher Einschränkungen! Neu sind aufgrund der Änderungen der 7. IV-Revision die Gutachter verpflichtet, die Gutachtensgespräche aufzuzeichnen. Die Details dazu sind vom Verordnungsgeber noch nicht geklärt worden. Ebenso wenig die Umstände der Einsichtnahme. Grundsätzlich müsste aber ein Anspruch auf Einsicht in diese Dokumente bestehen.

Nikola X. muss zum medizinischen Gutachter. Er hat verschiedentlich gehört, dass die Gutachten häufig zugunsten der Invalidenversicherung ausfallen. Er will sich dagegen absichern und möchte das Gespräch heimlich mit seinem Handy aufnehmen. Das empfehlen wir Nikola X. nicht. Es ist bis heute nicht geklärt, ob er damit nicht eine strafbare Handlung begeht. Viel besser ist es, dem Gutachter mitzuteilen, dass man das Gespräch aufnehmen will. Wenn der Gutachter jedoch seine Einwilligung zu einer Aufnahme verweigert, sollte er das Gespräch nicht heimlich aufnehmen.

Beantragen Sie, dass Ihnen das Gutachten zur Einsicht zugestellt wird – das gehört zu Ihrem Akteneinsichtsrecht. Lesen Sie es sehr genau durch und notieren Sie alle Punkte, die aus Ihrer Sicht nicht zutreffen. Teilen Sie solche Punkte unbedingt der IV-Stelle mit – und zwar innert zwei bis drei Wochen. Andernfalls riskieren Sie, dass die IV entscheidet, bevor Sie sich zum Gutachten geäussert haben. Übrigens: Kosten werden Ihnen aus einer Begutachtung nicht entstehen. Die Spesen übernimmt die IV.

Verzugszinsen: wenn die IV zu langsam arbeitet

Die IV hat jährlich Zehntausende von Entscheiden zu fällen. Manchmal gelingt ihr das recht schnell, in vielen Fällen jedoch nicht. Bis alle Informationen beisammen sind, gehen oft viele Monate ins Land. Das ist ärgerlich für Sie, weil Sie auf die dringend benötigten Leistungen warten müssen (siehe auch Seite 76). Ärgerlich ist es aber letztlich auch für die IV, weil feststeht, dass bei einer zu langen Bearbeitungsdauer die Wahrscheinlichkeit bloss noch zunimmt, dass jemand invalid wird. Es liegt also eigentlich im Interesse aller Beteiligten, dass rasch über die eingereichten Gesuche entschieden wird.

Dass dies nicht der Fall ist, steht seit vielen Jahren fest. Einen gewissen Ausgleich erhalten Sie aber immerhin: Die IV muss bei verspäteter Leistungsausrichtung Verzugszins zahlen. Dieser beträgt fünf Prozent – bei der heutigen Wirtschaftslage ein ausgezeichneter Zinssatz. Das kann für die IV ins Geld gehen! Modellrechnungen haben ergeben, dass die IV jährlich rund sechs bis acht Millionen Franken an Verzugszinsen zahlen muss, weil sie mit der Leistungsausrichtung im Hintertreffen ist.

Wann gibt es Verzugszinsen?
Es gilt eine doppelte Frist: Zum einen gibt es nur Verzugszins, wenn die Leistungen mehr als 24 Monate nach demjenigen Zeitpunkt bezahlt werden, in dem sie eigentlich hätten ausgerichtet werden müssen.

Auf der anderen Seite hat die IV nach Eingang der Anmeldung immer 12 Monate Zeit, um die Leistung zuzusprechen. Erst wenn beide Fristen verstrichen sind, muss die IV Verzugszinsen bezahlen.

👁 **DARIA C. MELDET SICH** im Januar 2014 zum Bezug von IV-Leistungen an. Die IV-Stelle führt umfangreiche Abklärungen durch und spricht Frau C. die Leistungen erst im Dezember 2015 zu. Die IV hat für ihren Entscheid also mehr als 12 Monate gebraucht und die eine Frist damit überzogen. Weil die IV-Stelle im Dezember 2015 die Renten aber nur rückwirkend ab Juli 2014 (6 Monate nach Anmeldung) zuspricht, ist die zweite Frist (mehr als 24 Monate Nachzahlung) nicht abgelaufen und Frau S. erhält keine Verzugszinsen. Würde die IV erst im August 2016 entscheiden, wären allerdings Verzugszinsen fällig. Dann hätte die IV einerseits mehr als 12 Monate für die Abklärung gebraucht und müsste auch mehr als 24 Monate nachzahlen.

Die IV hat die Verzugszinsen von sich aus festzusetzen und zu berechnen. In der Regel geschieht dies problemlos. Die IV hat sich recht gut organisiert und sichergestellt, dass die Verzugszinsen unaufgefordert gezahlt werden. Aber Achtung: Verzugszinsen gibt es nur, wenn die Leistung an die versicherte Person selbst geht. In vielen Fällen richtet die IV im Nachhinein die Zahlungen beispielsweise an eine Krankentaggeldversicherung, ein Sozialamt oder an die Arbeitgeberin aus, weil diese die Leistungen vorläufig übernommen haben. Dann wird kein Verzugszins gezahlt.

Die IV entscheidet

Wenn die IV alle Abklärungen getroffen hat, wird der Entscheid vorbereitet. Die IV wertet die Akten aus und überprüft die medizinische und erwerbliche Situation. Dann gelangt sie zu einem Entscheid: Es wird Ihnen eine Umschulung zugesprochen, Sie erhalten eine Rente, Taggelder werden festgesetzt – oder die IV lehnt Ihre Gesuche ab.

Vom Vorbescheid zur Verfügung
Als Erstes erhalten Sie von der IV einen sogenannten Vorbescheid. Das ist ein gewöhnlicher Brief, in dem Ihnen mitgeteilt wird, was die IV ver-

fügen will. Sind Sie nicht einverstanden, können Sie innert einer Frist von 30 Tagen Einwände vorbringen und allenfalls einen eigenen begründeten Antrag stellen. Daraufhin prüft die IV Ihre Argumente und erlässt den definitiven Entscheid.

Diesen Entscheid erhalten Sie in Form einer schriftlichen Verfügung. Darin muss die IV ihren Entscheid genügend begründen – was nicht immer der Fall ist! – und diese Begründung muss so ausfallen, dass Sie selbst nachvollziehen können, was die zuständigen Stellen überlegt haben. Zudem muss auf dem Entscheid vermerkt sein, welches Rechtsmittel Sie ergreifen können, wenn Sie damit nicht einverstanden sind (siehe unten). Gleichzeitig mit Ihnen erhalten weitere Stellen die Verfügung der IV, insbesondere die direkt beteiligten Versicherungen, beispielsweise die Pensionskasse (siehe Seite 145).

ACHTUNG *Stellen Sie sicher, dass der Entscheid der IV nicht ausgerechnet dann eintrifft, wenn Sie ortsabwesend sind. Denn wenn Sie sich gegen die Verfügung wehren wollen, müssen Sie die Rechtsmittelfrist einhalten, und die läuft, auch wenn Sie in den Ferien sind. Beauftragen Sie deshalb jemanden damit, Ihre Post durchzusehen und Ihnen mitzuteilen, wenn sich die IV gemeldet hat. Oder informieren Sie die IV-Stelle schriftlich über Ihre Abwesenheit, damit Ihnen während dieser Zeit kein Entscheid zugestellt wird.*

Nicht einverstanden mit dem Entscheid der IV

Sind Sie der Ansicht, die IV habe Ihren Fall falsch entschieden, können Sie sich gegen den Entscheid wehren, indem Sie beim kantonalen Versicherungsgericht Beschwerde einreichen. Die Frist dafür beträgt 30 Tage.

Was muss die Beschwerde enthalten?
In der Beschwerde müssen Sie einerseits einen Antrag stellen und andererseits eine Begründung beifügen.
- Im Antrag schildern Sie, was Sie verlangen: Sie möchten statt der halben eine ganze Rente, oder Sie wollen eine berufliche Umschulung, die Ihnen verweigert wurde. Seien Sie hier möglichst genau, damit das Gericht erkennt, was zu prüfen ist.

SO LÄUFT DIE RECHTSMITTELFRIST

- Die 30-tägige Frist für das Einreichen Ihrer Beschwerde läuft ab dem ersten Tag nach der Zustellung des IV-Entscheids. Erhalten Sie den Entscheid am 17. September, beginnt die Beschwerdefrist also am 18. September und läuft am 17. Oktober ab. Allerspätestens an diesem Tag müssen Sie Ihre Beschwerde der Post übergeben haben (der Poststempel gilt).
- Fällt der letzte Tag der Frist auf einen Samstag, Sonntag oder allgemeinen Feiertag, endet sie mit dem nächsten Werktag.
- Sind Sie nicht zu Hause, wenn der Briefträger die eingeschriebene Sendung der IV bringt, beginnt die Frist am Tag, nachdem Sie den Brief auf der Post abgeholt haben. Holen Sie den Brief nicht ab, läuft sie ab dem Ende der siebentägigen Abholfrist.
- Bei A+-Sendungen gilt die Sendung als zugestellt, wenn sie in Ihren Briefkasten gelangt. Es gibt also keine Abholfrist. Deshalb empfiehlt sich, bei längerer Abwesenheit während des IV-Verfahrens sicherzustellen, dass jemand Ihren Briefkasten leert.
- Die Beschwerdefrist kann nicht erstreckt werden.

- In der Begründung müssen Sie angeben, weshalb Sie der Auffassung sind, der IV-Entscheid treffe nicht zu. Die Begründung kann sehr kurz sein; oft reichen einige Sätze aus. Je nach Situation braucht es aber auch lange Begründungen.

Zuständig ist das Versicherungsgericht desjenigen Kantons, in dem die IV-Stelle ihren Sitz hat. Ihre Beschwerde müssen Sie schriftlich abfassen. Am besten schicken Sie sie eingeschrieben. Und vor allem: Halten Sie die 30-tägige Frist ein. Wenn Sie die Frist verpassen, wird das Gericht auf Ihre Beschwerde gar nicht eintreten. Im Anhang auf S. 213 sowie als Download-Angebot finden Sie ein Beispiel für eine Beschwerde.

TIPP *IV-Verfahren sind komplex und es hängt viel davon ab, dass Ihre Beschwerde korrekt formuliert, Ihr Antrag richtig begründet ist. In komplizierteren Fällen oder wenn Sie sich überfordert fühlen, lohnt es sich aber auf jeden Fall, für die Beschwerdeerhebung eine spezialisierte Beratungsstelle oder einen Anwalt beizuziehen (Adressen im Anhang).*

Mit Kosten ist zu rechnen

Wenn Sie vor dem kantonalen Versicherungsgericht um eine Leistung der IV streiten und unterliegen, müssen Sie die Kosten des Gerichtsverfahrens tragen. Das ist ärgerlich und unverständlich: Streitigkeiten um Sozialversicherungsleistungen waren seit jeher kostenlos – und dies ganz zu Recht, weil es dabei regelmässig um lebensnotwendige Leistungen geht. Wenigstens sind die Gerichtskosten tief; sie betragen zwischen 500 und 1000 Franken.

Wann ist das Bundesgericht zuständig?

Wenn das kantonale Gericht nicht so entschieden hat, wie Sie es wollen, können Sie ans Bundesgericht (sozialrechtliche Abteilung in Luzern) gelangen. Sie reichen eine Beschwerde ein, die ebenfalls einen Antrag und eine Begründung enthalten muss.

Nun wird die Sache allerdings sehr juristisch, weil das Bundesgericht nur noch rechtliche Fragen prüft. Das Gericht beschäftigt sich also nicht mit den Einzelheiten Ihres Falls, sondern übernimmt den Sachverhalt so, wie ihn das kantonale Versicherungsgericht festgelegt hat. Gratis ist das Verfahren vor dem Bundesgericht ebenfalls nicht – auch hier müssen Sie Gerichtskosten bezahlen, wenn Sie mit Ihrer Beschwerde nicht zum Erfolg gelangen.

Hilfe im Verfahrensdschungel

Fühlen Sie sich mit dem Ganzen überfordert? Das ist verständlich. Zu hohe Summen stehen auf dem Spiel, und viele Fragen lassen sich ohne Fachkenntnisse nicht korrekt beantworten. Deshalb sieht das Gesetz vor, dass Versicherte, die einen Anwalt nicht selber finanzieren können, sich auf dem ganzen Weg – im Verfahren bei der IV-Stelle und im Beschwerdeverfahren – unentgeltlich vertreten lassen können (unentgeltliche Rechtspflege).

Möchten Sie einen solchen unentgeltlichen Rechtsbeistand, müssen Sie ein Gesuch bei der IV-Stelle, beim kantonalen Gericht oder beim Bundesgericht einreichen – je nachdem, bei welcher Stelle Ihr Verfahren liegt. Es reicht, wenn Sie einen kurzen Brief schreiben und beantragen, dass Ihnen eine unentgeltliche Vertretung bewilligt wird. Oder Sie suchen sich selbst eine Anwältin und bitten sie, für Sie die unentgeltliche Vertretung zu übernehmen. Dann wird die Anwältin die nötigen Schritte einleiten.

> **TIPPS** *Wenn Ihr Fall nicht ganz eindeutig liegt, lohnt es sich, Hilfe in Anspruch zu nehmen. Es gibt in der Schweiz verschiedene spezialisierte Beratungsstellen, die als erste Anlaufstelle bei Fragen weiterhelfen können; die Adressen finden Sie im Anhang.*
>
> *Wenn Sie anwaltliche Hilfe brauchen und diese nicht selbst bezahlen können, sollten Sie sich nicht scheuen, einen unentgeltlichen Rechtsbeistand zu beanspruchen.*
>
> *Prüfen Sie auch, ob Sie eine Rechtsschutzversicherung abgeschlossen haben, die den Bereich Sozialversicherungen abdeckt. Vielfach sind Streitigkeiten mit der Invalidenversicherung oder anderen Sozialversicherungen über Krankenkassenzusatzversicherungen gedeckt. Allenfalls besteht auch eine Rechtsschutzversicherungsdeckung über Berufsverbände, Gewerkschaften oder Ähnliches. Es lohnt sich also, das genau abzuklären.*

Wenn die Umstände ändern

Das Leben ist wechselvoll, die Umstände ändern sich. Der Gesundheitszustand wird schlechter oder verbessert sich; eine Teilzeitlerin, die eine Invalidenrente bezieht, verliert ihre Stelle oder findet eine besser bezahlte Arbeit; ein Kind schliesst seine Ausbildung ab. Das sind alles Faktoren, die sich auf die Leistungen der IV auswirken. Nur ist oft schwer festzustellen, wie die Auswirkungen sind.

Meldepflichten nicht vergessen

Weil die IV damit rechnet, dass sich die Umstände ändern, gibt es verschiedene Meldepflichten. Diese sollen dazu beitragen, dass die IV Renten nicht ungerechtfertigterweise ausrichtet und dass sie zusätzliche Zahlungen leistet, sobald diese geschuldet sind. Alle Veränderungen, die sich auf Ihre Rente auswirken können, müssen Sie deshalb der zuständigen IV-Stelle melden; die wichtigsten:

- Scheidung
- Geburt eines Kindes
- Abbruch oder Beendigung der Ausbildung eines Ihrer Kinder
- Aufnahme einer Erwerbstätigkeit
- Wesentliche Veränderung im Einkommen, das Sie neben der IV-Rente erzielen
- Verlegung des Wohnsitzes ins Ausland
- Erhebliche Verbesserung oder Verschlechterung Ihres Gesundheitszustands

Die IV nimmt solche Meldungen zum Anlass, die Leistungen zu überprüfen und anzupassen. Besonders interessiert ist die IV – logischerweise – an Meldungen, die es erlauben, die Leistung zu reduzieren. Dies ist etwa der Fall, wenn Sie eine Teilerwerbstätigkeit aufnehmen, weil sich Ihr Gesundheitszustand gebessert hat. Dasselbe gilt, wenn Ihre 21-jährige Tochter die Ausbildung abschliesst (Wegfall der Kinderrente). Andere Meldungen sind eher in Ihrem Interesse, weil Sie Ihnen zu einer höheren Leistung verhelfen können. Dies ist beispielsweise bei Männern immer der Fall, wenn ein (weiteres) Kind zur Welt kommt. Bei Frauen ist der auf Seite 62 erläuterte Entscheid des Europäischen Gerichtshof für Menschenrechte zu berücksichtigen. Es empfiehlt sich, sich fachkundig beraten zu lassen (Adressen im Anhang).

ACHTUNG *Wenn Sie die Meldepflicht vernachlässigen, kann die IV in bestimmten Fällen die ungerechtfertigt ausgezahlten Beträge zurückfordern. Dies ist vor allem bei allen familienrechtlichen Veränderungen der Fall. Wenn das Kind, für das Sie bisher eine Kinderrente bezogen haben, mit 19 die Ausbildung abbricht, haben Sie keinen Anspruch mehr auf diese Zahlungen. Melden Sie sich dann nicht und beziehen die Kinderrente weiter, müssen Sie sie zurückerstatten, sobald die IV vom Ausbildungsabbruch erfährt. In den allermeisten Fällen erfährt die IV früher oder später ohnehin von solchen Änderungen. Es lohnt sich also nicht, die Meldung zu «vergessen».*

PENSIONSALTER ERREICHT: WAS GILT?

Was geschieht, wenn eine invalide Person das Pensionsalter erreicht, ist eine noch nicht ganz geklärte Frage. Es muss zwischen den einzelnen Sozialversicherungszweigen differenziert werden.

- In der **IV** wird die bisherige IV-Rente gestoppt und Sie erhalten neu eine AHV-Rente. Diese muss mindestens gleich hoch sein wie die bisherigen Zahlungen. Sie sind also insoweit nicht schlechter gestellt. Haben Sie bisher eine halbe IV-Rente bezogen, ist Ihre AHV-Rente in Zukunft doppelt so hoch, weil es keine «halbe» AHV-Rente gibt. Denken Sie aber daran: Selbst wenn Sie schon eine IV-Rente beziehen, müssen Sie sich ein halbes bis ein Jahr vor Erreichen des Pensionierungsalters für den AHV-Rentenbezug anmelden.
- Die **Unfallversicherung** richtet die Invalidenrente lebenslang aus. Hier ändert sich also nichts, wenn Sie das Pensionsalter erreichen. Seit 1. Januar 2017 können Invalidenrenten der Unfallversicherung nach Erreichen des Pensionsalters bis zu maximal 40 Prozent gekürzt werden (siehe Seite 113).
- Schwieriger ist die Frage, was in der **beruflichen Vorsorge** geschieht. Die Pensionskassen müssen grundsätzlich die Invalidenrenten ebenfalls lebenslang bezahlen (gilt nur für die obligatorische Rente). Viele Pensionskassen richten aber eine – manchmal neu berechnete – Altersrente aus. Dies ist möglich, wenn frankenmässig der Betrag der bisherigen Invalidenrente mindestens erreicht ist. Wenn Ihre Pensionskasse Ihnen mit Erreichen des Pensionierungsalters eine tiefere Rente ausrichtet, lohnt sich eine fachliche Beratung (Adressen im Anhang).

Die IV meldet sich auch selbst

Wenn Sie eine IV-Rente beziehen, überprüft die IV-Stelle in regelmässigen Abständen, ob Ihnen diese Rente auch weiterhin noch zusteht. Alle zwei, drei Jahre erhalten Sie ein Revisionsformular, das dazu dient, Änderungen im Gesundheitszustand oder im Erwerbsleben festzustellen. Sie müssen angeben, wie sich Ihre Verhältnisse seit der letzten Rentenfestsetzung entwickelt haben. Aufgrund Ihrer Angaben überprüft die Invalidenversicherung die Rente. Meist holt sie bei Ihren behandelnden Ärzten medizinische Berichte ein. Häufig wird zur Überprüfung des Gesundheitszustands ein Gutachten veranlasst. Es gelten dabei die gleichen Grundsätze wie bei erstmaligen Gutachten (mehr dazu auf Seite 87).

Manchmal nimmt die IV solche Revisionen zum Anlass, die bisherigen Zahlungen zu erhöhen; in anderen Fällen wird die Rente nach der Auswertung der eingeholten Informationen herabgesetzt oder gar aufgehoben. Bevor die Invalidenversicherung jedoch die Rente herabsetzen oder aufheben kann, muss sie mit Ihnen Eingliederungsbemühungen vornehmen. Währenddessen muss die Rente weiterhin ausgerichtet werden. Sind Sie mit einer solchen Verschlechterung nicht einverstanden, können Sie dagegen Beschwerde einreichen (siehe Seite 94). Bei Rentenrevisionen stellen sich häufig viel komplexere Fragen als bei erstmaligen Rentenprüfungen. Es lohnt sich also umso mehr, eine Fachperson beizuziehen.

Eine Rente darf nur reduziert oder aufgehoben werden, wenn die Verhältnisse sich tatsächlich erheblich geändert haben. Was aber bedeutet erheblich? Für die IV ist eine Änderung immer dann erheblich, wenn sie die Höhe der Rente beeinflusst. Es kann schon ein kleines Nebenerwerbseinkommen sein, das den Invaliditätsgrad von bisher 51 Prozent (= halbe Rente) auf 49 Prozent (= Viertelsrente) absinken lässt.

ACHTUNG *Eine Veränderung des Invaliditätsgrads bei der IV hat auch Auswirkungen auf die anderen Sozialversicherungen (berufliche Vorsorge, Unfallversicherung) oder auf Privatversicherungen. Es lohnt sich deshalb, die Begründung der IV gründlich zu prüfen und sich bei Unklarheiten beraten zu lassen.*

Wenn Leistungen zurückgefordert werden

Die IV richtet so viele Renten und sonstige Leistungen aus, dass sie unmöglich alle Bezüger ständig überprüfen kann. Es geschieht deshalb recht oft, dass die IV-Stelle Leistungen ausrichtet und erst später bemerkt, dass die Voraussetzungen dafür eigentlich weggefallen sind. Das Resultat: Die IV fordert die zu Unrecht ausgezahlten Beträge zurück. Das darf sie allerdings nur, wenn die Leistung tatsächlich zu Unrecht bezogen wurde. Dies ist manchmal einfach zu beurteilen, manchmal allerdings auch nicht.

MARIA L. BEZIEHT EINE INVALIDENRENTE und drei Kinderrenten. Die älteste Tochter, 19-jährig, reist nach Australien, wo sie als Au-pair tätig ist und daneben eine Sprachschule besucht. Frau L. nimmt an, das gelte auch als Ausbildung, und bezieht für die Tochter weiterhin eine Kinderrente. Die IV beurteilt die Sache anders; hier liege keine Ausbildung mehr vor, sondern eine Erwerbstätigkeit. Damit müsste die zu Unrecht bezogene Kinderrente eigentlich zurückgezahlt werden. Da Frau L. die Rente aber gutgläubig bezogen hat, kann sie ein Gesuch um Erlass stellen.

Erlass der Rückerstattung
Sind Sie mit einer Rückerstattungsforderung konfrontiert, sollten Sie sich nicht zu schnell ins Bockshorn jagen lassen. Sie können ein Gesuch um Erlass stellen – und haben damit gute Chancen, wenn folgende zwei Voraussetzungen erfüllt sind: Sie haben die Leistung gutgläubig bezogen und die Rückerstattung würde eine finanzielle Härte bedeuten.

Gutgläubigkeit beim Bezug der Leistungen ist dann gegeben, wenn Sie nicht wussten und nicht wissen mussten, dass Sie diese Leistung gar nicht mehr beanspruchen können. Frau L. im obigen Beispiel hat die Kinderrente für ihre Tochter im guten Glauben bezogen. Sie wusste nicht, dass die Sprachschule für die IV nicht als Ausbildung gilt. Nicht mehr als gutgläubig gilt jemand dann, wenn er hätte wissen müssen, dass er eine bestimmte Leistung nicht mehr zugut hat. So beispielsweise, wenn jemand eine Vollzeitstelle aufnimmt und sich dazu weiterhin die IV-Rente auszahlen lässt. Die Gerichte fällen aber immer strengere Urteile, weshalb man sich nicht einmal dann, wenn die IV-Stelle den Fehler macht, auf seine Gutgläubigkeit berufen kann. Das Bundesgericht vertritt die Ansicht, es sei den Versicherten zumutbar, die Entscheide zu überprüfen und die IV-Stellen auf mögliche Fehler hinzuweisen.

Finanzielle Härte bedeutet, dass Ihre Mittel nicht ausreichen, um die Leistung zurückzuzahlen. Die IV stellt eine komplizierte Berechnung an, um festzustellen, ob bei Ihnen eine sogenannte Bedürftigkeit besteht. Das Wort Bedürftigkeit ist aber eigentlich falsch gewählt, denn die Limiten sind recht grosszügig. Vereinfacht gesagt, ist eine Rückerstattung immer dann ausgeschlossen, wenn Sie mit Ihrer finanziellen Situation Anrecht auf Ergänzungsleistungen hätten (siehe Seite 158). Die Grenze liegt sogar noch etwas höher.

TIPPS *Wenn Ihnen die Rückzahlung Mühe bereitet, lohnt es sich, ein Gesuch um Erlass zu stellen – vorausgesetzt, Sie haben die Leistung tatsächlich in gutem Glauben bezogen. Die IV-Stelle muss dann anhand der Zahlen, die Sie ihr liefern, die nötigen Berechnungen durchführen.*

Denken Sie daran, dass auch für die Einreichung eines solchen Erlassgesuchs Fristen gelten. Sie haben nach Erhalt der Rückerstattungsverfügung 30 Tage Zeit.

Kommt es zum schlechtesten Fall, nämlich, dass Sie Rentenleistungen zurückzahlen müssen, können Sie in der Regel mit der Ausgleichskasse eine Abzahlungsvereinbarung schliessen.

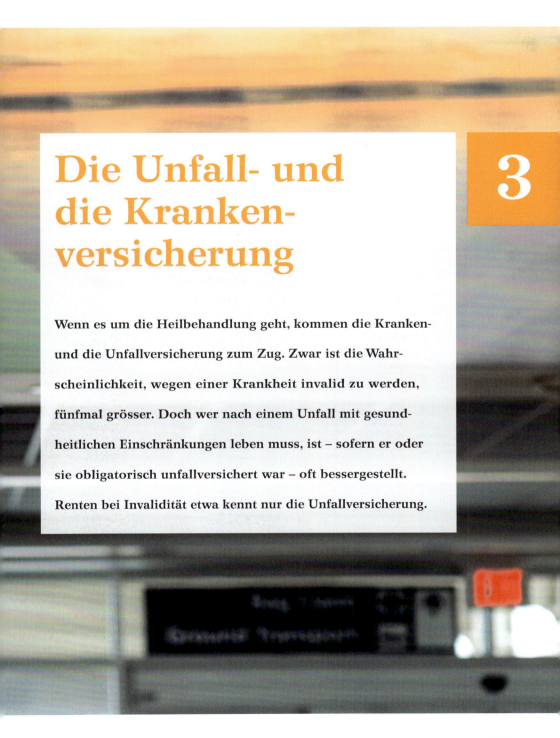

Die Unfall- und die Krankenversicherung

3

Wenn es um die Heilbehandlung geht, kommen die Kranken- und die Unfallversicherung zum Zug. Zwar ist die Wahrscheinlichkeit, wegen einer Krankheit invalid zu werden, fünfmal grösser. Doch wer nach einem Unfall mit gesundheitlichen Einschränkungen leben muss, ist – sofern er oder sie obligatorisch unfallversichert war – oft bessergestellt. Renten bei Invalidität etwa kennt nur die Unfallversicherung.

Besser gedeckt bei der Unfallversicherung

Am Anfang war ein Unfall ... obwohl die Wahrscheinlichkeit, wegen einer Krankheit invalid zu werden, viel grösser ist, denken die meisten beim Wort Invalidität zuerst an einen Unfall. Die Versicherungsdeckung bei einem Unfall ist – sofern Sie der obligatorischen Unfallversicherung unterstehen – einiges komfortabler, als wenn Sie bloss auf die Krankenversicherung zurückgreifen können.

Über ihren Arbeitgeber sind alle angestellt Arbeitenden in der obligatorischen Unfallversicherung (UVG) gegen Unfälle versichert. Ob gesund, krank oder behindert, wird nicht gefragt. Auch wie tief oder wie hoch der Lohn ist, spielt keine Rolle – der maximale versicherte Lohn allerdings beträgt 148 200 Franken (Stand 2017). Rund zwei Drittel aller Arbeitnehmerinnen und Arbeitnehmer sind bei der Suva (der schweizerischen Unfallversicherungsanstalt) versichert, die übrigen bei einem privaten Unfallversicherer. Selbständigerwerbende können sich freiwillig der obligatorischen Unfallversicherung anschliessen; Rentner, Hausfrauen und Studierende unterstehen ihr nicht und können sich nur privat absichern.

Die obligatorische Unfallversicherung deckt Unfälle ab, die sich im Zusammenhang mit der beruflichen Tätigkeit ereignen (Berufsunfälle), und für die meisten Angestellten auch Unfälle in der Freizeit (Nichtberufsunfälle). Teilzeitbeschäftigte jedoch sind gegen Nichtberufsunfälle nur versichert, wenn sie mindestens acht Stunden pro Woche beim gleichen Arbeitgeber arbeiten. Die Unfallversicherung ist eine recht komfortable Versicherung mit hohem Leistungsniveau. Deshalb lohnt es sich unbedingt, wenn Sie nach einem Unfall genau abklären, ob Sie obligatorisch unfallversichert sind.

Wann ist man versichert?

Die Versicherung beginnt am ersten Tag, an dem das Arbeitsverhältnis anfängt oder erstmals Lohnanspruch besteht, in jedem Fall aber im Zeitpunkt, da der Arbeitnehmer sich auf den Weg zur Arbeit begibt. Und sie endet mit dem 31. Tag, nachdem das Arbeitsverhältnis aufgehört hat (sogenannte Nachdeckung). Sie können gegen eine günstige Prämie beim selben Unfallversicherer für maximal sechs Monate eine sogenannte Abredeversicherung abschliessen und sind für diese Zeit noch unfallversichert.

Was gilt als Unfall?

Ist doch eigentlich klar, werden Sie denken – und haben in vielen Fällen durchaus recht. Aber es gibt auch Situationen, in denen eine genaue Definition nötig ist. Ein Unfall zeichnet sich – versicherungsrechtlich gesehen – durch vier Merkmale aus:

- Plötzliche Einwirkung
- Ungewöhnlichkeit der Einwirkung
- Äusserer Faktor
- Unfreiwilligkeit

Ein einfaches Beispiel: Sie stürzen von einer Mauer. Der Sturz ist unfreiwillig; der Aufprall am Boden stellt einen äusseren Faktor dar; die Ungewöhnlichkeit liegt darin, dass Sie nicht merkten, dass Sie auf der Mauer einen Fehltritt taten; die Plötzlichkeit liegt ohnehin auf der Hand. Damit sind alle vier Voraussetzungen erfüllt und Ihr Sturz ist als Unfall zu qualifizieren. Komplizierter aber ist der folgende Fall:

> **BUCHTIPP**
> Limacher, Gitta: **Krankheit oder Unfall – wie weiter im Job?** Das gilt, wenn Sie nicht arbeiten können. Dieser Ratgeber bietet alle nötigen Informationen.
> www.beobachter.ch/buchshop

 HANNA G. IST LERNENDE im kaufmännischen Bereich. Weil ein dringender Auftrag ausgeliefert werden soll, muss sie beim Verladen abgepackter Kisten mithelfen. Sie will eine Kiste auf den Stapel hinaufschwingen, als sie plötzlich einen Stich in der Lungengegend spürt. Später treten Atembeschwerden auf, sie muss notfallmässig ins Spital eingeliefert werden und dort wird ein Lungenriss festgestellt. Die Unfallversicherung lehnt die Übernahme dieses Ereignisses ab, weil es an der Ungewöhnlichkeit fehlt. Tatsächlich hat Hanna G. überhaupt nichts Ungewöhnliches getan; der Bewegungsablauf beim Hinaufschwingen der Kiste war normal, nicht irgendwie unkoordiniert. Deshalb liegt versicherungstechnisch nicht ein Unfall, sondern eine Krankheit vor. Leistungspflichtig ist also die Krankenversicherung.

Ist zweifelhaft, ob ein Unfall oder eine Krankheit Ursache Ihrer Beschwerden ist, sollten Sie sich sowohl beim Unfallversicherer wie auch bei der Krankenkasse anmelden. Bis die Sache klar ist, muss die Krankenkasse die Behandlungskosten übernehmen (Vorleistungspflicht der Krankenversicherung).

Die Abklärungen nach einem Unfall

Der Unfallversicherer klärt zunächst ab, ob der oder die Verunfallte obligatorisch unfallversichert war. Ist dies der Fall, interessiert sich der Versicherer für die Höhe des Einkommens, denn davon hängen die Leistungen ab (siehe Seite 113). Versichert ist das Einkommen, das Sie zuletzt vor dem Unfall erzielten. Neben dem Lohn gehören dazu auch der 13. Monatslohn, Überstundenentschädigungen und andere Zuschläge; massgebend ist, worüber AHV-Beiträge abgerechnet wurden oder hätten abgerechnet werden müssen (siehe Seite 40). Die obere Grenze für den versicherten Lohn liegt bei 148 200 Franken (Stand 2020); höhere Löhne lassen sich privat über Zusatzversicherungen abdecken.

Die Sache mit dem Kausalzusammenhang
Später will der Unfallversicherer wissen, ob die Heilung gut vorangeht, um die Unfallfolgen von einer allfälligen Krankheit zu trennen. Denn für Krankheitsbehandlungen ist die Krankenversicherung zuständig. Ein Beispiel: Nach einem Sturz auf den Rücken – so jeweils die Unfallversicherer – sollte die eigentliche Sturzverletzung nach einigen Wochen geheilt sein; wenn Sie trotzdem noch Schmerzen haben, liege das an einer degenerativen Rückenveränderung, die schon vorher bestanden habe.

Der Unfallversicherer bestreitet also, dass Ihre gesundheitlichen Probleme (noch) auf den Unfall zurückgehen, mit anderen Worten: Er bestreitet den Kausalzusammenhang. Leistungen der Unfallversicherung haben Sie aber nur zugut, wenn ein natürlicher und ein adäquater Kausalzusammenhang zwischen Ihrer gesundheitlichen Einschränkung und dem Unfall besteht. Was bedeutet das?

- Ein **natürlicher Kausalzusammenhang** ist gegeben, wenn eine gesundheitliche Einschränkung aus medizinischer Sicht mit überwiegender Wahrscheinlichkeit ganz oder teilweise auf den Unfall zurückzuführen ist. Wenn Sie nach einem Sturz von einer Mauer die Hand gebrochen haben, wird aus ärztlicher Sicht gewiss nicht infrage gestellt werden können, dass eben der Mauersturz die Ursache für die gebrochene Hand war. Schwieriger wird es, wenn die gesundheitlichen Probleme erst später auftreten. Schmerzt nach dem Mauersturz das Knie auch einen Monat später noch und ergibt dann die genaue Abklärung, dass die Kniescheibe beeinträchtigt ist, muss genau geprüft werden, ob auch diese Schädigung auf den Mauersturz zurückgeht oder allenfalls schon vorher bestanden hat.

- Ein **adäquater Kausalzusammenhang** wird dann als gegeben betrachtet, wenn eine Ursache, wie sie tatsächlich vorlag, nach dem gewöhnlichen Lauf der Dinge (allgemeiner Ablauf) und nach der allgemeinen Lebenserfahrung (durchschnittliches Verhalten) geeignet ist, das tatsächlich eingetretene Resultat zu bewirken. Das klingt nach Wortklauberei und ist es manchmal auch. Es geht darum, ob auch eine durchschnittliche Person nach einem gleichen Unfall so reagieren würde, wie Sie selbst es getan haben. Vor allem bei psychischen Gesundheitseinschränkungen ist dies schwierig zu beurteilen. Ist es üblich, dass nach einem Beinbruch eine Depression eintritt? Der Unfallversicherer macht eine grobe Unterscheidung danach, wie schwer der Unfall war. Je schwerer der Unfall, umso eher wird auch für psychische Folgen ein adäquater Kausalzusammenhang angenommen.

ALFRED B. RUTSCHT auf dem Eis aus und beklagt sich in der Folge über heftige Rückenschmerzen. Auf dem Röntgenbild ist jedoch nichts Besonderes zu sehen. Trotzdem muss der Verunfallte seine Arbeit auf dem Bau wegen dieser Rückenschmerzen aufgeben. Das Gutachten kommt zum Schluss, Herr B. sei aus körperlicher Sicht zu

100 Prozent arbeitsfähig, dürfe aber keine Lasten von über 20 Kilo mehr heben. Hinzu komme – so das Gutachten –, dass Herr B. wegen der dauernden Schmerzen mittlerweile depressiv geworden und deshalb aus psychiatrischer Sicht nur noch zu 50 Prozent arbeitsfähig sei.

In medizinischer Hinsicht steht fest, dass auch die Depression auf den Sturz zurückzuführen ist. Adäquat ist aber diese Folge nicht unbedingt. Die Suva kann argumentieren, es habe sich eigentlich um einen leichten Unfall gehandelt und es sei nicht typisch, auf einen so leichten Unfall gleich mit einer Depression zu reagieren. Die Folge: Alfred B. erhält für die Depression keine Leistungen der Suva, obschon aus ärztlicher Sicht bestätigt wird, dass auch diese Beeinträchtigung auf den Unfall zurückgeht.

ANDERS IST DIE SITUATION von Barbara C. Sie war mit dem Auto in einem Tunnel unterwegs, als sie von einem entgegenkommenden Lastwagen touchiert wurde. Das Auto von Frau C. überschlug sich. Sie stand Todesangst aus und erlitt einen schweren Schock, dazu einen Beinbruch, Prellungen und Kopfverletzungen. Die Verunfallte wurde sofort ins Spital eingeliefert und dort über lange Zeit behandelt. Als sie später als geheilt entlassen wird, unternimmt sie verschiedene Arbeitsversuche, die jedoch alle scheitern.

Das daraufhin eingeholte Gutachten bestätigt, in somatischer Hinsicht sei Barbara C. eigentlich wieder gesund; wenn sie nicht mehr arbeiten könne, sei das auf die psychische Entwicklung mit Angstzuständen, Depression und Schmerzen zurückzuführen. Der Unfallversicherer anerkennt, dass der Unfall und die unmittelbaren Folgen schwer waren, das zusätzliche Auftreten psychischer Schwierigkeiten deshalb verständlich ist. Er bejaht also den adäquaten Kausalzusammenhang und muss auch für die psychische Beeinträchtigung aufkommen. Barbara C. erhält eine Rente der Unfallversicherung.

Die Leistungen der Unfallversicherung

Wie die IV richtet auch die Unfallversicherung Renten aus, wenn nach einem Unfall eine gesundheitliche Einschränkung zurückbleibt. Daneben kennt die Unfallversicherung aber noch viele andere Leistungen; eine Übersicht finden Sie im Kasten.

Zuerst gibt es Taggelder

Wenn Sie nach einem Unfall in Heilbehandlung sind, richtet die Unfallversicherung während dieser Phase Taggelder aus. Diese erreichen 80 Prozent des versicherten Verdienstes. Zahlt Ihnen in dieser Zeit Ihr Arbeitgeber noch den Lohn, gehen die Taggelder vorerst an ihn.

ÜBERBLICK ÜBER DIE LEISTUNGEN BEI INVALIDITÄT

- **Heilbehandlungen** durch Ärztinnen, Zahnärzte, medizinische Hilfspersonen sowie in der allgemeinen Abteilung des Spitals werden übernommen, und zwar ohne Selbstbehalt.
- Auch für **Reise-, Transport- und Rettungskosten** kommt die Unfallversicherung auf.
- **Taggelder** werden so lange ausgerichtet, wie Sie sich in der Heilungsphase befinden, also bis ein Endzustand erreicht und keine erhebliche Besserung mehr zu erwarten ist (mehr dazu auf dieser und der nächsten Seite).
- **Invalidenrenten** werden ausgerichtet, wenn nach einem Unfall eine Invalidität von mindestens zehn Prozent besteht (siehe Seite 113).
- **Hilflosenentschädigung:** Die Hilflosenentschädigung der Unfallversicherung basiert auf demselben System wie diejenige der IV (siehe Seite 79).
- **Integritätsentschädigung:** Die Integritätsentschädigung entschädigt Sie für die Einbusse in der Lebensqualität. Sie wird nach Abschluss der Heilbehandlung festgesetzt (mehr dazu auf Seite 111).
- **Hilfsmittel:** Die Unfallversicherung kennt ein kleineres Spektrum an Hilfsmitteln als die IV. Deshalb erhalten Sie auch nach einem Unfall ein Hilfsmittel oft von der IV und nicht von der Unfallversicherung.

Die Taggelder sind zeitlich nicht befristet. In schweren Fällen richtet die Unfallversicherung solche Zahlungen oft während mehrerer Jahre aus. Eingestellt werden die Taggelder, wenn Sie wieder gesund sind oder wenn an deren Stelle eine Rente tritt. Der Übergang zur Rente erfolgt, wenn ein Endzustand erreicht ist, das heisst, wenn die medizinische Behandlung abgeschlossen ist oder die Ärzte keine erhebliche Besserung durch medizinische Massnahmen mehr für möglich halten.

AKTUELL: DAS SCHLEUDERTRAUMA

Das Schleudertrauma ist je nach Standpunkt eine gefürchtete, schlimme, langwierige Unfallfolge – oder gar nichts. Über Jahre hinweg wurden in der Unfallversicherung und in der IV die Folgen eines Schleudertraumas anerkannt. Doch im Lauf der Zeit ist die Rechtsprechung immer strenger geworden.

In den allermeisten Schleudertraumafällen werden von der Unfallversicherung nur noch vorübergehend Leistungen erbracht. Im Anschluss an den Unfall übernehmen sie in der Regel die Heilungskosten und zahlen ein Taggeld. Nach sechs bis acht Monaten wird fast immer argumentiert, die noch bestehenden Beschwerden würden nicht mehr im Zusammenhang mit dem Unfall stehen. Wenn Sie eine solche Mitteilung erhalten, müssen Sie mit Ihrem Arzt sehr genau überprüfen, ob das so wirklich stimmt. Wenn nicht, muss nämlich die Unfallversicherung ein multidisziplinäres Gutachten in Auftrag geben, in welchem besonders genau geprüft wird, ob immer noch Unfallfolgen vorliegen. Auch bei der Invalidenversicherung wird in Schleudertraumafällen eine spezielle Prüfung vorgenommen: Die Beschwerden nach Schleudertraumata werden nach den Grundsätzen der Indikationsrechtsprechung geprüft.

Die Rechtsprechung zum Schleudertrauma steht heute weitestgehend fest – aber die Betroffenen leiden weiter. Der Gesundheitszustand bessert sich ja nicht, bloss weil die Sozialversicherungen keine Leistungen mehr bezahlen. Es mag richtig sein, dass vielfältige Ursachen zu den gesundheitlichen Einschränkungen nach einem Schleudertrauma führen. Darauf sollte aber eine Sozialversicherung anders reagieren als mit einer grundsätzlichen Verweigerung der Leistungen.

Meist wird ein Schleudertrauma bei einem Verkehrsunfall verursacht. In solchen Fällen sind Ansprüche gegen die Haftpflichtversicherung des Unfallverursachers zu prüfen. Diese unterliegen nicht der strengen Rechtsprechung zur Unfall- und Invalidenversicherung.

Wenn Sie einen Verkehrsunfall mit Schleudertrauma erlitten haben, lohnt es sich somit auf jeden Fall, einen Anwalt oder eine Beratungsstelle zu kontaktieren.

Die Renten

Wenn nach Abschluss der Heilbehandlungen eine gesundheitliche Einbusse zurückbleibt, die auf den Unfall zurückzuführen ist, muss Ihnen der Unfallversicherer eine Rente ausrichten, und zwar schon ab einem Invaliditätsgrad von 10 Prozent. Die Unfallversicherung ist hier also viel grosszügiger als die IV, die erst ab einer 40-prozentigen Invalidität eine Rente ausrichtet.

Bei einem Invaliditätsgrad von 100 Prozent beträgt die UVG-Rente 80 Prozent des versicherten Verdienstes; für tiefere Invaliditätsgrade wird sie prozentual herabgesetzt. Kinderrenten kennt die Unfallversicherung nicht. Das ist auch nicht notwendig, da die Invalidenrente mit 80 Prozent des versicherten Einkommens schon hoch liegt.

 FLURIN M. HAT ein versichertes Einkommen von 50 000 Franken. Nach einem Verkehrsunfall bleibt eine Invalidität von 30 Prozent zurück. Seine Jahresrente:

80 % von Fr. 50 000.–   Fr. 40 000.–
30 % davon   Fr. 12 000.–

Die Jahresrente von Herrn M. beträgt 12 000 Franken; monatlich erhält er 1000 Franken.

Auch die Renten der Unfallversicherung werden herabgesetzt oder erhöht, wenn der Invaliditätsgrad erheblich ändert. Sie werden nicht nur bis zur Pensionierung, sondern lebenslang ausgerichtet. Aufgehoben werden Renten der Unfallversicherung nur, wenn ein Bezüger tatsächlich wieder gesund wird. Damit bietet die Unfallversicherung einen zusätzlichen Schutz im Alter – und der ist nötig, weil die meisten Rentenbezüger ja wegen der Invalidität ihre Altersvorsorge bei der Pensionskasse nicht ausbauen können.

Seit dem 1. Januar 2017 werden bei Unfällen, die sich nach dem 45. Altersjahr ereignet haben und die zu einem Rentenanspruch führen, die lebenslänglichen Unfallversicherungsrenten ab dem ordentlichen Pensionierungsalter um maximal 40 Prozent gekürzt. Dies geschieht, um die Unterschiede im Schutz bei Unfall und Krankheit etwas auszugleichen.

Kann der Unfallversicherer Leistungen kürzen, wenn jemand grobfahrlässig handelt?

Unfallversicherer stossen sich manchmal daran, dass Leistungen beansprucht werden, obschon der Unfall grobfahrlässig verursacht wurde. Dazu besteht eine genaue gesetzliche Regelung:

- Die Unfallversicherung hat nie Leistungen zu erbringen, wenn der Unfall **absichtlich** verursacht wurde. Darunter fallen hauptsächlich Selbstmorde und Selbstmordversuche.
- Wer **grobfahrlässig** gehandelt hat – beispielsweise mit massiv übersetzter Geschwindigkeit im Auto unterwegs war oder in Tennisschuhen eine Klettertour unternommen hat –, muss Kürzungen dann erwarten, wenn es sich um einen Nichtberufsunfall handelt. Aber auch in diesem Fall dürfen die Leistungen nicht dauernd verweigert oder reduziert werden. Nur während einer ersten Phase können die Taggelder gekürzt werden. Für die Heilbehandlung muss die Unfallversicherung ohnehin immer aufkommen. Handelt es sich um einen Berufsunfall, darf auch bei Grobfahrlässigkeit nie gekürzt werden.
- In der Schweiz gilt Fahren in angetrunkenem Zustand (FiaZ) als **Vergehen**. Wer sich vorsätzlich alkoholisiert – oder unter Drogeneinfluss oder auch übermüdet – ans Steuer setzt, muss also bei einem Unfall mit einer empfindlichen Leistungskürzung rechnen.

Was ist ein Wagnis?

Die Leistungen der Unfallversicherungen können auch bei aussergewöhnlichen Gefahren und Wagnissen gekürzt oder verweigert werden:

- Die **Leistungsverweigerung** ist bei Unfällen im ausländischen Militärdienst oder bei der Teilnahme an kriegerischen Ereignissen vorgesehen. Das ist äusserst selten der Fall.
- Häufiger kommt es vor, dass jemand in **Raufereien** und **Schlägereien** verwickelt wird. Dann können – wie auch in Fällen starker Provokationen – die Geldleistungen um die Hälfte **gekürzt** werden.
- Eine **Kürzung** (oder gar eine gänzliche Leistungsverweigerung) gibt es auch, wenn Sie ein **Wagnis** eingehen. Von einem Wagnis spricht man bei Handlungen, bei welchen Sie sich einer besonders grossen Gefahr aussetzen, ohne die Vorsichtsmassnahmen zu treffen oder treffen zu können, die das grosse Risiko auf ein vernünftiges Mass beschränken. So gelten zum Beispiel die Teilnahme an gefährlichen Sportarten, die

wettkampfmässig betrieben werden (Motocrossrennen, Autorennen usw.) als Wagnisse. Ebenso wie andere gefährliche Sportarten, bei denen die notwendigen Vorsichtsmassnahmen nicht eingehalten werden (z. B. Canyoning und Klettern ohne entsprechende Ausrüstung). Auch Handlungen nicht sportlicher Art können als Wagnisse gelten – so zum Beispiel ein Sprung in trübes, unbekannt tiefes Wasser.

TIPP *Kürzungen sind ein heikles Thema, und die gesetzliche Regelung ist sehr differenziert. Wenn bei Ihnen eine Kürzung diskutiert wird, lohnt sich eine fachkundige Beratung (Adressen im Anhang).*

Integritätsentschädigung: Genugtuung für die Schmerzen

Eine der häufigsten Fragen, die nach einem Unfall auf den Beratungsstellen gestellt wird, ist diejenige nach der «Genugtuung». Genugtuung ist ein Begriff aus dem Haftpflichtrecht: Mit einer einmalig ausgezahlten Geldsumme soll ein gewisser Ausgleich geschaffen werden für den erlittenen physischen und/oder seelischen Schmerz. Die Höhe der Genugtuungssumme ist einerseits abhängig von den individuellen Umständen der verunfallten Person, anderseits von den Folgen der erlittenen Verletzung.

Auch für die Integritätsentschädigung, die die Unfallversicherung bezahlt, sind die medizinisch-theoretischen Folgen eines Unfalls ausschlaggebend; anders als bei der Genugtuung werden aber keine subjektiven Faktoren berücksichtigt.

Wenn jemand nach einem Unfall einen Finger verloren hat, das Knie nicht mehr richtig beugen kann oder blind ist, hat dies Auswirkungen auf die Lebensqualität. Dafür wird eine nach Prozenten abgestufte Integritätsentschädigung ausgerichtet. Der Maximalbetrag wird zum Beispiel bei einer vollständigen Erblindung ausgezahlt, das sind 148 200 Franken (Stand 2020). Viel tiefer sind die Summen etwa bei Einschränkungen der Beweglichkeit des Knies. Je nach Ausmass der Beeinträchtigung sind hier ein paar Tausend Franken zu erwarten. Die Höhe der Integritätsentschädigung bei verschiedenen Beeinträchtigungen ist in Tabellen festgehalten; im Folgenden drei typische Beispiele:

LAURA E. HAT BEI EINEM UNFALL während ihrer Arbeit als Chauffeuse gravierende Hüftverletzungen erlitten. Sie muss mehrere Operationen über sich ergehen lassen und es bleibt eine mässige bis schwere Hüftarthrose, die ihr täglich Schmerzen bereitet. Die Suva muss ihr eine Integritätsentschädigung von 30 Prozent bezahlen, das sind 44 460 Franken. Hätte Frau E. eine Hüftprothese eingesetzt werden müssen, hätte die Integritätsentschädigung bei gutem Erfolg 20, bei schlechtem Erfolg 40 Prozent betragen.

ROBERT F. FIEL EINE SCHWERE KISTE AUFS BEIN. Auch er musste operiert werden. Auch er hat nach der Operation weiterhin Schmerzen, was die Ärztin auf eine mässige bis schwere Kniearthrose zurückführte. Seine Integritätsentschädigung beträgt 15 Prozent oder 22 230 Franken. Hätte ihm ein künstliches Kniegelenk eingesetzt werden müssen, hätte er Anspruch auf eine Integritätsentschädigung von 20 Prozent bei gutem Erfolg oder 40 Prozent bei schlechtem Erfolg gehabt.

REGULA S. IST BEI EINEM STURZ mit dem Kopf auf den Boden aufgeschlagen. Nach langwierigen Behandlungen bleiben chronische Folgen einer Hirnverletzung zurück: Kopfschmerzen, Aufmerksamkeits- und Konzentrationsstörungen sowie Schwindel. Frau S. ermüdet schnell, hat zeitweise depressive Verstimmungen und benötigt viel mehr Schlaf. An die Wiederaufnahme einer Arbeit ist nicht zu denken. Angehörige stellen zudem eine Wesensveränderung fest. In der neuropsychologischen Untersuchung wird eine mittelschwere bis schwere Hirnfunktionsstörung festgestellt, was einen Integritätsschaden von 70 Prozent ergibt. Auch die Schwindelanfälle werden spezialärztlich abgeklärt und es zeigt sich eine schwere Störung des Gleichgewichtsfunktionssystems. Laut Tabelle beträgt die Integritätsentschädigung dafür 35 bis 50 Prozent. Insgesamt weist Frau S. also einen Integritätsschaden zwischen 105 und 120 Prozent auf. Da die Entschädigung den Höchstbetrag des versicherten Jahresverdienstes nicht übersteigen darf, erhält sie 100 Prozent oder 148 200 Franken.

Die Integritätsentschädigung wird ausgezahlt, wenn die Heilungsphase abgeschlossen ist – das ist auch der Zeitpunkt, in dem die Unfallversicherung eine Rente zuspricht, falls eine Invalidität zurückbleibt. Solange Sie nach einem Unfall noch in ärztlicher Behandlung sind, müssen Sie also mit dem Anspruch auf die Integritätsentschädigung zuwarten.

Das Zusammenspiel von IV und Unfallversicherung

Die Unfallversicherung umschreibt die Invalidität im Grundsatz genau gleich wie die IV. Auch hier wird der Invaliditätsgrad durch den Vergleich von zwei Einkommen – Valideneinkommen und Invalideneinkommen – ermittelt.

Weil die Berechnung ähnlich ist, kann die Unfallversicherung den Entscheid der IV über die Höhe des Invaliditätsgrads übernehmen. Dies gilt jedenfalls dann, wenn die IV diesen bereits festgesetzt hat. Deshalb ist es von grösster Bedeutung, dass die Berechnungen der IV korrekt sind. Wenn Sie zulassen, dass diese einen zu tiefen Invaliditätsgrad bestimmt, können Sie zusätzlich durch die tieferen Leistungen der Unfallversicherung bestraft werden. Eine Bindungswirkung der einen Versicherung an den Entscheid der anderen besteht aber nicht. Trotzdem: Verfolgen Sie genau und aufmerksam das Verfahren der IV zur Festsetzung des Invaliditätsgrads (mehr dazu auf Seite 51).

Manchmal kommt es auch vor, dass die Unfallversicherung mit der Festsetzung des Invaliditätsgrads rascher vorankommt als die IV. Dann gilt das Umgekehrte: Die IV muss bei ihrem Entscheid mitberücksichtigen, was die Unfallversicherung bezüglich der Invalidität bereits bestimmt hat. Diese Konstellation sollte eigentlich seltener sein, da bei Unfällen mit Invalidenrenten oft eine längere Heilungsphase vorangeht. Allerdings wartet die IV oft den Entscheid der Unfallversicherung ab.

TIPPS *Wenn Sie unsicher sind, ob die Sozialversicherung den Invaliditätsgrad zutreffend berechnet hat, verlangen Sie sofort Akteneinsicht, um sich ein genaues Bild der Unterlagen zu verschaffen, auf die sich die Versicherung stützt.*

Liegt bereits ein Entscheid vor, mit dem Sie nicht einverstanden sind, müssen Sie unbedingt innerhalb von 30 Tagen Einsprache oder Beschwerde erheben (mehr dazu auf den Seiten 91 und 117).

Verunfallt und krank: Wer zahlt was?

PETRA K. WURDE BEI EINER AUTOKOLLISION erheblich verletzt. Insbesondere ist ihr Rücken beeinträchtigt. Allerdings hatte sie schon seit einiger Zeit an Rückenschmerzen gelitten – wegen einer degenerativen Veränderung (Abnutzung). Die Unfallversicherung anerkennt eine dauerhafte Einschränkung von 20 Prozent, meint aber, dass die sonstigen Rückenprobleme auf die Abnutzung und nicht auf den Unfall zurückgingen. Die IV klärt die Situation insgesamt ab und gelangt auf einen Invaliditätsgrad von 50 Prozent.

Petra K. erhält also von der IV eine halbe Rente (Invaliditätsgrad von 50 Prozent), während die Unfallversicherung ihre Rente nur gestützt auf einen Invaliditätsgrad von 20 Prozent bezahlt.

Schlag auf die invalide Hand: die Überentschädigung

Bleibt nach einem Unfall eine Invalidität zurück, erhalten Sie grundsätzlich von drei Versicherungen Invalidenrenten: von der IV (siehe Seite 71), von der Unfallversicherung und von der Pensionskasse (siehe Seite 141). Da können in manchen Fällen hohe Beträge zusammenkommen. Oft würden insgesamt mehr Renten ausgerichtet, als die versicherte Person vorher an Einkommen erzielte. Grund genug für die Sozialversicherungen, Kürzungen vorzunehmen.

Auch wenn das ganze Kürzungssystem wegen Überentschädigung nicht einfach zu verstehen ist, lohnt es sich, hier genau hinzuschauen. Denn natürlich hat jede Sozialversicherung ein Interesse daran, ihre eigenen Leistungen zu kürzen und so Geld zu sparen. Wenn Sie mit einer Kürzung wegen Überentschädigung konfrontiert sind, sollten Sie deshalb sorgfältig überprüfen, ob diese gerechtfertigt ist. Eine erste Hilfe bietet Ihnen das unten stehende Beispiel. Oft werden Sie dazu auch die Beratung von Fachleuten brauchen (Adressen im Anhang).

Wann liegt eine Überentschädigung vor?
Eine knifflige Frage, denn die verschiedenen Sozialversicherungen kennen unterschiedliche Überentschädigungsgrenzen. Recht einfach ist die Ant-

wort, wenn eine Rente der IV mit einer Rente der Unfallversicherung zusammenfällt. Dann kann die Unfallversicherung ihre Rente kürzen, sobald diese zusammen mit den Zahlungen der IV 90 Prozent des versicherten Einkommens überschreitet. Die Unfallversicherung richtet in einem solchen Fall nur eine sogenannte **Komplementärrente** aus.

FRITZ O. HAT SICH bei einem Auffahrunfall ein schweres Schleudertrauma zugezogen. Auf dem Röntgenbild sind Schädigungen zu erkennen. Wegen der vielfältigen Beschwerden wie Nacken- und Kopfschmerzen, Konzentrationsstörungen, Ohrgeräusche etc. ist seine Belastbarkeit erheblich herabgesetzt und er verliert seine Stelle als Sachbearbeiter in einer Versicherungsgesellschaft. Zuletzt hatte er hier 85 000 Franken pro Jahr verdient.

Nach mehreren Gutachten kommt die IV zum Schluss, dass Herr O. seine bisherige Arbeit nicht mehr verrichten kann, dass aber eine leichte Hilfsarbeit von 30 Prozent zumutbar sei, bei der er 17 000 Franken jährlich verdienen könne. Sie stellt also dem Valideneinkommen von 85 000 Franken ein Invalideneinkommen von 17 000 Franken gegenüber und errechnet so einen Invaliditätsgrad von 80 Prozent. Dafür hat Fritz O. eine ganze IV-Rente zugut, das sind 28 440 Franken pro Jahr.

Auch der Unfallversicherer übernimmt den Invaliditätsgrad von 80 Prozent. Das zuletzt erzielte Jahreseinkommen von Herrn O. von 85 000 Franken ist sein versicherter Verdienst. Der Unfallversicherer müsste ihm also eine Invalidenrente von jährlich 54 400 Franken bezahlen (80 % × 80 % × 85 000). Zusammen mit der IV-Rente von 28 440 Franken käme Herr O. damit auf insgesamt 82 840 Franken pro Jahr – und das ist mehr als 90 Prozent seines versicherten Verdienstes. Der Unfallversicherer darf also wegen Überentschädigung kürzen; seine Rechnung:

90 % von Fr. 85 000.–	Fr. 76 500.–
Rente der IV	Fr. 28 440.–
Differenz	Fr. 48 060.–

Fritz O. erhält also eine Komplementärrente von jährlich 48 060 Franken und kommt so zusammen mit der IV-Rente auf 90 Prozent seines versicherten Verdienstes oder 76 500 Franken.

Werden auch Taggelder der Unfallversicherung gekürzt?

Komplizierter werden die Kürzungsberechnungen, wenn die Unfallversicherung keine Rente, sondern immer noch Taggelder zahlt, weil die Heilungsphase noch nicht abgeschlossen ist. Hier gilt eine andere und viel höhere Überentschädigungsgrenze. In einer solchen Situation sind Sie erst dann «überentschädigt», wenn die Leistungen der Versicherungen mehr ausmachen als:

- 100 Prozent des Einkommens, das Sie verlieren, wozu auch Einkünfte aus einer Nebenerwerbstätigkeit zählen, plus
- die Mehrkosten, die Ihnen wegen des Unfalls entstanden sind, beispielsweise die Franchise und der Selbstbehalt bei der Krankenversicherung, Kosten für besondere Diäten, für Transporte, eine Haushaltshilfe, die Anwältin, plus
- der Einkommensausfall von Angehörigen, die beispielsweise die Erwerbstätigkeit reduzieren, um Sie nach dem Unfall zu pflegen und zu unterstützen.

Dass diese Berechnungen alles andere als einfach sind, lässt sich leicht nachvollziehen. In aller Regel kürzen die Unfallversicherer kurzerhand, sobald 100 Prozent des Einkommens, das Sie vor dem Unfall erzielt haben, erreicht sind. Das ist aber falsch! Taggelder dürfen erst gekürzt werden, wenn alle drei Komponenten überschritten sind.

TIPP *Kürzt die Unfallversicherung Ihre Taggelder, ist die Wahrscheinlichkeit gross, dass die Kürzung unzulässig ist. Wenn es sich um eine länger dauernde Taggeldphase handelt, lohnt es sich deshalb, eine spezialisierte Beratungsstelle zu kontaktieren (Adressen im Anhang).*

Wenn dann noch die Pensionskasse ins Spiel kommt

Um die Sache noch etwas komplizierter zu machen, kennen die Pensionskassen eine dritte Überentschädigungsgrenze. Hier wird gekürzt, wenn die Leistungen der Pensionskasse zusammen mit denjenigen der IV und der Unfallversicherung 90 Prozent des mutmasslich entgangenen Verdienstes ausmachen (mehr dazu auf Seite 142).

So kommen Sie zu Ihrem Recht

Wie die IV muss auch die Unfallversicherung von sich aus den ganzen Sachverhalt abklären und Ihnen anschliessend einen begründeten Entscheid schicken (siehe Seite 93). Das Verfahren bei der Unfallversicherung – wie auch bei allen anderen Sozialversicherungen – läuft aber anders ab als bei der IV: Sie erhalten als Erstes keinen Vorbescheid, sondern direkt die Verfügung mit der Begründung und der Rechtsmittelbelehrung.

Sind Sie mit der Verfügung nicht einverstanden, müssen Sie dagegen innert 30 Tagen **Einsprache** erheben. Diese reichen Sie schriftlich oder mündlich beim Unfallversicherer ein. Auf der ersten Stufe des Rechtsmittelverfahrens ist also noch kein Gericht zuständig. Ihre Einsprache muss einen Antrag erhalten – was fordern Sie vom Unfallversicherer? – und eine Begründung dafür.

Der Unfallversicherer muss sich mit Ihren Argumenten auseinandersetzen und die Situation nochmals überprüfen. Darauf erlässt er einen Einspracheentscheid. Dagegen können Sie – wieder innert 30 Tagen – eine **Beschwerde** einreichen. Zuständig dafür ist das Versicherungsgericht des Kantons, in dem Sie im Zeitpunkt der Beschwerdeerhebung Wohnsitz haben. Das Gericht klärt den Sachverhalt ab, soweit dies notwendig ist, und spricht dann sein Urteil.

Gegen das kantonale Urteil können Sie als letzte Möglichkeit eine Beschwerde an das Bundesgericht in Luzern einreichen. Auch dafür haben Sie 30 Tage Zeit.

> **ACHTUNG** *Die 30-tägigen Fristen müssen Sie unbedingt einhalten; sonst wird der Entscheid rechtsgültig, auch wenn Sie noch so gute Argumente hätten (mehr zur Rechtsmittelfrist auf Seite 91). Dazu ist zu beachten, dass Unfallversicherungen ihre Entscheide häufig mit A+-Post verschicken. Diese Schreiben gelten als zugestellt, wenn sie der Briefträger bei Ihnen in den Briefkasten wirft. Stellen Sie also sicher, dass bei hängigen Verfahren bei einer Unfallversicherung und längerer Abwesenheit, jemand Ihren Briefkasten leert. Wenn das nicht möglich ist, teilen Sie Ihre Abwesenheit der Unfallversicherung schriftlich mit, ebenso, dass während dieser Zeit kein Entscheid zugestellt werden soll.*

Wann kommt die Krankenversicherung zum Zug?

Geht Ihre Invalidität auf eine Krankheit zurück, kommt auch der Krankenversicherung eine grosse Bedeutung zu: Die ganze Heilbehandlung läuft über Ihre Krankenkasse. Dasselbe gilt auch nach einem Unfall, wenn Sie – beispielsweise als Hausmann oder Selbständigerwerbende – nicht obligatorisch unfallversichert sind.

Die Leistungen der Grundversicherung

Die Leistungen, die die Grundversicherung übernimmt, sind in einem umfassenden gesetzlichen Leistungskatalog festgehalten. Hier diejenigen «Posten», die im Zusammenhang mit dem Thema Invalidität von Bedeutung sind:

- In der Regel können Sie davon ausgehen, dass Behandlungen und Untersuchungen, die Ihr Arzt anordnet, von der Krankenkasse auch vergütet werden. Ist dies nicht der Fall, muss er Sie darüber informieren.
- Dasselbe gilt für Medikamente sowie für Gegenstände, die für eine Behandlung notwendig sind, wie Krücken, Inhalationsgeräte und Ähnliches.
- Wird ein Spitalaufenthalt nötig, übernimmt die Grundversicherung die Kosten für die allgemeine Abteilung. Die Kantone führen Spitallisten. Müssen Sie aus medizinischen Gründen oder notfallmässig in einem Spital behandelt werden, das nicht auf dieser Liste steht, werden die Kosten ebenfalls übernommen. Allerdings sollten Sie sich in einem solchen Fall unbedingt im Voraus vergewissern, ob tatsächlich alle Kosten gedeckt sind.
- Auch die Kosten eines Rehabilitationsaufenthalts oder von Badekuren werden Ihnen vergütet – vorausgesetzt, sie finden in einer anerkannten Klinik statt und sind von Ihrer Ärztin verordnet.
- Ebenfalls zu den Pflichtleistungen gehören Behandlungen beim Chiropraktor, ärztlich verordnete Physio-, Ergo- und logopädische Therapien sowie ärztliche Psychotherapie. Informieren Sie sich im Voraus bei der Krankenkasse oder bei Ihrer Ärztin, welche Kosten in Ihrem Fall übernommen werden.

- Die Kosten der Pflege durch die Spitex zu Hause, auch im Bereich der psychiatrischen Grundpflege, werden ebenfalls von der Krankenkasse übernommen – allerdings nur bis zu einem bestimmten Höchstbetrag.
- Zahnärztliche Behandlungen werden von der Krankenkasse nur ausnahmsweise übernommen, etwa wenn sie auf einen Unfall zurückgehen und Sie nicht obligatorisch unfallversichert sind.
- Seit Januar 2012 wurden versuchsweise bis 2017 fünf komplementärmedizinische Behandlungen in den Leistungskatalog der Krankenversicherung aufgenommen: Die anthroposophische Medizin, die Homöopathie, die Neuraltherapie, die Phytotherapie und die traditionelle chinesische Medizin. Diese Evaluationsphase ist positiv verlaufen. Seit dem 1. August 2017 werden diese Therapien definitiv von der obligatorischen Grundversicherung übernommen.

TIPP *Denken Sie daran, die Policen Ihrer Zusatzversicherungen zu prüfen, falls Sie solche abgeschlossen haben. Zusatzversicherungen ergänzen die Leistungen der obligatorischen Grundversicherung. Sie sind besonders wichtig bei alternativmedizinischen Behandlungen.*

Die Krankenversicherung deckt nicht alle Kosten

Anders als die Unfallversicherung übernimmt die Krankenkasse nicht alle Kosten; Sie als Versicherte müssen eine Kostenbeteiligung tragen:

- **Franchise:** Die ersten 300 Franken pro Jahr zahlen erwachsene Versicherte auf jeden Fall aus der eigenen Tasche. Für Kinder unter 18 Jahren gibt es keine Franchise. Wer eine höhere Franchise wählt, erhält eine Prämienreduktion.
- **Selbstbehalt:** Über die Franchise hinaus zahlen alle Versicherten einen Selbstbehalt von zehn Prozent, und zwar maximal 700 Franken pro Jahr für Erwachsene sowie 350 Franken für Kinder.
- **Spitalaufenthalt:** An den Kosten eines Spitalaufenthalts müssen sich Erwachsene (ab 26) mit 15 Franken pro Tag beteiligen. Kinder und junge Erwachsene bis 25, die noch in Ausbildung sind, sowie Frauen, die Leistungen bei Mutterschaft beziehen, bezahlen keinen Spitalbeitrag.

Was bringen Zusatzversicherungen?

Neben der Grundversicherung bieten Krankenkassen eine breite Palette von Zusatzversicherungen an. Die wichtigsten:

- **Spitalzusatzversicherung:** beispielsweise für die halbprivate oder private Abteilung, freie Arztwahl auf der allgemeinen Abteilung und Ähnliches.
- **Alternativmedizinische Behandlungen** (Osteopathie, Aromatherapie, Cranio-Sacral-Therapie usw.) lassen sich nur über eine Zusatzversicherung abdecken. Was genau übernommen wird, ist von Kasse zu Kasse unterschiedlich geregelt.
- **Invaliditätskapital:** Werden Kinder invalid, sind sie lediglich über die IV abgesichert und diese Deckung ist minimal. Bei den meisten Krankenkassen lässt sich gegen recht günstige Prämien eine Zusatzversicherung abschliessen, die im Invaliditätsfall eine vereinbarte Summe auszahlt – je nach Krankenkasse nur nach einem Unfall oder auch bei Invalidität durch Krankheit. Auch für Nichterwerbstätige können solche Risikosummenversicherungen von Vorteil sein.
- **Gesundheitsrechtsschutz:** Häufig beinhalten Zusatzversicherungen entweder in separaten Zusätzen oder zusammen mit anderen Versicherungsleistungen eine Deckung für die Übernahme von Anwaltskosten, die im Zusammenhang mit gesundheitlichen Problemen entstehen – beispielsweise für die Auseinandersetzung mit Sozialversicherungen, aber auch bei einer Ärztehaftpflicht oder sonstigen Haftpflichtfällen.
- **Zahnversicherung:** Zahnärztliche Behandlungen können erfahrungsgemäss sehr teuer sein. Das schlägt sich auch in den Policen der Zahnzusatzversicherungen nieder. Diese beinhalten häufig relativ schlechte Leistungen für verhältnismässig teures Geld. Studieren Sie deshalb die Versicherungsbedingungen genau, bevor Sie eine solche Versicherung abschliessen.

Zusatzversicherungen können Sie bei derselben Krankenkasse abschliessen, bei der Sie grundversichert sind, oder auch bei einer anderen. Eines allerdings gilt in jedem Fall: Die Zusatzversicherungen gehören nicht zu den Sozialversicherungen, sondern unterstehen dem Privatversicherungsrecht (siehe Seite 170). Das heisst, die Versicherer sind frei, ihre Prämien nach dem Risiko – vor allem nach Alter, Geschlecht und Gesundheitszustand der Antragsteller – abzustufen. Sie können Antragsteller ganz ablehnen oder Vorbehalte anbringen und die Leistungen für bestehende gesundheitliche Beeinträchtigungen ausschliessen. Es ist deshalb wichtig, dass Sie die Versicherung abschliessen, bevor Sie erkranken und wenn Sie noch jung sind. Ansonsten wird Sie keine Versicherung mehr aufnehmen.

INFO *Wenn Sie in gesunden Tagen eine Spitalzusatzversicherung abgeschlossen haben, sollten Sie sich eine Kündigung gut überlegen, auch wenn die Prämien immer teurer werden. Viele Versicherer nehmen Menschen mit gesundheitlichen Problemen nicht oder nur für exorbitante Prämien auf.*

Vom Umgang mit der Krankenkasse

Die schweizerische Krankenversicherung steht auf einem guten Niveau und deckt alle wesentlichen Heilbehandlungen ab. In der Praxis kommt es deshalb recht selten zu Streitigkeiten mit der Krankenversicherung wegen der Behandlung einer invalidisierenden Krankheit. Wenn die Krankenkassenprämien also schon hoch sind, wird damit immerhin eine sinnvolle Krankheitsbehandlung bei einer drohenden Invalidität abgedeckt.

Folgende Ratschläge helfen Ihnen, Probleme mit der Rückerstattung von vornherein zu vermeiden:

- Besprechen Sie Fragen der Leistungspflicht zuerst mit Ihrer Ärztin oder Ihrem Arzt. Es gilt das Prinzip, dass Leistungen, die vom Arzt erbracht werden, grundsätzlich von der Krankenversicherung übernommen werden müssen.
- Zögert Ihre Ärztin mit einer klaren Auskunft, müssen Sie sich an Ihre Krankenkasse wenden und diese bitten, Ihnen mitzuteilen, ob die Behandlung übernommen wird. Lassen Sie sich diese Kostengutsprache schriftlich geben.
- Holen Sie auch vor einem Spitaleintritt wenn möglich eine Kostengutsprache ein. Und wenn Sie für eine Behandlung ins Ausland gehen wollen, sollten Sie auf jeden Fall zuerst mit Ihrer Kasse die Kostendeckung klären.

> **TIPP** *Erhalten Sie den Eindruck, Ihre Krankenkasse mache zu Unrecht Schwierigkeiten mit der Kostenvergütung, haben Sie zwei Möglichkeiten: Sie können eine Verfügung verlangen und dann eine Einsprache und Beschwerde einreichen (siehe Seite 121). Oder einfacher: Sie können den Versicherer wechseln. Für die Grundversicherung muss Sie jede Krankenkasse aufnehmen.*

Krankentaggeld: der Lebensunterhalt für die erste Zeit

Anders als die Unfallversicherung, deckt die Krankenversicherung keinen Lohnausfall. Und bis die IV – sei es mit Taggeld oder Rente – einspringt, vergehen oft mehrere Monate. Eine lange Zeit, die die wenigsten Menschen mit dem Ersparten überbrücken können.

Wenn Sie einer Krankentaggeldversicherung, auch Lohnausfallversicherung genannt, angeschlossen sind, erhalten Sie – meist nach einer Wartezeit – ein Taggeld, wenn Sie wegen einer Krankheit nicht mehr arbeiten können. Doch über diesen Schutz verfügen nicht alle Menschen in der Schweiz, weil die Krankentaggeldversicherung nicht obligatorisch ist.

In der Regel recht gut geschützt sind Arbeitnehmende. In vielen Betrieben bestehen kollektive Krankentaggeldversicherungen, in die alle Mitarbeiterinnen und Mitarbeiter eingeschlossen sind. Weil es an einer gesetzlichen Regelung des Taggelds fehlt, sind die Deckungsverhältnisse bei diesen Versicherungen allerdings sehr unterschiedlich. Oft gilt, dass das Taggeld nach einer bestimmten Wartefrist einsetzt – je nach Reglement nach 30 Tagen, 90 Tagen oder sechs Monaten. In den meisten Fällen wird es während längstens 720 Tagen ausgerichtet, wobei die Wartefrist in diese Zeitspanne fällt. Was die Höhe betrifft, sind in aller Regel 80 Prozent des zuletzt verdienten Einkommens abgedeckt.

INFO *Wenn Ihre Arbeitgeberin keine Kollektivversicherung kennt oder wenn Sie als Selbständigerwerbender tätig sind, haben Sie die Möglichkeit, eine Einzeltaggeldversicherung abzuschliessen. Solche bieten fast alle Krankenkassen und viele Privatversicherer an. Allerdings besteht kein Vertragszwang: Ein Versicherer muss Sie also nicht aufnehmen, wenn er Sie als «schlechtes Risiko» einschätzt.*

KVG und VVG: ein entscheidender Unterschied

Die Krankenkassen können Taggeldversicherungen anbieten, die dem Krankenversicherungsgesetz (KVG) unterstehen. Daneben bieten sie – wie auch die Privatversicherer – Taggeldversicherungen an, die sich nach dem Versicherungsvertragsgesetz (VVG) richten (siehe auch Seite 170). Das ist ein wichtiger Unterschied: Während die KVG-Versicherungen alle in der Schweiz Wohnenden aufnehmen und verschiedene Schutzbestimmungen zugunsten der Versicherten einhalten müssen, kennen VVG-Versicherungen viele dieser Schutzrechte nicht. So besteht etwa kein Anspruch darauf, eine VVG-Taggeldversicherung abschliessen zu können. Die Versicherer können Vorbehalte anbringen, bestimmte Krankheiten ausschliessen, die Prämien vom mutmasslichen Risiko abhängig machen und die Leistungsdauer frei bestimmen.

Heute dominieren auf dem Markt die VVG-Versicherungen. Diese Entwicklung hat dazu geführt, dass vor allem Menschen, die bereits erkrankt sind, kaum mehr Aufnahme in eine Taggeldversicherung finden. Vielleicht lohnt sich aber für Sie die Versicherung eines tiefen KVG-Taggelds. Die zehn oder fünfzehn Franken, die hier pro Tag ausgerichtet werden, können Ihnen helfen, bei einer krankheitsbedingten Arbeitsunfähigkeit etwas besser über die Runde zu kommen.

Übertritt von der Kollektiv- in die Einzelversicherung

Viele angestellt Erwerbstätige sind heute über den Arbeitgeber einer kollektiven Taggeldversicherung angeschlossen. Wird das Arbeitsverhältnis gekündigt, stellt sich für sie die Frage, ob ein Übertritt in eine Einzeltaggeldversicherung möglich und sinnvoll ist.

Möglich ist der Übertritt ohne Probleme, wenn Sie arbeitslos werden. In diesem Fall schreibt das Gesetz vor, dass Sie beim Versicherer, der die Kollektivversicherung führt, in die Einzelversicherung übertreten können. Allerdings müssen Sie die ganze Prämie selber bezahlen.

Nicht ohne Weiteres möglich ist der Übertritt jedoch, wenn Sie nicht arbeitslos werden, sondern die nächste Arbeitsstelle antreten. Dies ist aber meist kein Problem, weil Sie mit recht grosser Wahrscheinlichkeit auch beim neuen Arbeitgeber wieder einer Kollektivtaggeldversicherung angeschlossen sind, sodass sich der Übertritt in die Einzelversicherung erübrigt.

Die zweite Frage ist, ob ein Übertritt in die Einzelversicherung überhaupt sinnvoll ist. Es gilt abzuwägen zwischen der Möglichkeit einer späteren Erkrankung und der Belastung durch die oft sehr hohen Prämien. Es gibt Taggeldversicherungen, die bis zu 1000 Franken pro Monat verlangen. Dann lohnt sich ein Übertritt oft nicht, weil Sie, sollten Sie später einmal erkranken, bereits weit mehr Prämien bezahlt haben, als Sie überhaupt an Taggeldern beanspruchen können.

TIPPS *Konsultieren Sie bei jedem Stellenverlust die Unterlagen der Kollektivversicherung, verlangen Sie vom Versicherer ein Übertrittsangebot und entscheiden Sie, ob ein Übertritt für Sie sinnvoll ist.*

Behalten Sie die Fristen im Auge. In der Regel haben Sie drei Monate Zeit für einen Übertritt.

Unabhängig davon, wie die Kollektivversicherung ausgestaltet war, haben Arbeitslose das Recht, bei der Einzelversicherung eine Wartezeit von 30 Tagen zu vereinbaren. Das reduziert die Prämie erheblich und ist sinnvoll, denn während der ersten 30 Tage einer Krankheit zahlt die Arbeitslosenversicherung Ihnen weiterhin das Taggeld.

Wenn Sie krank sind und dann die Stelle verlieren, müssen Sie besonders genau prüfen, ob der Übertritt in die Einzelversicherung sinnvoll oder gar notwendig ist. Im Fall anhaltender Arbeitsunfähigkeit erbringen in der Regel Kollektiv-Krankentaggeldversicherungen bei bereits bestehenden Krankheiten im Zeitpunkt des Stellenverlustes die Taggelder weiter, längstens bis zur maximalen Anzahl der Taggelder, auch wenn Sie nicht in die Einzelversicherung übertreten. Die Kollektivversicherungen können aber auch vorsehen, dass für Leistungen nach der Kündigung der Übertritt in die Einzelversicherung auch für bereits bestehende Arbeitsunfähigkeiten notwendig ist.

Im Übrigen deckt die Einzelversicherung neue Erkrankungen, die nach Beendigung des Arbeitsverhältnisses eintreten. Der Übertritt in die Einzelversicherung lohnt sich vor allem dann, wenn der neue Arbeitgeber keine Lohnausfallversicherung hat oder wenn Sie noch keine neue Stelle in Aussicht haben und Arbeitslosentaggelder beziehen.

Wenn Sie nicht mehr arbeiten wollen oder in absehbarer Zeit bei der Arbeitslosenversicherung ausgesteuert sind, müssen Sie vor Abschluss der Einzelversicherung sicherstellen, dass für den Taggeldanspruch kein Lohnausfall notwendig ist (Schadenversicherung), sondern die Versicherung als Summenversicherung ausgestaltet ist (mehr dazu auf Seite 169). Ansonsten wird die Versicherung auch bei einer Krankheit die Leistungen bei Arbeitsunfähigkeit verweigern mit dem Hinweis, dass gar kein Lohnausfall bestehe.

Krankentaggelder und IV-Rente

Taggeldversicherungen bezahlen in der Regel während maximal zwei Jahren. Wenn in der Zwischenzeit die IV zum Schluss kommt, Sie seien invalid, steht Ihnen allenfalls im zweiten Jahr neben dem Krankentaggeld auch die IV-Rente und vielleicht eine Rente der Pensionskasse zu. Dann kann es geschehen, dass Sie mehr erhalten, als Sie ohne Krankheit verdient hätten. Die meisten Taggeldversicherungen haben deshalb in ihren Reglementen Überentschädigungsbestimmungen. Diese sehen heute in aller Regel vor, dass die Versicherer die IV-Rente, die Ihnen ausgerichtet wird, an das Krankentaggeld anrechnen. Das Resultat: Die gesamte Nachzahlung der IV geht an den Taggeldversicherer. Das Ganze ist recht kompliziert, deshalb ein typisches Beispiel:

CÉCILE V. IST SCHWER ERKRANKT und deshalb erwerbsunfähig. Zuletzt hat sie 4000 Franken monatlich verdient. Ihre Arbeitgeberin verfügt über eine gute Kollektivtaggeldversicherung, die den Einkommensausfall während zweier Jahre zu 80 Prozent ersetzt. Mit ihrem Jahreseinkommen von 52 000 Franken (inkl. 13. Monatslohn) erhält Frau V. also jährlich 41 600 Franken von der Taggeldversicherung. Ab dem zweiten Jahr richtet ihr auch die IV nach Ablauf der zwölfmonatigen Wartefrist eine volle Rente von 2370 Franken pro Monat aus. Doch im zweiten Jahr der Taggeldzahlungen sieht Frau V. nichts von diesem Geld; die ganzen 28 440 Franken gehen an den Taggeldversicherer, so wie es in dessen Allgemeinen Geschäftsbedingungen (AGB) festgehalten ist. Ab dem dritten Jahr dann, als Frau V. keine Krankentaggelder mehr zugut hat, erhält sie die IV-Rente selbst.

Es kann auch sein, dass die Invalidenversicherung erst entscheidet, wenn die Krankentaggeldversicherung die maximalen Leistungen von 720 Tagen bereits bezahlt hat. Fällt der Beginn der Invalidenrente dann in eine Zeit, in welcher Sie bereits Krankentaggelder bezogen haben, kann die Taggeldversicherung für den Zeitraum, in welchem sie Taggelder bezahlt hat, die ganze oder einen Teil der Invalidenrente direkt bei der IV einfordern.

Was gilt bei teilweiser, was bei langer Arbeitsunfähigkeit?

Meist werden Menschen nicht von einem Tag auf den andern wieder zu 100 Prozent arbeitsfähig. Oft ist das ein langsamer Prozess, bei dem auch mit Rückfällen zu rechnen ist. Wie handhaben die Taggeldversicherungen solche allmählichen Verbesserungen?

Grundsätzlich richten die Taggeldversicherungen die Leistung gestützt auf die aktuelle Arbeitsfähigkeit aus. Wenn Sie zunächst zu 100 Prozent arbeitsunfähig sind, erhalten Sie ein ungekürztes Taggeld. Sinkt die Arbeitsunfähigkeit später auf 50 Prozent, wird noch ein halbes Taggeld ausgezahlt. Die meisten Taggeldversicherungen setzen eine Mindestarbeitsunfähigkeit von 25 Prozent voraus. Die Taggeldleistungen werden also eingestellt, wenn Sie wieder zu 80 Prozent arbeiten können – für die fehlenden 20 Prozent leisten die Versicherungen keinen Ersatz.

Besonders heikel: lange Arbeitsunfähigkeit
Bei schweren Krankheiten kann der Fall eintreten, dass jemand über Monate hinweg zu 100 Prozent arbeitsunfähig ist. Oft fragen die Taggeldversicherer dann nach, ob diese Person allenfalls eine andere Tätigkeit ausüben könnte, zum Beispiel eine mit einer geringeren körperlichen Belastung. Nicht immer ist das ausgeschlossen, doch muss die Ärztin natürlich alle Aspekte genau prüfen.

Wenn ein Wechsel in einen anderen Beruf möglich ist, kann der Versicherer das Taggeld an die neue Situation anpassen, wenn er das in den Versicherungsbedingungen vorgesehen hat. Das darf aber nicht von einem Tag auf den andern geschehen. Der Versicherer muss Sie dazu auffordern und Ihnen eine Anpassungszeit von drei bis fünf Monaten zugestehen, damit Sie sich beruflich neu orientieren können. Falls Sie trotz aller Bemühungen keine Stelle finden, darf der Versicherer das Taggeld nicht einstellen, sondern muss es während der gesamten vereinbarten Leistungsdauer (in der Regel 720 Tage) bezahlen. In den meisten Fällen werden Tage mit einer Teilarbeitsfähigkeit als ganze Bezugstage gezählt.

TIPP *Dauert Ihre Arbeitsunfähigkeit länger an, kommt es sehr stark darauf an, wie die Allgemeinen Versicherungsbedingungen ausgestaltet sind. Die Formulierungen in den Versicherungsbedingungen sind meist sehr kompliziert und nicht leicht zu verstehen. Es lohnt sich daher, eine fachkundige Beratung einzuholen. Adressen geeigneter Stellen finden Sie im Anhang.*

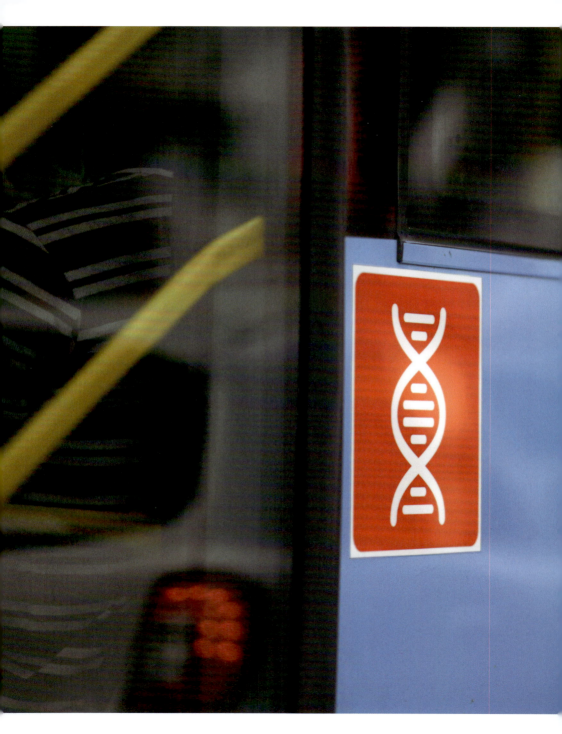

Die Rolle der Pensionskassen

4

Die berufliche Vorsorge, die 2. Säule im schweizerischen Vorsorgesystem, sollte den Versicherten und ihren Angehörigen die Fortsetzung der gewohnten Lebensführung ermöglichen. Wie weit das für Menschen gilt, die mit einer Invalidität leben müssen, und wie sie zu diesen Leistungen kommen, zeigt das folgende Kapitel.

Berufliche Vorsorge: eher umständlich organisiert

Die berufliche Vorsorge ist ein relativ junger Zweig im schweizerischen Sozialversicherungssystem; sie besteht als obligatorische Versicherung für Unselbständigerwerbende seit 1985. Sie ist immer wieder für eine Schlagzeile gut, was mit den strukturellen, personellen und finanziellen Schwierigkeiten dieser 2. Säule des schweizerischen Vorsorgesystems zusammenhängt.

Die Interessen der involvierten drei Gruppen – Pensionskassen, Arbeitgeber, Versicherte – sind unterschiedlich: Pensionskassen, vor allem wenn sie einer grossen Versicherungsgesellschaft angeschlossen sind, wollen in erster Linie ein gutes Geschäft betreiben; Arbeitgeber möchten möglichst tiefe Prämien bezahlen, können jedoch die einmal gewählte Pensionskasse meist nur mit finanziellen Nachteilen wechseln; Versicherte möchten möglichst niedrige Prämien bezahlen und eine möglichst hohe Rente erhalten. Bei solchen Interessengegensätzen wäre eine gut funktionierende staatliche Aufsicht nötig; die kantonalen Aufsichtsbehörden sind jedoch noch immer unterdotiert. Es erstaunt also nicht, dass vor allem die Versicherten und Rentnerinnen die Zeche bezahlen. Sie können nämlich ihre Pensionskasse nicht selbst wählen, und sie können mangels Transparenz auch kaum beurteilen, wie geschickt die Gelder angelegt werden und wie hoch die Verwaltungskosten der verschiedenen Kassen sind. Immerhin hat der Bundesrat per 1. Januar 2012 eine gut dotierte Oberaufsichtsbehörde eingesetzt, die für Qualitätssicherung und Rechtsgleichheit zu sorgen hat.

Die Vorsorgeeinrichtungen haben ungeheure Summen anzulegen. Zu oft sind sie in der Vergangenheit auf der Welle der Börseneuphorie mitgeritten. Der weltweite Einbruch der Kurse und die lang anhaltende Flaute seit den ersten Jahren des neuen Jahrtausends sowie die seit Jahren anhaltende Phase rekordtiefer Zinsen haben deutlich gezeigt, dass eine Sozialversicherung, die nur auf der beruflichen Vorsorge basiert, eine unvollkommene und anfällige Versicherung ist. Auch wenn sich die Aktien-

STOLPERSTEINE IN DER BERUFLICHEN VORSORGE

Das System der beruflichen Vorsorge ist nicht einfach zu verstehen. Hier die wichtigsten Stolpersteine:

- Neben der obligatorischen beruflichen Vorsorge gibt es eine weitergehende berufliche Vorsorge, oft überobligatorische Vorsorge genannt.
- Die obligatorische berufliche Vorsorge wird fast ganz durch das Gesetz geordnet. Die überobligatorische Vorsorge ist weitgehend durch die Reglemente der einzelnen Pensionskassen gesteuert – hier die Übersicht zu gewinnen, ist sehr schwer.
- Viele Schutzgarantien im obligatorischen Bereich – etwa die Anpassung der Rente an die Teuerung, die Verzinsung des Altersguthabens, die Anpassung der Rente an spätere Verschlechterungen des Gesundheitszustands, die Garantie einer Kinderrente – gelten in der überobligatorischen Vorsorge nicht oder nur eingeschränkt. Achtung: Ohne genaues Studium des Reglements können Sie sich auf nichts verlassen.
- Bei einem Stellenwechsel wechseln Sie auch die Pensionskasse – das kann vorteilhaft oder nachteilig für Sie sein.
- Wie sich die berufliche Vorsorge in Zukunft entwickelt, ist eine offene Angelegenheit. Welche Erträge kann eine Pensionskasse erwirtschaften? Wie wird die Rente berechnet, wenn das versicherte Risiko (Alter, Tod, Invalidität) eintritt? Die Grundlagen in der beruflichen Vorsorge (vor allem die Reglemente) ändern fast jährlich.

märkte erholen: Die AHV – und mit ihr die IV – ist eine weit verlässlichere Garantin für eine stabile Vorsorge.

Dass die Pensionskasse Altersrenten ausrichtet, ist bekannt. Zunehmend wird der Bevölkerung aber bewusst, dass es sich bei der beruflichen Vorsorge auch um eine Risikoversicherung handelt, die im Invaliditätsfall – neben der IV und allenfalls der Unfallversicherung – Leistungen schuldet.

Doch was diese Leistungen umfassen, wissen die wenigsten; oft geht zum Beispiel unter, dass die Pensionskassen auch bei einem Unfall Leistungen erbringen müssen. Schwierig ist zudem die Berechnung der Rente, die im Invaliditätsfall geschuldet ist. Und zu Hunderten von Streitverfahren Anlass gibt die Frage, welche Pensionskasse bei einer Invalidität überhaupt leistungspflichtig wird. Hinzu kommt, dass die Pensionskassen – anders als die IV oder die Unfallversicherung – keine Verfügungen erlassen können, was das Verfahren, wenn man sich gegen einen Entscheid wehren will, einiges komplizierter macht. Gründe genug also, die wichtigsten Mechanismen der beruflichen Vorsorge zu erklären und auch das Zusammenspiel mit den anderen Sozialversicherungen kurz zu beleuchten.

Wer ist versichert?

Die berufliche Vorsorge erfasst in erster Linie die Unselbständigerwerbenden. Nicht erwerbstätige Personen – etwa Hausfrauen oder Hausmänner – können sich in der 2. Säule nicht versichern. Selbständigerwerbende haben unter bestimmten Voraussetzungen die Möglichkeit, sich einer Pensionskasse anzuschliessen – das tun aber die wenigsten. Zudem sind Arbeitslose während des Bezugs von Arbeitslosentaggeldern versichert.

Damit ist die berufliche Vorsorge wie die Unfallversicherung eine typische Versicherung für Arbeitnehmerinnen und Arbeitnehmer:
- Für die Risiken Invalidität und Tod sind Arbeitnehmende ab 18 Jahren obligatorisch versichert.
- Das obligatorische Alterssparen beginnt mit 25 Jahren.

Zwar ist die berufliche Vorsorge obligatorisch, versichert sind aber trotzdem nicht alle Angestellten. Um einer Pensionskasse angehören zu können, müssen Sie einen bestimmten Mindestlohn verdienen; 2020 sind das 21 330 Franken. Wer diese Eintrittsschwelle überschreitet, ist für einen Mindestbetrag von 3555 Franken versichert. Von höheren Einkommen wird ein Koordinationsbetrag von 24 885 Franken abgezogen. Wenn Sie also zum Beispiel 50 000 Franken pro Jahr verdienen, sind Sie für 25 155 Franken versichert. Der Koordinationsabzug wird auch bei Teilzeiterwerbstätigen vorgenommen. Daher sind viele Teilzeiterwerbstätige durch die obligatorische berufliche Vorsorge nur sehr schlecht oder überhaupt nicht abgesichert. Hinzu kommt, dass bei mehreren Teilzeitstellen jedes Mal der volle Koordinationsabzug berücksichtigt wird, was dazu führen kann, dass Sie zwar ein volles Pensum ausüben und insgesamt genug verdienen, um der beruflichen Vorsorge unterstellt zu werden, aber trotzdem nicht versichert sind (beachten Sie aber den Tipp auf der nächsten Seite).

Die obligatorische berufliche Vorsorge versichert die Einkommen auch nicht in unbeschränkter Höhe; maximal versichert ist ein Lohn von 85 320 Franken, ebenfalls abzüglich Koordinationsbetrag (somit sind maximal 60 435 Franken versichert). Was Sie darüber hinaus verdienen, ist nur im

Rahmen einer weitergehenden beruflichen Vorsorge abgedeckt. Ob Sie einer solchen Vorsorge angeschlossen sind oder nicht, hängt vom Reglement Ihrer Pensionskasse ab.

TIPP *Arbeiten Sie bei mehreren Arbeitgebern Teilzeit und erreichen nirgends das nötige Mindesteinkommen? Wenn all Ihre Löhne zusammen diesen Betrag übersteigen, können Sie sich trotzdem versichern: entweder bei der Stiftung Auffangeinrichtung BVG oder bei der Pensionskasse eines Ihrer Arbeitgeber, falls das Reglement dies zulässt. An den Beiträgen müssen sich alle Arbeitgeber anteilsmässig beteiligen. Daher lohnt sich die freiwillige Unterstellung unter die berufliche Vorsorge auf jeden Fall. Meist ist die Absicherung damit aber nur gering. Es lohnt sich dann, die Lücke über die 3. Säule zu schliessen (mehr dazu ab Seite 164).*

Obligatorische berufliche Vorsorge – weitergehende berufliche Vorsorge

Die Hauptschwierigkeit in der praktischen Umsetzung der beruflichen Vorsorge kommt daher, dass zwar ein bestimmtes Minimum (BVG-Obligatorium) für alle Vorsorgeeinrichtungen obligatorisch ist, daneben aber fast alle Pensionskassen sogenannte überobligatorische Leistungen kennen. Wer nur obligatorisch versichert ist, ist schlecht abgedeckt und wird im Alter wahrscheinlich trotz 2. Säule Ergänzungsleistungen benötigen. Anders verhält es sich bei der weitergehenden Vorsorge, in der die Leistungen teilweise viel höher sind. Allerdings gelten verschiedene Schutzbestimmungen des BVG-Obligatoriums in der weitergehenden beruflichen Vorsorge nicht.

BEAT N. IST INVALID. Von seiner Pensionskasse erhält er eine monatliche Rente – seit sieben Jahren immer denselben Betrag von 2750 Franken. In der Zeitung liest er, dass auch die Renten der beruflichen Vorsorge der Teuerung angepasst werden müssen, und erkundigt sich bei seiner Pensionskasse, wie das für ihn aussieht. Die Antwort ist enttäuschend: Herr N. beziehe eine Rente der weitergehenden beruflichen Vorsorge und da sei die Teuerungsanpassung nicht obligatorisch. Weil die finanzielle Lage der Pensionskasse eine Anpassung nicht zulasse, habe man darauf verzichtet. Beat N. muss allenfalls damit rechnen, dass er sein ganzes Leben lang immer dieselbe Invalidenrente erhält, was seine finanzielle Situation zunehmend schwieriger machen wird.

Verschiedene Arten von Pensionskassen

Die Unterscheidung zwischen obligatorischen und überobligatorischen Leistungen bringt es mit sich, dass heute unterschiedliche Formen von Pensionskassen anzutreffen sind, die die beiden Leistungsarten unterschiedlich miteinander kombinieren. Auch in der Art, wie die Leistungen berechnet werden, sowie in der Organisation können sich Pensionskassen unterscheiden. Es kann nach folgenden Kriterien unterschieden werden:

- Wie werden die Leistungen ausgerichtet?
    - **BVG-Minimalkassen** sehen nur das gesetzliche Minimum vor, sie erbringen die obligatorischen Leistungen und wenden ausschliesslich die gesetzlichen Regelungen des BVG an.
    - **Umhüllende Kassen** versichern mehr als das gesetzliche Minimum, erbringen also sowohl obligatorische wie auch überobligatorische Leistungen.
    - **Gesplittete Kassen** bieten ebenfalls obligatorische und überobligatorische Leistungen an, jedoch in verschiedenen Kassen.

- Wie berechnen sich die Leistungen?
    - **Beitragsprimatkassen** erbringen Leistungen aufgrund der geleisteten Beiträge, also aufgrund des angesparten Kapitals. Je höher dieses Kapital, desto höher fallen die Renten aus.
    - **Leistungsprimatkassen** stellen nicht den Beitrag, sondern die künftigen Leistungen in den Vordergrund. Die Versicherten können mit einem bestimmten Prozentsatz des letzten Lohnes als Leistung rechnen. Vor allem öffentliche Pensionskassen und Kassen von Grossunternehmen sind so ausgestaltet. Aber auch solche Vorsorgeeinrichtungen wechseln in jüngerer Zeit zunehmend zum Beitragsprimat. Insbesondere Altersleistungen werden kaum mehr im Leistungsprimat erbracht.

- Wie werden die Risiken abgedeckt?
    - **Autonome Vorsorgeeinrichtungen** decken die versicherten Risiken selbst, was nur bei grossen Betrieben möglich ist.

- **Halbautonome oder nicht autonome Vorsorgeeinrichtungen** schliessen zur Rückdeckung Verträge mit Versicherungsgesellschaften ab.

- Welche Betriebe sind in der Kasse versichert?
    - **Betriebskassen** führen die berufliche Vorsorge nur für einen Betrieb durch; eigene Betriebskassen kennen in der Regel nur Grossunternehmen.
    - Kleinere Betriebe schliessen sich meist **Sammel- oder Gemeinschaftsstiftungen** an. Solche Vorsorgeeinrichtungen versichern das Personal mehrerer Arbeitgeber; sie werden von Verbänden, Banken und vor allem Lebensversicherern geführt.

PENSIONSKASSE: SOZIAL ODER PRIVAT VERSICHERT?

Grundsätzlich wird bei Versicherungen zwischen Privatversicherungen – die dem Versicherungsvertragsgesetz unterstehen – und jenen, die den Grundsätzen der Sozialversicherung folgen, unterschieden (mehr dazu in Kapitel 6 ab Seite 166). Bei der Pensionskasse differenziert man überdies zwischen dem obligatorischen und dem überobligatorischen Bereich. Soweit eine Pensionskasse obligatorische Leistungen versichert, ist sie klar dem Sozialversicherungsrecht zuzuordnen; im überobligatorischen Bereich dagegen ist umstritten, ob es sich nicht um Privatversicherungen handelt. Problematisch ist dies vor allem deshalb, weil die meisten Pensionskassen ja sowohl obligatorische wie auch überobligatorische Leistungen versichern, was schwierig auseinanderzuhalten ist und auch zu Schwierigkeiten mit der Versicherungsaufsicht führt.

Diese Diskussion ist nicht nur theoretischer Natur: Dahinter steht die Grundsatzfrage, ob sich die Pensionskassen als Teil der Sozialversicherungen verstehen. Heute zeigt sich mehr und mehr, dass die Pensionskassen von den Sozialversicherungen wegrücken. Das liegt oft nur im Interesse der Vorsorgeeinrichtung, die mehr Freiheiten geniesst, wenn sie nicht dem Sozialversicherungsrecht unterstellt ist. In aller Regel bedeutet aber im Versicherungswesen ein Mehr an Freiheit für die Versicherer ein Minus an Leistungen für die Versicherten. Daher wäre es wünschenswert, wenn die Politik und die Gerichte diese Tendenzen unterbinden würden.

Wie sind Teilinvalide versichert?

Auch in der beruflichen Vorsorge gilt die Abstufung der IV mit Viertelsrente, halber Rente, Dreiviertelsrente und ganzer Rente. Ist jemand teilinvalid und daneben erwerbstätig, wird dem durch eine Herabsetzung des minimalen Jahreslohns und des Koordinationsabzugs Rechnung getragen. Der Koordinationsabzug von 24 885 Franken wird entsprechend der Invalidität gekürzt: Bei einer Viertelsrente beträgt die Kürzung einen Viertel, der Koordinationsabzug also 18 664 Franken; bei einer halben Rente wird der Abzug um die Hälfte gekürzt, beträgt also 12 443 Franken; bei einer Dreiviertelsrente liegt der Koordinationsabzug bei 6221 Franken (Stand 2020). Versichert ist aber in jedem Fall der Mindestbetrag von 3555 Franken (siehe auch Seite 136).

Wer eine ganze Rente der Invalidenversicherung bezieht, ist dem Obligatorium nicht mehr unterstellt – auch nicht, wenn er daneben noch mit einem kleinen Pensum berufstätig ist und dort einen AHV-pflichtigen Lohn bezieht, der über dem Koordinationsabzug liegt.

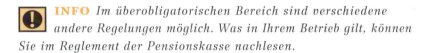

INFO *Im überobligatorischen Bereich sind verschiedene andere Regelungen möglich. Was in Ihrem Betrieb gilt, können Sie im Reglement der Pensionskasse nachlesen.*

Die Leistungen der Pensionskasse

Wird eine versicherte Person invalid, richtet die Pensionskasse ihr eine Rente aus. Sonstige Leistungen sind im Obligatorium nicht vorgesehen. Denkbar ist aber, dass in der überobligatorischen beruflichen Vorsorge zusätzliche Leistungskategorien bestehen: Anstelle der Rente ist beispielsweise eine Kapitalabfindung möglich oder es können Zuschüsse bei finanziellen Schwierigkeiten vorgesehen sein.

Die berufliche Vorsorge bezahlt aber bei einer Invalidität keine Heilungskosten und erbringt auch keine Taggelder.

Berechnung der Invalidenrente: eine sehr technische Angelegenheit

Wie die Renten berechnet werden, hängt zuerst einmal davon ab, ob Ihre Pensionskasse nur obligatorische oder auch weitergehende, sogenannt überobligatorische Leistungen kennt. Die Berechnung im Obligatoriumsbereich finden Sie auf den folgenden Seiten dargestellt; für den Bereich der erweiterten Vorsorge gelten die Bestimmungen im Reglement Ihrer Pensionskasse.

> **INVALIDENRENTE AUCH BEI UNFALL!**
> In manchem Pensionskassenreglement wird die Höhe der Invalidenrente davon abhängig gemacht, ob die Invalidität Folge eines Unfalls oder einer Krankheit ist. In der überobligatorischen Vorsorge kann die Invalidität selbständig umschrieben werden – es gilt also nicht immer diejenige Invalidität, die in der IV festgestellt wird. In fast allen Reglementen sind in der überobligatorischen Vorsorge Leistungen nach einem Unfall von der Versicherung ausgenommen. Beachten Sie aber, dass die obligatorischen Leistungen auch bei Unfall erbracht werden müssen.

Jedes Jahr sollten Sie von Ihrer Vorsorgeeinrichtung einen Vorsorgeausweis erhalten, der auch zeigt, wie hoch Ihre Rente im Invaliditätsfall ist. Allerdings ist es ohne Fachkenntnisse kaum möglich, zu überprüfen, ob die aufgeführten Angaben korrekt sind. Das hängt nicht zuletzt damit zusammen, dass viele Ausweise nicht unterscheiden zwischen den obligatorischen und den überobligatorischen Leistungen.

TIPP *Prüfen Sie jedes Jahr nach, ob der im Leistungsblatt der Pensionskasse vermerkte Jahreslohn mit Ihrem effektiven Jahreslohn übereinstimmt. Bewahren Sie alle Lohnabrechnungen auf, damit Sie im Invaliditätsfall nachweisen können, wie hoch Ihr AHV-pflichtiges Einkommen wirklich war.*

Wie hoch ist die Rente im Obligatorium?

Ausgangspunkt für die Rente im Obligatoriumsbereich sind die Altersgutschriften. Wie hoch diese sind, hängt einerseits von Ihrem Lohn ab, andererseits auch vom Geschlecht und vom Alter (siehe Kasten auf Seite 143).

Grundlage für die Berechnung der Altersgutschriften ist der **koordinierte Lohn**. Die Pensionskassen gehen dabei vom Jahreslohn aus, den ihnen der Arbeitgeber meldet (diese Zahl sollte auch im Vorsorgeausweis vermerkt sein). Von diesem Lohn wird der Koordinationsbetrag abgezogen: 2020 sind das 24 885 Franken. Das Resultat ist der koordinierte oder versicherte Lohn, auf dem die Altersgutschriften berechnet werden.

INFO *Dass im Alter höhere Altersgutschriften eingezahlt werden, die der Arbeitgeber mindestens zur Hälfte finanzieren muss, hat zur Folge, dass ältere Personen auf dem Arbeitsmarkt auch wegen den hohen Lohnnebenkosten weniger gefragt sind. Ein weiterer Nachteil der beruflichen Vorsorge im Vergleich zur AHV/IV.*

Wenn eine versicherte Person invalid wird, hat sie bis zu diesem Zeitpunkt bereits ein Guthaben angespart, bestehend aus den bisherigen Altersgutschriften samt Verzinsung. Für die Berechnung der Invalidenrente werden aber auch diejenigen Altersgutschriften mitberücksichtigt, die diese Person bis zum Rentenalter noch erwerben würde. Dabei wird auf ihren Lohn im vorangegangenen Versicherungsjahr abgestellt. Diese für die Zukunft berechneten Altersgutschriften werden nicht verzinst.

4 ■■■ DIE ROLLE DER PENSIONSKASSEN

Alle Altersgutschriften zusammengezählt ergeben ein bestimmtes Altersguthaben, das mit einem Umwandlungssatz von 6,8 Prozent in die Invalidenrente «umgelegt» wird. Der Umwandlungssatz ist natürlich absolut zentral für die Berechnung der Renten in der beruflichen Vorsorge. Wie hoch er sein soll, ist eine überaus umstrittene Angelegenheit. Die Pensionskassen fordern, dass der Umwandlungssatz noch weiter abgesenkt wird – das würde entsprechend tiefere Renten bedeuten.

👁 **LINUS S. WIRD MIT 48 JAHREN INVALID.** In diesem Zeitpunkt hat er ein Altersguthaben von 123 410 Franken (bisherige Altersgutschriften plus Zins) erworben. Sein koordinierter Lohn für das vorangegangene Versicherungsjahr beträgt 30 000 Franken. Die Altersgutschriften für die Zukunft werden wie folgt berechnet:

Alter 48–54 =   6 Jahre zu 15 Prozent   Fr. 27 000.–
Alter 55–65 = 11 Jahre zu 18 Prozent   Fr. 59 400.–
Total zukünftige Altersgutschriften   Fr. 86 400.–

ALTERSGUTSCHRIFTEN	
Altersjahr	**Ansatz in % des koordinierten Lohnes**
25–34	7
35–44	10
45–54	15
55–65 (64)	18
Die Hälfte des Beitrags wird vom Arbeitgeber übernommen.	

Das gesamte Altersguthaben von Linus S. beträgt also 209 810 Franken. Umgewandelt mit dem Satz von 6,8 Prozent, macht das eine Jahresrente von 14 267 Franken oder 1189 Franken monatlich.

Weiterführen der Altersgutschriften im Obligatorium
Bis zum Pensionsalter muss die Pensionskasse die Altersgutschriften ihrer invaliden Versicherten – rein rechnungsmässig – weiterführen. Das ist vor allem dann wichtig, wenn Sie nach einer mehrjährigen Invalidität wieder

(teil-)arbeitsfähig werden und eine Stelle finden. Dann muss die Pensionskasse zusätzlich eine Freizügigkeitsleistung erbringen, die an die Vorsorgeeinrichtung des neuen Arbeitgebers überwiesen wird.

Aufhebung der Rente: Sie haben eine Freizügigkeitsleistung zugut
Gegenwärtig hebt die IV viele bereits laufende Renten auf (mehr dazu auf Seite 28). Das hat direkte Auswirkungen auf die berufliche Vorsorge: Auch die Pensionskasse hebt dann in Entsprechung zur IV die früher gewährte Rente auf. In aller Regel ein harter Schlag!

Sind Sie von einer solchen Rentenaufhebung betroffen, denken Sie daran, dass die Pensionskasse nun immerhin eine Freizügigkeitsleistung zu erbringen hat. Während die Invalidenrente lief, wurde nämlich – im Hintergrund – Ihr Alterskonto weiter geäufnet. Wenn die Pensionskasse die Invalidenrente aufhebt, muss sie das so angesparte Freizügigkeitskapital auf ein Freizügigkeitskonto oder in eine neue Pensionskasse überweisen. Das ist ein wichtiger Beitrag für den Wiedereinstieg ins Berufsleben.

Das Gleiche gilt, wenn die Rente herabgesetzt wird. Dann hat die Pensionskasse anteilsmässig entsprechend der Herabsetzung eine Freizügigkeitsleistung zu entrichten.

Die Abstufung nach dem Invaliditätsgrad
Wie die IV stuft auch die Pensionskasse im Obligatorium ihre Renten nach dem Invaliditätsgrad ab. Dabei übernimmt die berufliche Vorsorge die Abstufung der IV: Es gibt Viertelsrenten (ab einem Invaliditätsgrad von 40 Prozent), halbe Renten (ab 50 Prozent), Dreiviertelsrenten (ab 60 Prozent) und ganze Renten (ab 70 Prozent; siehe auch Seite 71).

So weit der obligatorische Bereich. Viele Pensionskassen richten aber auch Leistungen der überobligatorischen Vorsorge aus und bezahlen beispielsweise schon ab einem Invaliditätsgrad von 25 Prozent eine Invalidenrente. Oft werden im Überobligatorium die Invalidenrenten auch prozentgenau ausgerichtet.

> **TIPP** *Konsultieren Sie, wenn Sie mit einer Invalidität konfrontiert sind, unbedingt das Reglement Ihrer Pensionskasse und prüfen Sie genau, wie diese im Invaliditätsfall Leistungen ausrichtet.*

Bindungswirkung: Die IV spurt vor

Die berufliche Vorsorge geht vom gleichen Invaliditätsbegriff aus wie die IV. Dies bringt mit sich, dass die Pensionskassen an den Entscheid der IV gebunden sind. Der von dieser ermittelte Invaliditätsgrad gilt für die berufliche Vorsorge ebenso. Deshalb ist es auch so wichtig, dass bereits die IV den Invaliditätsgrad korrekt ermittelt (mehr dazu auf Seite 51). Haben Sie den Entscheid der IV einmal akzeptiert, können Sie dies gegenüber der Pensionskasse kaum mehr abändern.

Weil die beiden Sozialversicherungszweige so eng zusammengehören, haben die Pensionskassen auch das Recht, eine Kopie des Vorbescheids und der Verfügung der Invalidenversicherung zu erhalten. Die IV-Stelle leitet diese mehr oder weniger automatisch an die Vorsorgeeinrichtungen weiter. Das ist eigentlich gut, birgt aber auch eine erhebliche Gefahr.

WALTER H. HAT DEN VORBESCHEID der IV erhalten: Sein Invaliditätsgrad soll auf 75 Prozent festgesetzt werden und er soll eine ganze Rente erhalten. Dieser Entscheid wird auch seiner Pensionskasse zugestellt. Doch diese ist ganz anderer Ansicht: Walter H. sei gar nicht krank, sondern bloss faul. Deshalb reicht die Pensionskasse bei der Invalidenversicherung einen Einwand ein und macht geltend, die Krankheit von Herrn H. sei nur vorgetäuscht. Nun muss die Invalidenversicherung weitere Abklärungen vornehmen. Damit beginnt für Herrn H. eine schwierige Zeit: Er erhält die Rente, die ihm in Aussicht gestellt wurde, vorerst noch nicht.

Wenn die Invalidenversicherung dann definitiv entschieden hat, kann die Verfügung sowohl von der Pensionskasse als auch von den Versicherten innert 30 Tagen mittels Beschwerde beim kantonalen Versicherungsgericht angefochten werden.

Das kantonale Gerichtsverfahren kann bis zu zwei Jahre dauern. Und wenn die Pensionskasse den Entscheid des kantonalen Versicherungsgerichts ans Bundesgericht weiterzieht, kann dies eine weitere monatelange Warterei zur Folge haben. In der Regel bezahlt die IV die Rente dennoch. In einigen Fällen wartet sie aber zu, bis die Gerichte schliesslich entschieden haben. Überbrücken lässt sich eine solche Lücke letztlich nur mit Sozialhilfe.

Ausnahme für Teilerwerbstätige

Die IV deckt nicht nur die Erwerbsunfähigkeit, sondern auch die Beeinträchtigung im Haushalt ab und ermittelt bei Teilerwerbstätigen den Gesamtinvaliditätsgrad nach der gemischten Methode: Für den Erwerbsbereich stellt sie auf den Einkommensvergleich ab, für den Haushaltsbereich auf den Vergleich von Betätigungen (siehe Seite 60). Da die Pensionskasse nur die Erwerbsunfähigkeit abdeckt, darf sie bei Teilerwerbstätigen nicht auf den Gesamtinvaliditätsgrad der IV abstellen, sondern muss sich an den Invaliditätsgrad im Erwerbsbereich halten – und der ist meist höher.

FRANZISKA U. HAT VOR IHRER INVALIDITÄT 60% als Verkäuferin gearbeitet und daneben den Haushalt geführt. Laut Abklärungen der IV ist sie im Erwerbsbereich zu 50% eingeschränkt (bezogen auf ihr Pensum von 60%). Im Haushalt nur zu 10%. Während die IV gemäss der ab 2018 geltenden gemischten Methode eine Viertelsrente ausrichtet (70%-ige Einschränkung eines Pensums von 60% plus 10%-ige Einschränkung bezogen auf einen Anteil im Aufgabenbereich von 30% ergibt einen Gesamtinvaliditätsgrad von 46%), richtet die Pensionskasse eine halbe Rente aus, da sie nur den Erwerbsteil berücksichtigt und zudem die ab 2018 von der IV anwendbare gemischte Methode von der Pensionskasse nicht berücksichtigt werden muss. Es bleibt folglich bei der Pensionskasse bei einer Einschränkung von 50%.

Was gilt bei Überentschädigung?

Gelegentlich erhalten Versicherte von der IV und der Pensionskasse Renten in beachtlicher Höhe. Insbesondere, wenn auch noch eine Rente der obligatorischen Unfallversicherung dazukommt, können die Leistungen insgesamt höher liegen als das Einkommen, das verloren ging. Deshalb dürfen die Pensionskassen ihre Leistung kürzen, wenn alle Leistungen zusammen mehr als 90 Prozent des mutmasslich entgangenen Einkommens ausmachen. Gemeint ist dasjenige Einkommen, das die versicherte Person ohne gesundheitliche Einschränkung erzielen könnte.

4 ■ ■ ■ **DIE ROLLE DER PENSIONSKASSEN**

JOSEF T. WAR MALER, kann aber seit einem Unfall nicht mehr arbeiten. Für die unfallbedingte Invalidität erhält er von der Unfallversicherung eine Rente von 20 964 Franken (Invalidität von 33 1/3 Prozent). Von der IV erhält er wegen einer zusätzlichen Krankheit eine ganze Rente sowie eine Kinderrente, in seinem Fall sind das 26 004 Franken pro Jahr. Soweit sein Gesundheitszustand es zulässt, hilft er seiner Frau bei Reinigungsarbeiten und verdient dabei 9500 Franken jährlich. Mit allen Renten und Einkommen kommt er auf 56 468 Franken pro Jahr.

Laut Versicherungsausweis der Pensionskasse steht Josef T. auch von dieser Seite eine Jahresrente von 12 690 Franken zu. Doch die Pensionskasse kann die Rente kürzen, wenn der Versicherte 90 Prozent seines mutmasslich entgangenen Einkommens erreicht. Die Abklärungen zeigen, dass Herr T. als Maler im Jahr 2020 ohne gesundheitliche Einschränkung 64 560 Franken verdienen könnte. 90 Prozent davon sind 58 104 Franken. Und so rechnet die Pensionskasse:

90% des entgangenen Einkommens	Fr. 58 104.–
– Renten von IV und Unfallversicherung	– Fr. 46 968.–
– Erzieltes Einkommen	– Fr. 9 500.–
Differenz	Fr. 1 636.–

Statt 12 690 Franken muss die Pensionskasse nur noch 1636 Franken pro Jahr auszahlen.

Die 9500 Franken könnten auch angerechnet werden, wenn Josef T. diese tatsächlich gar nicht verdienen würde, sein Gesundheitszustand aber die Erzielung des Lohnes zulassen würde (man spricht von anrechenbarem hypothetischem Erwerbseinkommen).

Welche Pensionskasse ist zuständig?

Auch die Renten aus der beruflichen Vorsorge werden – entsprechend der IV – erst nach einer zwölfmonatigen Wartefrist ausgezahlt. Solange der Lohn oder ein Taggeld, welches von einer Krankentaggeldversicherung ausbezahlt wird, deren Prämien mindestens zur Hälfte vom Arbeitgeber mitfinanziert wurde, bezahlt wird, kann der Rentenanspruch aufgeschoben werden, wenn das Reglement dies ausdrücklich vorsieht. Im überobligatorischen Bereich sehen die Reglemente oft eine Wartefrist von vierundzwanzig Monaten vor.

Zuständig ist diejenige Pensionskasse, bei der Sie versichert waren, als Sie zum ersten Mal wegen der Krankheit oder des Unfalls, die letztlich zur Invalidität führten, arbeitsunfähig wurden. Das scheint auf den ersten Blick klar, ist in der Praxis allerdings oft umstritten.

LORENZ M. ARBEITETE SEIT 1987 in einer Druckerei. 2016 tritt ein Herzleiden auf und er muss im Januar 2017 jede Erwerbstätigkeit aufgeben. Zuständig für die Invalidenrente ist die Pensionskasse der Druckerei.

PETRA V., GEBOREN 1950, absolvierte eine Ausbildung als Krankenschwester. Bereits während der Lehre traten Anzeichen von Schizophrenie auf, doch vermochte sie ihre Arbeit durchaus zu bewältigen. Die psychischen Probleme führten allerdings zu häufigen Stellenwechseln. In den gut 30 Jahren ihrer beruflichen Tätigkeit arbeitete Frau V. bei rund 20 Firmen. Dabei konnte sie in der Regel nur Teilzeitstellen übernehmen. Im Januar 2017 kommt es zu einem psychischen Zusammenbruch und Petra V. kann anschliessend nicht mehr arbeiten.

Welche Pensionskasse hat für Frau V. eine Invalidenrente zu erbringen? Wann hat überhaupt die Arbeitsunfähigkeit eingesetzt? Spielt es eine Rolle, dass Frau V. zwischendurch auch ganztags arbeitete?

Kernfrage: Wann hat die Arbeitsunfähigkeit angefangen?

Was tun, wenn nicht klar ist, welche Pensionskasse zuständig ist, wenn keine Vorsorgeeinrichtung Ihren «Fall» übernehmen will, sondern sich alle für «unzuständig» erklären? Dann müssen Sie die Geschichte Ihrer gesundheitlichen Einschränkung und der Auswirkungen auf Ihre Arbeitsfähigkeit aufarbeiten. Gehen Sie zurück bis zu dem Zeitpunkt, zu dem Sie zum ersten Mal dauerhaft mindestens 20 Prozent arbeitsunfähig wurden. Hilfreich sind dabei die Akten der IV, die ärztliche Berichte und auch Auskünfte Ihrer Arbeitgeber enthalten, die der IV die Zeiten Ihrer Arbeitsunfähigkeit melden mussten. Vielleicht haben Sie auch selber noch Kopien von ärztlichen Arbeitsunfähigkeitszeugnissen.

Wenn klar ist, wie weit Ihre Leidensgeschichte zurückgeht, muss abgeklärt werden, ob zwischen dieser erstmaligen Arbeitsunfähigkeit und der heutigen Invalidität ein sachlicher und ein zeitlicher Konnex, also ein Zusammenhang, besteht. Denn nur dann ist die damalige Pensionskasse zuständig.

Ein **sachlicher Zusammenhang** besteht, wenn im Wesentlichen die gleichen Ursachen zur Invalidität geführt haben, die auch für das erstmalige Auftreten der Arbeitsunfähigkeit verantwortlich waren.

ROSANNA F. IST WEGEN EINES RÜCKENLEIDENS während mehrerer Monate nicht arbeitsfähig. In dieser Zeit wird ihr Arbeitsverhältnis aufgelöst. Dank einer intensiven Therapie bessert sich das Rückenleiden zusehends. Doch kurz bevor Frau F. wieder völlig arbeitsfähig ist, erleidet sie einen Herzinfarkt, der zu einer bleibenden Invalidität führt. Rosanna F. kann nicht auf die Pensionskasse des früheren Arbeitgebers zurückgreifen, weil zwischen dem erstmaligen, durch das Rückenleiden ausgelösten Eintritt der Arbeitsunfähigkeit und der durch den Herzinfarkt bewirkten Invalidität kein sachlicher Zusammenhang besteht.

Ein **zeitlicher Zusammenhang** besteht nur, wenn es zwischen dem erstmaligen Auftreten der Arbeitsunfähigkeit und dem Eintritt der Invalidität keinen Unterbruch gab, während dem Sie längere Zeit wieder voll arbeitsfähig waren.

RHEA G. ARBEITET seit dem 19. Juni 2013 als Haushaltshilfe in einem Spital. Wegen gesundheitlicher Beschwerden muss sie im Mai 2015 hospitalisiert werden und ist bis zum Ende ihres Arbeitsverhältnisses am 31. Juli 2016 nicht mehr arbeitsfähig. Im September 2016 tritt sie eine neue Erwerbstätigkeit in der Fabrikation an. Am 28. Oktober löst der Arbeitgeber das Arbeitsverhältnis per 4. November auf, weil Frau G. zu häufig nicht zur Arbeit kommen kann. Ab dem 13. Oktober 2016 ist sie bleibend arbeitsunfähig und erhält in der Folge eine Rente der IV. Beide Pensionskassen lehnen eine Leistungspflicht ab. Die Pensionskasse des letzten Arbeitgebers argumentiert, die Arbeitsunfähigkeit sei erstmals im Mai 2015 aufgetreten, weshalb die Pensionskasse des Spitals zuständig sei. Die Pensionskasse des Spitals dagegen macht geltend, der zeitliche Zusammenhang sei durch die Erwerbstätigkeit in der Fabrikation unterbrochen worden.

Wer hat recht? Ausschlaggebend ist, wie lange und mit welcher Leistung Frau G. an ihrer neuen Stelle in der Fabrikation arbeiten konnte. Konnte sie nicht voll arbeiten und dauerte der Einsatz weniger als rund drei Monate, gilt er nur als Arbeitsversuch. Und ein solcher Arbeitsversuch unterbricht den zeitlichen Zusammenhang nicht. Also muss die Pensionskasse des Spitals Frau G. eine Invalidenrente zahlen.

Weit genug zurückgehen
Heikel wird es vor allem, wenn Sie beispielsweise nach einem Unfall über längere Zeit mal (teil-)arbeitsfähig waren, dann wieder einen Rückfall erlitten, bis Sie schliesslich nach mehreren Versuchen bei verschiedenen Arbeitgebern gar nicht mehr arbeiten können. Unter Umständen zögert sich so die Anmeldung bei der IV über Jahre hinaus. Das führt oft dazu, dass keine Pensionskasse die Zuständigkeit anerkennen will: Geht man nämlich vom Datum, für das die IV erstmals eine Rente ausrichtet, zwölf Monate zurück – die IV kennt ja eine zwölfmonatige Wartezeit – und nimmt diesen Zeitpunkt als Ausgangspunkt für die Zuständigkeit der Pensionskasse, so landet man unter Umständen bei der falschen. Die IV spricht ihre Renten auch bei einer um Jahre verspäteten Anmeldung erst sechs Monate nach der Anmeldung zu (siehe Seite 86). Auch hier muss die Leidensgeschichte zurückverfolgt werden bis zur Krankheit, die am Anfang stand – und zur Pensionskasse, die damals zuständig war.

> **TIPP** *Ohne fachkundige Hilfe ist es schwierig, im Streitfall die zuständige Pensionskasse zu finden. Lassen Sie sich beraten, wie Sie am besten vorgehen (Adressen im Anhang).*

Schleichende Krankheit, langsamer beruflicher Abstieg

CLAIRE P. LEIDET AN MULTIPLER SKLEROSE, einer Krankheit, die langsam fortschreitet, sie aber zunehmend zu einer eingeschränkten Arbeitstätigkeit zwingt. Zuerst ist sie als qualifizierte Fachkraft mit einem guten Salär 100 Prozent berufstätig. Dann muss sie wegen ihrer Krankheit die Stelle wechseln, wobei sie immer noch voll berufstätig sein kann, aber 20 Prozent weniger verdient. Nach zwei Jahren wird auch diese Arbeit zu streng und Frau P. ist gezwungen, auf 70 Prozent zu reduzieren – natürlich auch zu einem entsprechend tieferen Lohn. So kann sie etwa drei Jahre weiterarbeiten, bis sie die Berufstätigkeit ganz aufgeben muss. Endlich meldet sie sich bei der IV an. Die IV nimmt an, erst mit der Aufgabe der letzten Tätigkeit sei eine Invalidität von mindestens 40 Prozent eingetreten.

Wenn Frau P. von diesem Moment an zwölf Monate zurückrechnet, kommt sie zur Pensionskasse ihres zweiten Arbeitgebers. Doch das ist für die Frage der Zuständigkeit nicht richtig. Zuständig ist die Pensionskasse des ersten Arbeitgebers, da Frau P. hier zum letzten Mal ohne gesundheitliche Einschränkung hat arbeiten können. Das zeigt auch die Tatsache, dass sie beim Wechsel zum zweiten Arbeitgeber bereits eine Lohneinbusse hinnehmen musste.

Dass sich Frau P. an die Pensionskasse des ersten Arbeitgebers wendet, ist für sie deshalb wichtig, weil sie damals einen höheren Lohn erzielte. Dadurch wird auch ihre Rente ausgehend von einer höheren Basis berechnet.

Der Gesundheitszustand verschlechtert sich

Eine einmal festgelegte Invalidität bleibt nicht für den Rest des Lebens gleich: Die berufliche oder familiäre Situation ändert sich, der Gesundheitszustand wird schlechter (siehe auch Seite 97). Wer zahlt für solche Verschlechterungen?

Als Grundsatz gilt, dass diejenige Pensionskasse, die bereits Renten ausrichtet, auch für die Verschlechterung zuständig ist, wenn diese auf dieselbe medizinische Situation zurückgeht (sachlicher Konnex). Wenn also Frau P. im obigen Beispiel von der IV zunächst eine halbe Rente erhält, diese aber nach einigen Monaten auf eine ganze Rente erhöht wird, kann sie bei derselben Pensionskasse ebenfalls eine höhere Rente beantragen. Dieser Grundsatz gilt aber nur im Obligatoriumsbereich.

Anders ist die Situation eventuell in der weitergehenden beruflichen Vorsorge. Hier kann es passieren, dass Sie bei einer Verschlechterung der Invalidität keine zusätzlichen Leistungen erhalten, weil die Pensionskasse geltend macht, Sie seien bei ihr gar nicht mehr versichert und es müsse für einen Leistungsanspruch aus der überobligatorischen beruflichen Vorsorge nach den reglementarischen Bestimmungen die Versicherteneigenschaft erfüllt sein. Es tun sich hier juristische Abgründe auf, die auch die Fachleute noch nicht richtig überblicken.

Kann eine Pensionskasse im Bereich der weitergehenden beruflichen Vorsorge tatsächlich zusätzliche Leistungen verweigern, obwohl eine Verschlechterung der Invalidität eingetreten ist? Wenn ja, würde das bedeuten, dass die Versicherten auf einen erwarteten – und mit den Prämien bezahlten – Schutz verzichten müssen. Es würde auch eine Schlechterstellung für diejenigen Versicherten bedeuten, deren Invalidität sich schrittweise erhöht, gegenüber denjenigen, bei denen die Invalidität auf einen Schlag eintritt. In diesem Bereich müssen die Gerichte noch manche Frage entscheiden. Die Tendenz scheint im Moment aber dahin zu laufen, dass dieses stossende Ergebnis von den Gerichten geschützt wird. Hier ist der Gesetzgeber gefordert, die unbefriedigende Situation zu beheben.

Das Verfahren bei der Pensionskasse

Wollen Sie von Ihrer Vorsorgeeinrichtung eine Leistung beanspruchen, müssen Sie ein Gesuch einreichen. Dies kann formlos geschehen, indem Sie der Pensionskasse einen Brief schreiben. Vielfach wurde der Pensionskasse bereits von der Arbeitgeberin mitgeteilt, dass Sie invalid sind.

In anderen Fällen weiss die Pensionskasse dies aber nicht, weshalb es von Vorteil ist, die Pensionskasse jedenfalls dann zu informieren, wenn Sie bei der IV eine Anmeldung einreichen. Weil Sie bei der IV-Anmeldung auch die Adresse der Pensionskasse angeben müssen, sollte diese allerspätestens von Ihrer Invalidität erfahren, wenn die IV den Vorbescheid über den Rentenanspruch erlässt und die Kopie davon der Pensionskasse zustellt.

Wenn die Pensionskasse den Vorbescheid erhalten hat, wird sie allenfalls zusätzliche Akten beiziehen. Oft werden die Akten der IV konsultiert. Die Pensionskasse kann dann selber Einwand gegen den Vorbescheid erheben. Nachdem die Invalidenversicherung die Rentenverfügung erlassen hat, berechnet die Pensionskasse die geschuldete Leistung. Sie teilt Ihnen das Ergebnis in einem einfachen Brief mit. Anders als die IV kann die Pensionskasse keine Verfügungen erlassen.

Nicht einverstanden? So gehen Sie vor

Wenn Sie mit dem Ergebnis nicht einverstanden sind, müssen Sie zunächst Kontakt mit der Pensionskasse aufnehmen. Rufen Sie an und fragen Sie nach. Oder schreiben Sie einen Brief und teilen Sie mit, was Sie erwarten. Manchmal hilft auch eine direkte Besprechung mit der zuständigen Person bei der Pensionskasse. Wenn die Kasse Ihre Argumente nicht übernehmen will und auf dem Entscheid beharrt, müssen Sie sich rechtliche Schritte überlegen.

Sie müssen Klage einreichen
Anders als die IV und die Unfallversicherung dürfen Pensionskassen keine Verfügungen erlassen. Das macht das weitere Verfahren komplizierter. Wenn Sie von Ihrer Pensionskasse nicht das erhalten, was Sie wollen, müssen Sie **Klage** gegen sie erheben. Zuständig ist das kantonale Gericht am Sitz der Pensionskasse oder das kantonale Gericht am Ort, wo Sie gearbeitet haben. Welches Gericht innerhalb des Kantons zuständig ist, beurteilt sich nach den kantonalen Regelungen; oft sind es die kantonalen Versicherungsgerichte.

Wenn Sie Ihre Klage formulieren, denken Sie daran, dass diese einen Antrag enthalten muss und dass Sie diesen Antrag auch begründen müssen (Formulierungsvorschlag: Ich beantrage, dass die Pensionskasse verpflichtet wird, mir die gesetzlichen und reglementarischen Leistungen auszurichten, insbesondere eine Invalidenrente in der Höhe von Fr. X.). Das ist ähnlich, wie wenn Sie Beschwerde gegen eine Verfügung oder einen Einspracheentscheid erheben (siehe Seiten 94 und 121): Sie schreiben im Antrag, was Sie verlangen, und in der Begründung, warum Sie es verlangen. Trotzdem ist es oft schwierig, eine Klage so zu formulieren, dass man sich damit nichts verbaut. Es lohnt sich, die Hilfe Ihrer Rechtsschutzversicherung, einer Beratungsstelle oder eines Anwalts einzuholen.

> **TIPP** *Wenn Sie anwaltliche Hilfe brauchen, diese aber nicht selbst bezahlen können, haben Sie Anspruch auf eine unentgeltliche Rechtsvertretung (siehe Seite 96).*

Das Klageverfahren ist kostenlos und Sie müssen der Pensionskasse auch keine Prozessentschädigung bezahlen, wenn Sie verlieren. Das verkleinert Ihr Kostenrisiko ganz erheblich. Dieser Schutz ist wichtig, weil sich sehr häufig erst auf dem Klageweg eine Lösung für offene Fragen finden lässt.

Weiterziehen?
Sind Sie auch mit dem Urteil des kantonalen Gerichts nicht einverstanden, können Sie innert 30 Tagen seit der Zustellung Beschwerde beim Bundesgericht in Luzern einreichen. Vor Bundesgericht müssen Sie bei einer Leistungsstreitigkeit mit Gerichtskosten bis maximal 1000 Franken rechnen, wenn Sie mit Ihrer Beschwerde unterliegen. Spätestens dafür lohnt es sich, eine Anwältin beizuziehen (Adressen im Anhang).

Die Ergänzungs-leistungen

5

Eigentlich sollten die Leistungen der IV den ganzen Existenzbedarf abdecken. Dies ist jedoch für viele IV-Rentner und IV-Rentnerinnen bei Weitem nicht der Fall. Wer in schlechten finanziellen Verhältnissen lebt, hat deshalb Anspruch auf Ergänzungsleistungen – ein wichtiger Faktor für die Existenzsicherung von behinderten Menschen.

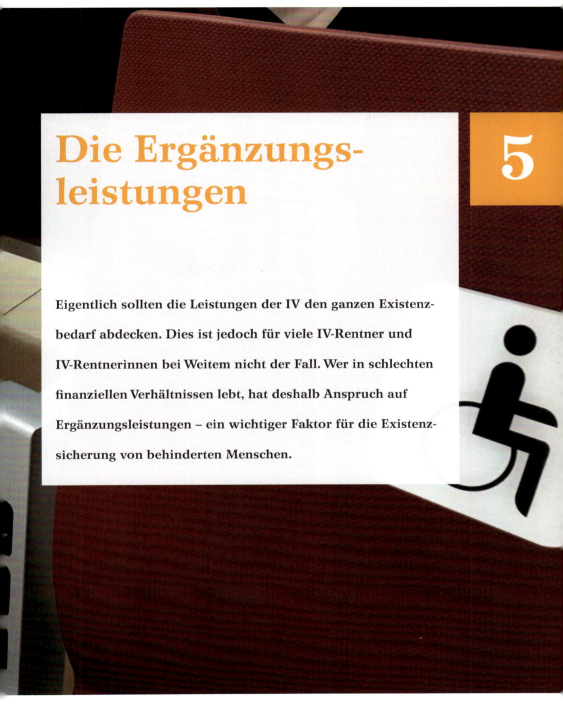

Wer hat Anspruch auf zusätzliche Zahlungen?

Die Renten, die bei Invalidität ausgezahlt werden, reichen in vielen Fällen nicht aus, um den Lebensbedarf zu decken. Gut versichert und abgedeckt sind Sie in der Regel, wenn Ihre Invalidität auf einen Unfall zurückgeht. Denn dann zahlen die IV, die Unfallversicherung und allenfalls die Pensionskasse. Wesentlich schwieriger sieht die Situation aus, wenn Sie wegen einer Krankheit invalid werden. Wenn Sie der beruflichen Vorsorge angeschlossen sind, erhalten Sie neben der IV-Rente immerhin noch Leistungen Ihrer Pensionskasse. Oft sind diese aber nicht hoch.

Hausfrauen oder Selbständigerwerbende, die in der 2. Säule nicht versichert sind, erhalten bei Invalidität nur die Leistungen der IV. Dasselbe gilt im Übrigen auch für Verunfallte, die nicht der obligatorischen Unfallversicherung unterstehen (mehr dazu auf Seite 102).

FINANZIELLE LEISTUNGEN AN BEHINDERTE (FLB)

Mit den Ergänzungsleistungen sind zwar die unbedingt notwendigen Lebenshaltungskosten abgedeckt. Doch Bedürfnisse, die darüber hinausgehen, können damit nicht erfüllt werden. Deshalb stellt der Bund der Pro Infirmis jährlich einen Kredit von gut 14 Millionen Franken zur Verfügung, aus dem sie Behinderten eine finanzielle Unterstützung ausrichten kann. Finanziert werden:

- Eingliederungsmassnahmen
- Hilfsmittel und bauliche Massnahmen
- Dienstleistungen für die Pflege zu Hause, zur Erhaltung der Selbständigkeit und zur Kontaktpflege
- Spezielle Auslagen, die neben dem üblichen Lebensunterhalt anfallen, wie eine kostspielige Zahnbehandlung, Umzugskosten, Erholungsurlaub

Nähere Auskünfte zu den FLB erhalten Sie bei der Pro Infirmis (www.proinfirmis.ch).

Kurz: Viele Invalide müssen sich mit der IV-Rente begnügen – und diese reicht nirgends hin, vor allem wenn jemand keine Familie hat und nur die eigene Rente von maximal 2370 Franken erhält.

Hier kommen die Ergänzungsleistungen (EL) zum Zug. Anspruch darauf haben grundsätzlich alle IV-Rentnerinnen und -Rentner, deren Einkommen eine bestimmte Grenze nicht überschreitet.

Die Voraussetzungen für den EL-Bezug

Ergänzungsleistungen können Sie nur erhalten, wenn Sie eine Rente der IV (oder der AHV), eine Hilflosenentschädigung oder während mindestens sechs Monaten Taggelder der IV beziehen. Für den Anspruch auf Ergänzungsleistungen reicht es aus, wenn Sie eine Viertelsrente der IV erhalten. Sie können sich also anmelden, wenn bei Ihnen ein Invaliditätsgrad von mindestens 40 Prozent festgestellt wurde. Damit stehen Ihnen aber noch nicht unbedingt Ergänzungsleistungen zu. Es wird eine genaue Berechnung durchgeführt, ob Sie tatsächlich einen Anspruch besitzen. Erhalten Sie beispielsweise nur eine Viertelsrente der IV, ist Ihre Invalidität also tiefer als 50 Prozent, wird die Ergänzungsleistungsbehörde Ihnen entgegenhalten, dass Sie ja eigentlich auch noch arbeiten könnten. Dann rechnet Ihnen die Behörde ein hypothetisches Einkommen an – unabhängig davon, ob Sie es nun tatsächlich verdienen oder nicht (mehr dazu auf Seite 158).

Eine weitere Bedingung für Ergänzungsleistungen ist, dass Sie entweder das Schweizer Bürgerrecht besitzen, Angehöriger eines EU- oder EFTA-Staates sind oder als Bürgerin eines anderen Landes seit mindestens zehn Jahren Ihren Wohnsitz in der Schweiz haben (für Flüchtlinge und Staatenlose sind es fünf Jahre). Diese zehnjährige Wohnsitzdauer darf nicht unterbrochen worden sein.

DER ALGERIER TAHAR L. ist seit 2005 in der Schweiz wohnhaft. 2013 erkrankt er so schwer, dass ihm die IV ab dem Jahr 2014 eine ganze Rente ausrichtet. Ergänzungsleistungen kann er nicht beanspruchen, weil er noch keine zehn Jahre in der Schweiz wohnt. 2015 versucht er, in Algerien neu Fuss zu fassen, und bricht seine Zelte in der Schweiz ab. Doch der Versuch misslingt. Resigniert kehrt Herr L.

nach sieben Monaten in die Schweiz zurück. Als er sich im Jahr 2016 zum Bezug von Ergänzungsleistungen anmelden will, erhält er eine niederschmetternde Auskunft: Er ist noch keine zehn Jahre in der Schweiz wohnhaft, weil für die EL-Behörde nur die Jahre nach seiner Rückkehr zählen. Tahar L. muss also bis zum Jahr 2026 warten, bis er Ergänzungsleistungen erhält. Diese sogenannte Karenzfrist gilt nicht für EU- und EFTA-Bürger.

> **BUCHTIPP**
> Hubert, Anita: **Ergänzungsleistungen.** Wenn die AHV oder IV nicht reicht. Der Ratgeber beantwortet oft gestellte Fragen und zeigt, wie das System der EL funktioniert.
> www.beobachter.ch/buchshop

Wann und wo anmelden?

Zuständig für die Ausrichtung von Ergänzungsleistungen ist grundsätzlich die Wohngemeinde. Einige Gemeinden haben die Durchführung der Ergänzungsleistungen an die kantonale Sozialversicherungsanstalt übertragen. Ihr erster Ansprechpartner ist somit die Gemeinde.

Die Invalidenversicherung meldet die Zusprache einer Rente nicht automatisch den zuständigen Behörden für die Ergänzungsleistungen. Sie müssen sich also selber dort anmelden. Eine möglichst schnelle Anmeldung lohnt sich, da das Abklärungsverfahren ohnehin einige Zeit in Anspruch nimmt. Sie sollten sich aber jedenfalls innerhalb von sechs Monaten seit dem Erhalt der Rentenverfügung anmelden. Nur dann muss das Amt auch rückwirkend auf den Zeitpunkt des Beginns des Rentenanspruchs Ergänzungsleistungen prüfen und nachzahlen. Bei langwierigen Verfahren bei der Invalidenversicherung kann es dabei um sehr hohe Beträge gehen.

FRIEDA L. ARBEITET ALS KRANKENSCHWESTER. Sie wird im Mai 2011 arbeitsunfähig. Die Invalidenversicherung wollte ihr keine Invalidenrente zusprechen und erliess im September 2012 eine abweisende Verfügung. Dagegen erhob Frau L. Beschwerde. Nach zwei Jahren erging das Urteil, dass die Invalidenversicherung ein medizinisches Gutachten durchführen muss. Bis dieses vorlag, dauerte es wiederum ein Jahr; danach anerkannte die Invalidenversicherung den Rentenanspruch. Mit Verfügung vom Juli 2016 sprach sie rückwirkend ab Mai 2012 eine ganze Invalidenrente zu. Wenn sich Frieda L. nun innert sechs Monaten seit der Rentenverfügung (sprich bis Ende 2016) beim zuständigen Amt für Ergänzungsleistungen anmeldet, muss dieses rückwirkend per Mai 2012 Ergänzungsleistungen ausrichten. Meldet sie sich erst nach Ablauf der sechs Monate an, hat sie höchstens Anspruch auf zukünftige Ergänzungsleistungen.

Und noch etwas: Ergänzungsleistungen werden nur ausgezahlt, wenn Sie Ihren Wohnsitz in der Schweiz haben. Auch als Schweizer Bürger können Sie aus dem Ausland keine Ergänzungsleistungen beanspruchen.

Wie werden Ergänzungsleistungen berechnet?

Der Name sagt es schon: Mit den Ergänzungsleistungen wird ein ungenügendes Einkommen ergänzt, bis der sogenannte allgemeine Lebensbedarf erreicht ist. Für die Berechnung werden also die notwendigen Ausgaben den Einnahmen gegenübergestellt.

Das ist frankenmässig manchmal recht kompliziert, vom System her aber einfach:
- Zuerst werden alle anrechenbaren Einnahmen zusammengezählt.
- Von den Einnahmen werden die anerkannten Ausgaben abgezogen.
- Ergibt die Rechnung einen Betrag unter Null, wird diese Differenz als Ergänzungsleistung ausgezahlt.

INFO *Sind Sie verheiratet, werden die Einnahmen und Ausgaben von Mann und Frau zusammengerechnet. Lebt ein Ehepaar allerdings getrennt, hat jede Seite einen eigenen Anspruch auf Ergänzungsleistungen. Dasselbe gilt für eingetragene Partnerschaften.*

Die anrechenbaren Einnahmen

Anrechenbare Einnahmen sind zuerst einmal alle **Renteneinkünfte;** also die Leistungen der IV, aber auch Renten anderer Sozialversicherungen oder aus der privaten Vorsorge, etwa von einer Lebensversicherung.

Auch **Erwerbseinkommen,** das Sie beispielsweise in einem Teilzeitjob verdienen, gehört zu den anrechenbaren Einnahmen. Allerdings wird Ihnen – sozusagen als Anreiz – nicht der ganze Betrag angerechnet.

Sind Sie teilinvalid, kann Ihnen – auch wenn Sie keine Stelle haben – ein **hypothetisches Einkommen** angerechnet werden. Was heisst das? Wer zu 40 Prozent invalid ist, kann ja nach den Feststellungen der IV noch zu 60 Prozent berufstätig sein. Da liegt es für die EL-Behörden natürlich nahe, von einer solchen Person zu verlangen, dass sie dies auch tut und ein entsprechendes Einkommen erzielt, was – so die Überlegung der Behörde – dann zusammen mit der Rente ausreichen würde, um das Leben zu finanzieren. Theoretisch ist diese Überlegung richtig, nur darf die Realität nicht vergessen gehen: Die EL-Behörden dürfen ein hypothetisches Einkommen nur anrechnen, wenn auf dem konkreten Arbeitsmarkt überhaupt eine Teilzeitstelle zu finden ist – was gerade in der heutigen wirtschaftlichen Situation oft nicht so einfach ist.

IV-Rentnerinnen und IV-Rentner, die **Vermögen** haben, müssen sich – nach Abzug eines Freibetrags – einen Fünfzehntel pro Jahr davon als Vermögensverzehr anrechnen lassen. Wohnt jemand im Heim, ist es maximal ein Fünftel. Auch Vermögenserträge, beispielsweise die Zinsen, gehören zu den anrechenbaren Einnahmen.

> **TIPP** *Wenn Ihnen ein hypothetisches Einkommen angerechnet werden soll, können Sie sich dagegen wehren. Legen Sie der EL-Behörde dar, warum ein solches Einkommen für Sie unzumutbar ist. Beispielsweise weil Sie trotz aller Bemühungen keine Stelle gefunden haben, was Sie mit Absagebriefen oder Bewerbungslisten belegen. Oder weil Ihnen eine Erwerbstätigkeit aus anderen Gründen (beispielsweise weil die Kinder noch klein sind und Betreuung benötigen oder wenn pflegebedürftige Familienangehörige gepflegt werden) nicht zugemutet werden kann, was Sie mit einem Arztzeugnis oder dem Bericht einer Beratungsstelle, etwa der Pro Infirmis, untermauern können.*

Die anerkannten Ausgaben

Von der Summe der anzurechnenden Einnahmen werden die gesetzlich anerkannten Ausgaben abgezogen. Dazu gehören vor allem die folgenden Positionen:

- Die Lebenshaltungskosten werden mit dem sogenannten **Betrag für den allgemeinen Lebensbedarf** berücksichtigt. Dieser ist abhängig von Ihrer familiären Situation (siehe unten stehenden Kasten).
- Als Ausgabe anerkannt ist auch die Durchschnittsprämie für die obligatorische **Krankenversicherung** in Ihrem Wohnkanton (bzw. für die Prämienregion, in welcher Ihr Wohnsitz liegt).
- Auch der **AHV-Beitrag,** den Sie entweder von Ihrem Teilzeitlohn oder als Nichterwerbstätige bezahlen, ist eine anerkannte Ausgabe.
- Ein gewichtiger Posten ist der **Bruttomietzins** Ihrer Wohnung. Auch dieser gehört zu den anerkannten Ausgaben, allerdings nur bis zu einer Obergrenze von 13 200 Franken für Alleinstehende bzw. 15 000 Franken für Verheiratete und Personen mit rentenberechtigten Kindern. Ist eine rollstuhlgängige Wohnung nötig, wird ein um 3600 Franken höherer Mietzins berücksichtigt.
- Für Eigenheimbesitzer gelten **Hypothekarzins und Unterhaltskosten** nach Abzug des Eigenmietwerts als anerkannte Ausgabe; dazu kommt eine Nebenkostenpauschale.

Wenn Sie im Heim leben, werden Ihre Wohnkosten und der allgemeine Lebensbedarf anders berücksichtigt. Angerechnet wird dann – bis zu einem vom Kanton bestimmten Höchstbetrag – die Tagestaxe des Heims. Hinzu kommt ein monatlicher Pauschalbetrag für persönliche Auslagen, der ebenfalls kantonal festgelegt ist.

DER MAXIMALBETRAG FÜR DEN ALLGEMEINEN LEBENSBEDARF (STAND 2020)

- Alleinstehende und Geschiedene — Fr. 19 450.–
- Ehepaare und eingetragene Partner — Fr. 29 175.–
- Für die ersten zwei Kinder zusätzlich je — Fr. 10 170.–
- Für das dritte und vierte Kind je — Fr. 6 780.–
- Für jedes weitere Kind — Fr. 3 390.–

Krankheits- und behinderungsbedingte Kosten

Entstehen Ihnen aus gesundheitlichen Problemen weitere Kosten, können Sie bei der EL-Behörde – zusätzlich zu den Ergänzungsleistungen – Zuschüsse beantragen. Übernommen werden zum Beispiel:

- Kostenbeteiligung bei der obligatorischen Krankenversicherung, also der Selbstbehalt und die Franchise
- Zahnbehandlungen
- Mehrkosten einer lebensnotwendigen Diät
- Notwendige Transporte zur nächstgelegenen medizinischen Behandlungsstelle
- Kosten ärztlich verordneter Erholungskuren und Heilbäder
- Spitexleistungen, soweit sie nicht von der Krankenversicherung übernommen werden
- Kosten für Betreuung und Haushaltshilfe durch Drittpersonen

Werden solche Auslagen nicht von anderen Versicherungen – zum Beispiel der IV, der Kranken- oder Unfallversicherung – übernommen, vergütet sie die EL-Behörde. Die maximale Vergütung pro Jahr hängt davon ab, ob Sie allein oder mit einem Ehepartner zusammenleben und ob Sie eine Hilflosenentschädigung beziehen.

WER ZAHLT KRANKHEITS- UND BEHINDERUNGSBEDINGTE KOSTEN?
Der Bund schreibt nur vor, dass die Kantone bestimmte Kosten zu vergüten haben – zum Beispiel für eine zahnärztliche Behandlung oder eine Diät. Die Regelungen sind jedoch kantonal unterschiedlich. Sie müssen also in Ihrem Wohnsitzkanton abklären, was in Ihrem Fall vergütet wird. Eine wenig verständliche Regelung, weil es kaum sinnvoll ist, hier kantonale Unterschiede zuzulassen. Eine Vereinheitlichung auf Bundesebene wäre wünschenswert.

TIPPS *Haben Sie krankheits- oder behinderungsbedingte Mehrkosten, die Ihnen keine Versicherung vergütet, lohnt sich die Anfrage bei der EL-Behörde, ob diese übernommen werden. Wenden Sie sich an die zuständige Stelle Ihrer Wohngemeinde (Kontaktadressen im Anhang).*

Bewahren Sie sämtliche Rechnungen und Belege auf. Diese müssen Sie mit Ihrem Antrag zusammen der EL-Behörde einreichen, und zwar spätestens 15 Monate nach Rechnungsstellung.

Auch wenn Ihre Einnahmen für regelmässige EL zu hoch sind, werden Ihnen allenfalls krankheitsbedingte Kosten vergütet, wenn die Kosten höher liegen als der Einnahmenüberschuss aus der EL-Berechnung. Reichen Sie die Belege ein und verlangen Sie eine neue Berechnung.

DIE GANZE RECHNUNG AN EINEM BEISPIEL

Für eine alleinstehende IV-Rentnerin mit einer Rente von monatlich 1495 Franken, die noch einige Zehntausend Franken auf dem Bankkonto hat, könnte die Berechnung folgendermassen aussehen:

Anerkannte Ausgaben

Betrag für den allgemeinen Lebensbedarf	Fr. 19 450.–
Mietkosten (maximal)	Fr. 13 200.–
AHV-Beiträge (Annahme)	Fr. 480.–
Krankenversicherungsprämie (Annahme)	Fr. 4 220.–
Total	Fr. 37 350.–

Anrechenbare Einnahmen

IV-Rente	Fr. 17 940.–
Zinsertrag auf Bankguthaben (Annahme)	Fr. 1 020.–
Vermögensverzehr (Annahme)	Fr. 4 300.–
Total	Fr. 23 260.–

Gegenüberstellung

Ausgaben	Fr. 37 350.–
– Einnahmen	– Fr. 23 260.–
Differenz = Ergänzungsleistung pro Jahr	Fr. 14 090.–

Im Internet können Sie provisorisch durchrechnen, ob Sie einen Anspruch auf Ergänzungsleistungen haben (www.ahv-iv.info → Sozialversicherungen → Ergänzungsleistungen EL → Ihr Recht auf Ergänzungsleistungen).

3. Säule und andere privat finanzierte Versicherungen

6

Viele Selbständigerwerbende haben sich für den Invaliditätsfall im Rahmen der 3. Säule versichert. Auch aus Zusatzversicherungen der Krankenkasse oder aus Reiseversicherungen können Invalidenleistungen beansprucht werden. Basis für solche Verträge bildet das Versicherungsvertragsgesetz; es gelten andere Regeln als bei der Sozialversicherung.

Risikodeckung über die Säule 3a

Bekannt ist die Säule 3a vor allem als zusätzliche Stütze für eine komfortable Altersvorsorge und als Steuersparinstrument für obere Einkommensklassen. Sehr viele Leute besitzen keine 3. Säule, weil ihr Einkommen für die private Vorsorge gar nicht ausreicht. Doch für Selbständigerwerbende, die nicht einer Pensionskasse angehören, bietet die 3. Säule oft die einzige Möglichkeit, sich über die minimale Deckung der IV hinaus gegen das Invaliditätsrisiko abzusichern.

Sparguthaben der Säule 3a sind für die Altersvorsorge reserviert und können – abgesehen von wenigen Ausnahmefällen – frühestens fünf Jahre vor dem ordentlichen Pensionsalter bezogen werden. Werden Sie aber invalid und beziehen eine ganze Rente der IV, können Sie sich das Guthaben auszahlen lassen. Haben Sie allerdings eine Erwerbsunfähigkeitsrente vereinbart, kommt vorerst diese zur Auszahlung.

Was leisten Säule-3a-Versicherungen bei Invalidität?

Säule-3a-Beiträge können Sie entweder auf ein Vorsorgekonto bei der Bank oder in eine Versicherungspolice einzahlen. Bankkonten stehen im Vordergrund, wenn Sie vor allem fürs Alter sparen wollen. Geht es Ihnen um einen zusätzlichen Versicherungsschutz, wählen Sie eine Vorsorgepolice. Die Versicherer bieten neben reinen Risikopolicen, in denen nur das

---

STEUERBEFREIUNG IN DER SÄULE 3A

Der Staat honoriert Einzahlungen in die gebundene Säule 3a mit einem Steuerabzug. Die maximal zulässigen Abzüge finden sich jeweils in der Wegleitung zur Steuererklärung; für das Jahr 2020 betragen sie:
- 6826 Franken für Erwerbstätige, die einer Pensionskasse angehören
- 20 Prozent des Erwerbseinkommens, höchstens aber 34 128 Franken für Erwerbstätige, die nicht in der 2. Säule versichert sind

Invaliditäts- und Todesfallrisiko versichert ist, auch gemischte Lebensversicherungen an: Ein Teil der Prämie wird fürs Alterssparen verwendet, der Rest dient dem Risikoschutz. Welche Leistungen Sie im Invaliditätsfall erhalten, hängt vom Versicherungsvertrag ab.

Zentraler Begriff: Erwerbsunfähigkeit
Können Sie wegen einer Krankheit oder nach einem Unfall nicht mehr arbeiten, zahlen Säule-3a-Versicherungen nicht erst bei Invalidität im Sinn der IV, sondern schon bei einer Erwerbsunfähigkeit. Das heisst, dass Sie aus der Säule 3a auch für eine vorübergehende Arbeitsunfähigkeit eine Rente erhalten können. Massgebend für die Höhe ist wie bei der IV die Erwerbseinbusse: Verglichen wird das Einkommen, das die versicherte Person vor der Erwerbsunfähigkeit erzielt hat, mit demjenigen, das mit der gesundheitlichen Beeinträchtigung noch möglich ist. Dabei darf die Versicherung – je nach Formulierung in den anwendbaren Allgemeinen Versicherungsbedingungen – nicht den gleich strengen Massstab ansetzen wie die Invalidenversicherung. Anders als die IV richten die 3a-Versicherer in der Regel bereits ab einem Erwerbsunfähigkeitsgrad von 25 Prozent eine Rente aus. Auch dafür ist der konkrete Versicherungsvertrag entscheidend.

Die Renten werden erst nach einer bestimmten Wartefrist ausgezahlt. Diese ist im Versicherungsvertrag festgelegt und beträgt 60, 90, 180, 360 oder 720 Tage. Je länger die Wartefrist, desto tiefer die Prämie. Weil viele Erwerbstätige für die ersten zwei Jahre über eine Krankentaggeldversicherung abgesichert sind (siehe Seite 173), werden Erwerbsunfähigkeitsrenten häufig erst nach 720 Tagen ausgezahlt. Sie laufen – je nach Versicherungsvertrag – bis zum Tod der versicherten Person oder bis zum vereinbarten Endalter.

Prämienbefreiung – ein wichtiger Schutz
Wenn Sie das Invaliditätsrisiko über die Säule 3a abdecken, vereinbaren Sie mit Vorteil Prämienbefreiung. Dann läuft, wenn Sie arbeits- oder erwerbsunfähig werden, die Versicherung weiter, ohne dass Sie Prämien bezahlen. Diese werden vom Versicherer übernommen. Haben Sie keine Prämienbefreiung vereinbart, müssen Sie die Versicherungsprämien bis zum Vertragsende weiterzahlen, auch wenn Sie eine Erwerbsunfähigkeitsrente beziehen.

Sorgfältig prüfen lohnt sich

Die Angebote der Versicherungsgesellschaften sind vielfältig und nicht alle eignen sich für jede Lebenssituation. Eine Kündigung der Versicherung ist überdies meist mit hohen Verlusten verbunden. Wenn Sie sich über die Säule 3a abdecken wollen, lohnt sich deshalb eine eingehende Beratung.

Holen Sie auf jeden Fall Angebote verschiedener Versicherungsgesellschaften und/oder Banken ein und vergleichen Sie sie genau. Prüfen Sie unbedingt auch die Allgemeinen Vertragsbedingungen (AVB) und lassen Sie sich alle unklaren Punkte erklären.

Einzahlungen in die Säule 3a sind langfristige Geldanlagen. Gerade wenn Sie einen 3a-Versicherungsvertrag mit Sparteil abschliessen, verpflichten Sie sich auf viele Jahre hinaus, die vereinbarten Prämien zu zahlen. Können Sie das wegen eines finanziellen Engpasses einmal nicht, müssen Sie mit Verlusten rechnen. Stellen Sie deshalb ein Budget auf und überprüfen Sie, ob Sie sich die Säule 3a auch langfristig leisten können. Wenn nicht, ist allenfalls eine Sparlösung bei einer Bank besser für Sie geeignet, auch wenn die Bank keine Leistungen bei Invalidität ausrichtet. Dafür können Sie jeweils Ende Jahr denjenigen Betrag einzahlen, den Sie möchten.

Privat organisierter Invaliditätsschutz

Neben der Säule 3a gibt es eine Reihe von Versicherungen, die Sie abschliessen können, um sich gegen das Invaliditätsrisiko abzusichern: Zusatzversicherungen der Krankenkasse, Reiseversicherungen, Lebensversicherungen im Rahmen der Säule 3b und andere.

Privatversicherungen unterstehen dem Versicherungsvertragsgesetz und folgen anderen Grundsätzen als die Sozialversicherung.

- **Kein Obligatorium:** Während etwa die IV und die obligatorische Krankenversicherung alle in der Schweiz lebenden Personen zu denselben Bedingungen versichern müssen, haben Sie gegenüber einer Privatversicherung keinen solchen Anspruch. Der Versicherer kann Sie als «schlechtes Risiko» ablehnen oder höhere Prämien von Ihnen verlangen. Er kann Vorbehalte anbringen, das heisst, Ihnen in bestimmten Situationen die Leistungen verweigern. Im Schadenfall kann er Ihnen grundsätzlich auch kündigen; das ist jedoch in vielen allgemeinen Versicherungsbedingungen ausgeschlossen.
- **Vorsorgen statt nachsehen:** Bei den privaten Versicherungen gilt das sogenannte «Rückwärtsversicherungsverbot». Dieses besagt nichts anderes, als dass für einen bereits eingetretenen Schadenfall (z. B. eine Krankheit oder ein Unfall) rückwirkend keine Versicherung mehr abgeschlossen werden kann. Es ist deshalb wichtig, sich frühzeitig zum Versicherungsschutz Gedanken zu machen und allfällige Vorsorgelücken zu schliessen.
- **Zentraler Versicherungsvertrag:** Während in den Sozialversicherungen vieles durch Gesetze klar und zwingend (was heisst, dass die Sozialversicherungen keine anderen als die im Gesetz vorgesehenen Versicherungen anbieten, Prämien erheben und Leistungen erbringen dürfen) geregelt ist, sind die Privatversicherer in der Ausgestaltung ihrer Versicherungsverträge weitgehend frei. Deshalb können dazu auch keine generellen Aussagen gemacht werden. Wollen Sie also wissen, welche Leistungen Sie erwarten können, müssen Sie Ihren konkreten Versicherungsvertrag und die Allgemeinen Versicherungsbedingungen (AVB) konsultieren.

> **INFO** *Die unterschiedliche Stellung von Sozial- und Privatversicherungen gibt auch in der beruflichen Vorsorge immer wieder zu Diskussionen Anlass. Der fehlende Versicherungszwang etwa führt dazu, dass erkrankte Menschen kaum mehr eine Chance haben, in eine Privatversicherung aufgenommen zu werden. Oder die Vertragsfreiheit erlaubt es den Versicherern, ungünstige Regelungen für die Überentschädigung vorzusehen. Es gehört zu den heissen Eisen in der Diskussion um die soziale Sicherheit, wie die Abgrenzung zwischen Sozial- und Privatversicherung bei der Pensionskasse vorgenommen werden soll (siehe dazu auch Kasten auf Seite 139).*

Versicherungen, die von Nutzen sein können

Welche Privatversicherungen im Fall von Invalidität wie leistungspflichtig werden, lässt sich nicht allgemein beantworten. Zu unterschiedlich sind die Leistungen, die Vertragsbedingungen – und natürlich kommt es darauf an, welche Versicherungen Sie überhaupt abgeschlossen haben. Die folgenden Hinweise sollen Ihnen helfen, keine Leistungen zu verpassen. Denn etwas gilt immer: Keine Privatversicherung zahlt, wenn Sie sie nicht von Ihrer Invalidität unterrichten und die Leistungen beantragen.

- **Zusatzversicherung bei der Krankenkasse:** Hier gibt es eine breite Palette von Zusatzleistungen, die im Invaliditätsfall Bedeutung haben können. Oft werden Zusatzleistungen im alternativmedizinischen Bereich erbracht oder es sind bestimmte zusätzliche Hilfsmittel vorgesehen, beispielsweise eine Kostenübernahme für Brillen (mehr dazu auf Seite 120).
- **Erwerbsunfähigkeitsrente:** Haben Sie sich auch ausserhalb der Säule 3a gegen die Folgen einer Invalidität abgesichert und mit einer Privatversicherung eine Erwerbsunfähigkeitsrente vereinbart (siehe Seite 169)? Das kann in einer reinen Risikopolice oder in einer gemischten Lebensversicherung mit Sparteil sein.
- **Invaliditätskapital:** Eine bestimmte Summe, die bei Invalidität ausgezahlt wird, kann nicht nur in der Kranken-Zusatzversicherung, sondern auch in einer Risiko- oder Lebensversicherung vereinbart werden. Wie hoch das Invaliditätskapital ist, hängt vom Versicherungsvertrag ab.
- **Reiseversicherungen:** Haben Sie auf einer Ferienreise einen Unfall erlitten? Vielleicht haben Sie eine Reiseversicherung abgeschlossen, die dafür Leistungen erbringen muss. Oder Sie haben Ihr Flugticket mit einer Kreditkarte bezahlt, die dafür einen Versicherungsschutz anbietet.
- **Prämienbefreiung:** Viele Privatversicherungen sehen vor, dass Sie bei Eintritt einer Invalidität keine Prämien mehr bezahlen müssen, die Versicherung aber trotzdem weiterläuft. In der Regel besteht eine Wartefrist von 90 Tagen. Dies ist ein sehr wichtiger Schutz, weil bei einer Invalidität ja das Einkommen wegfällt. Auch wenn Sie einen Kleinkredit aufgenommen haben, sind Sie oft abgedeckt über eine besondere Versicherung, die Ihnen die Last der Rückzahlung des Kredits abnimmt. Sehen Sie unbedingt Ihre sämtlichen Versicherungspolicen auf das Stichwort Prämienbefreiung durch.

- **Krankentaggeld:** Arbeitnehmer sind oft in der Kollektivversicherung der Arbeitgeberin versichert und haben daher nur selten Bedarf für eine eigene Taggeldversicherung. Als Selbständigerwerbende dagegen müssen Sie sich überlegen, ob Sie einen krankheitsbedingten Erwerbsausfall auf sich nehmen können (oder wollen) bis zu dem Zeitpunkt, zu dem allenfalls IV-Leistungen und/oder eine selbst finanzierte Erwerbsunfähigkeitsrente einsetzen. Wenn Sie für Ihre Angestellten eine Kollektivversicherung abgeschlossen haben, können Sie sich auch selbst bei dieser absichern (mehr dazu auf Seite 122).

Überentschädigung auch bei privat finanzierten Versicherungen?

Wenn gleichzeitig Leistungen verschiedener Versicherungen ausgezahlt werden, stellt sich irgendwann einmal die Frage der Überentschädigung: Welche Versicherung darf allenfalls ihre Leistungen kürzen? Eins ist klar: Wenn die verschiedenen Sozialversicherungen ihre Überentschädigungsberechnungen anstellen (siehe Seite 118 und 146), dürfen sie die Leistungen einer privat finanzierten Versicherung nicht mit einbeziehen. Erhalten Sie eine Rente aus einer Lebensversicherungspolice, darf die Pensionskasse ihre Rente nicht kürzen. Wie aber sieht es mit den Leistungen der Privatversicherung aus? Darf diese bei Überentschädigung kürzen?

Das hängt vom Versicherungsvertrag und den Allgemeinen Versicherungsbedingungen ab. Eindeutig ist die Situation, wenn Sie eine Summenversicherung abgeschlossen haben: Der fix vereinbarte Betrag muss ausgezahlt werden, unabhängig davon, wie hoch Ihr Erwerbsausfall oder Leistungen anderer Versicherungen sind. Aber auch eine Erwerbsunfähigkeitsrente, die als Schadenversicherung ausgestaltet ist, darf bei Überentschädigung nur gekürzt werden, wenn dies im Reglement ausdrücklich vorgesehen ist, und nur im reglementarisch vorgesehenen Umfang.

RICO B. ERHÄLT VON DER IV und der Pensionskasse zusammen 90 Prozent seines mutmasslich entgangenen Verdienstes von 52 000 Franken. Zusätzlich hat er bei einem Privatversicherer eine Taggeldversicherung abgeschlossen, für deren Prämien er selbst aufgekommen ist und die ein fixes Taggeld von 60 Franken garantiert. Keine der Versicherungen darf kürzen. Rico B. erhält das versicherte Taggeld zusätzlich, auch wenn damit mehr als 100 Prozent seines entgangenen Verdienstes abgedeckt wird.

IRENE A. HATTE BISHER ein Einkommen von 5000 Franken. Sie wird schwer krank und muss die Erwerbstätigkeit aufgeben. Von IV und Pensionskasse erhält sie Renten von total 3620 Franken. Zusätzlich hat sie eine private Erwerbsausfallpolice, in der eine Rente von 24 000 Franken jährlich versichert ist. Als der Privatversicherer erfährt, dass Frau A. bereits Renten von 3620 Franken erhält, will er bloss auf 100 Prozent der Erwerbseinbusse aufstocken, also nur 1380 Franken monatlich bezahlen. Frau B. wehrt sich, und weil die AVB keine Bestimmung zur Überentschädigung enthalten, hat sie Erfolg: Sie erhält von der Privatversicherung die ganzen 2000 Franken pro Monat ausgezahlt.

TIPP *Ob und wie die Leistungen der Versicherungen koordiniert werden, ist aus der Versicherungspolice und den Allgemeinen Versicherungsbedingungen meist nicht einfach zu entnehmen. Ebenso wenig, ob eine Summen- oder Schadenversicherung vorliegt. Zur Klärung dieser Aspekte lohnt es sich, eine Beratungsstelle aufzusuchen.*

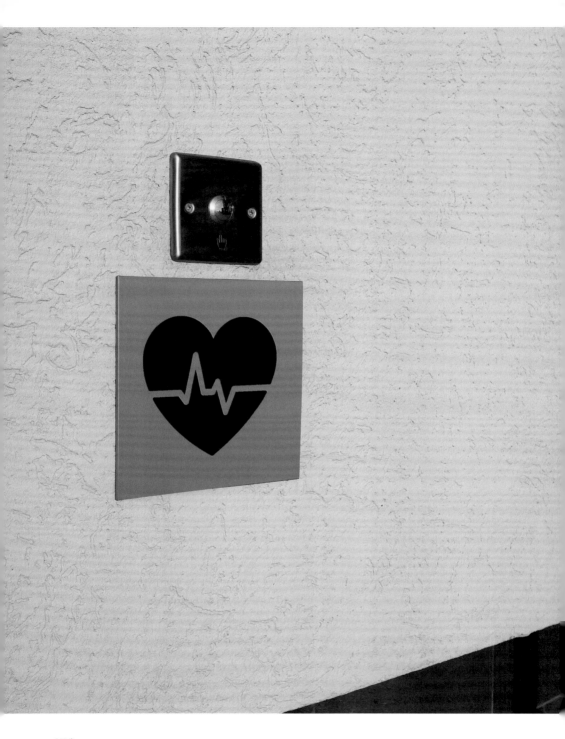

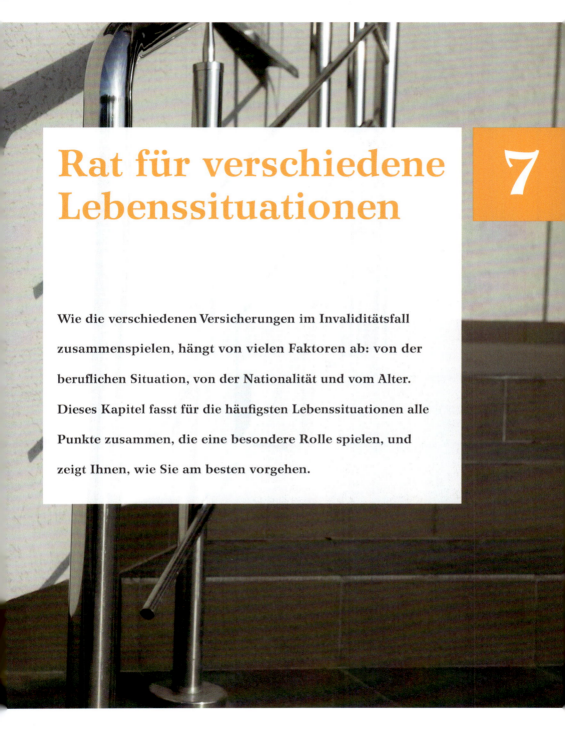

Rat für verschiedene Lebenssituationen

7

Wie die verschiedenen Versicherungen im Invaliditätsfall zusammenspielen, hängt von vielen Faktoren ab: von der beruflichen Situation, von der Nationalität und vom Alter. Dieses Kapitel fasst für die häufigsten Lebenssituationen alle Punkte zusammen, die eine besondere Rolle spielen, und zeigt Ihnen, wie Sie am besten vorgehen.

Als Angestellte invalid

Wer angestellt ist und invalid wird, ist finanziell viel besser abgedeckt als eine Person, die «nur» im Haushalt tätig ist. Das wird sich auf den folgenden Seiten immer wieder zeigen. Es ist für Sie also in jedem Fall ein Vorteil, wenn Sie ein Anstellungsverhältnis haben.

Wo bin ich versichert?

Wer in der Schweiz angestellt ist, ist grundsätzlich bei der IV, der Unfallversicherung sowie über die berufliche Vorsorge abgedeckt. In die obligatorische berufliche Vorsorge werden Sie allerdings nur aufgenommen, wenn Sie ein Mindesteinkommen verdienen (2020: 21 330 Franken pro Jahr). Wenn Ihre Pensionskasse eine überobligatorische Vorsorge kennt, sind Sie eventuell bereits mit einem tieferen Einkommen abgedeckt (mehr zur beruflichen Vorsorge auf Seite 130).

Bei der Unfallversicherung müssen Sie beachten, dass der maximale versicherte Lohn 148 200 Franken pro Jahr beträgt (Stand 2020). Haben Sie ein höheres Einkommen, auf das Sie auch im Invaliditätsfall angewiesen sind, müssen Sie dieses über eine private Versicherung abdecken.

Zuerst arbeitsunfähig, dann invalid

Wenn Sie nach einem Unfall oder wegen einer Krankheit nicht mehr voll arbeiten können, sind Sie, versicherungsrechtlich gesagt, arbeitsunfähig. Ihre Ärztin muss zuhanden der Versicherungen bestätigen, in welchem Ausmass Sie in Ihrer bisherigen Tätigkeit nicht mehr arbeiten können. Dazu muss sie natürlich Ihren Beruf kennen. Mit demselben Gesundheitsschaden kann ein Bauschreiner zu 100 Prozent arbeitsunfähig sein, eine kaufmännische Sachbearbeiterin dagegen voll arbeitsfähig.

In der ersten Zeit werden Sie als Angestellte weiterhin Ihren Lohn vom Arbeitgeber erhalten. Später erhalten Sie Taggelder entweder von der Unfallversicherung oder der Kollektiv-Krankentaggeldversicherung, sofern Ihr Arbeitgeber eine solche abgeschlossen hat.

> **TIPP** Wichtig ist, dass Sie, wenn ein Unfall zur Arbeitsunfähigkeit geführt hat, dies rasch der Unfallversicherung melden.

Ihre Arbeitgeberin verfügt über die nötigen Formulare. Klären Sie auch ab, ob Sie allenfalls über Versicherungen verfügen, die zusätzliche Leistungen erbringen, beispielsweise:
- *Insassenversicherung, wenn Sie einen Autounfall erlitten haben*
- *Private Taggeldversicherung, die Sie unabhängig vom Arbeitgeber abgeschlossen haben*
- *Prämienbefreiung bei weiteren Versicherungen (siehe Seite 173)*

Rasch zur IV!

Die IV hat den klaren Auftrag, alle Personen, die länger arbeitsunfähig sind, zu unterstützen, damit sie die Erwerbstätigkeit möglichst beibehalten können. Wenn Sie immer wieder kürzere Zeit arbeitsunfähig sind oder am Stück 30 Tage lang arbeitsunfähig waren, müssen Sie sich auf jeden Fall bei der IV-Stelle zur Früherfassung melden, wenn Sie diese besonderen Leistungen nicht verpassen wollen. Die IV sollte Sie rasch zu einem Gespräch einladen.

Beharren Sie darauf, dass man Sie tatsächlich und tatkräftig unterstützt! Die IV kennt viele Möglichkeiten, um Ihnen die Rückkehr an den Arbeitsplatz zu ermöglichen oder jedenfalls zu erleichtern; die Stichworte dazu: Frühintervention und Integrationsmassnahmen (siehe Seite 43). Die IV verfügt für jeden einzelnen Fall über einen bestimmten Kredit, den sie möglichst gut einsetzen soll.

> **TIPP** Denken Sie daran: Die Früherfassung ist noch keine ordentliche Anmeldung für weitergehende Leistungen (z. B. Rente, berufliche Massnahmen usw.). Das ist klar auseinanderzuhalten (mehr dazu auch auf Seite 42).

Ab wann gelte ich als invalid?

Renten werden erst ausgezahlt, wenn Sie nicht mehr als arbeitsunfähig, sondern als invalid gelten. Wann das der Fall ist, bestimmen die Sozialversicherungen unterschiedlich:
- In der IV gelten Sie als invalid, wenn Sie während mindestens zwölf Monaten zu durchschnittlich mindestens 40 Prozent arbeitsunfähig waren und voraussichtlich weiterhin erwerbsunfähig bleiben werden.

- In der Unfallversicherung wird eine Invalidität erst angenommen, wenn ein «Endzustand» erreicht ist (wenn durch medizinische Behandlungen keine wesentliche Verbesserung Ihres Gesundheitszustands mehr möglich ist, Sie aber weiterhin gesundheitlich eingeschränkt sind). Das kann auch erst einige Jahre nach dem Unfall sein. Gelten Sie noch nicht als invalid, erhalten Sie von der Unfallversicherung weiterhin Taggelder.
- Für die Pensionskasse gelten Sie in der Regel gleich wie bei der IV nach einer zwölfmonatigen Wartefrist als invalid, wenn Sie auch weiterhin arbeitsunfähig sind. Viele Vorsorgeeinrichtungen kennen aber eine Wartefrist von 24 Monaten, sodass Sie die Pensionskassenrente erst nach zwei Jahren erhalten (siehe Seite 148).

Invalidität ist also ein sehr relativer Begriff, weshalb Sie ohne Weiteres bei der einen Versicherung bereits als invalid gelten – in der Regel zuerst bei der IV –, für andere Sozialversicherungen aber immer noch arbeitsunfähig sind (etwa für die Unfallversicherung) und von dort noch keine Rente, sondern Taggelder erhalten.

Welche Leistungen kann ich erwarten?

Die Leistungen sind unterschiedlich, je nachdem, ob Ihre Invalidität durch einen Unfall oder eine Erkrankung verursacht wurde. Besser abgedeckt sind Sie in aller Regel nach einem Unfall.

Leistungen bei einer krankheitsbedingten Invalidität
Wenn Sie als Angestellte wegen einer Krankheit invalid werden, sind die Invalidenversicherung und die Pensionskasse für Sie zuständig:
- Von der **IV** erhalten Sie ab einem Invaliditätsgrad von 40 Prozent eine Viertelsrente; ab 50 Prozent gibt es eine halbe Rente, ab 60 Prozent eine Dreiviertels- und ab 70 Prozent eine ganze Rente. Die ganze Rente der IV beträgt maximal 2370 Franken pro Monat (Stand 2020). Wenn Sie Kinder haben, kommen dazu Kinderrenten, nämlich 40 Prozent Ihrer eigenen Rente für jedes Kind. Mehr Informationen zu den Invalidenrenten finden Sie auf Seite 68.
- Zu den Renten der IV treten die Leistungen der **Pensionskasse**. Hier ist von zentraler Bedeutung, ob Sie neben dem BVG-Obligatorium auch

überobligatorische Leistungen zugut haben. Das können Sie dem Reglement Ihrer Pensionskasse entnehmen. Mehr zur Berechnung der Leistungen aus der beruflichen Vorsorge finden Sie auf Seite 137.

Vergessen Sie nicht, dass Sie bei einer krankheitsbedingten Invalidität allenfalls von weiteren Versicherungen Leistungen erhalten können – etwa ein Krankentaggeld, eine Rente der 3. Säule, allfällige Lebensversicherungen oder ein Invaliditätskapital (siehe Seite 172).

Leistungen bei einer unfallbedingten Invalidität

Werden Sie nach einem Unfall invalid, sind Sie finanziell meist viel besser gestellt:

- Zunächst erbringt die **IV** die vorgesehenen Leistungen. Für die Renten der IV kommt es also nicht darauf an, ob Ihre Invalidität krankheits- oder unfallbedingt ist.
- An zweiter Stelle folgt die **Unfallversicherung**. Diese kennt ein recht hohes Leistungsniveau; bei einer 100-prozentigen Invalidität werden 80 Prozent des versicherten Lohnes ersetzt (maximal von 148 200 Franken; Stand 2020). Zusätzliche Leistungen für Familienangehörige kennt die Unfallversicherung nicht. Wenn die Leistungen von IV und Unfallversicherung zusammen mehr als 90 Prozent Ihres versicherten Lohns

---

WICHTIGES ZUR PENSIONSKASSE

Als Angestellte sind Sie – falls Sie den Mindestlohn erreichen (siehe Seite 136) – obligatorisch bei der beruflichen Vorsorge versichert. Werden Sie invalid, haben Sie aus dem BVG-Obligatorium eine Rente der Pensionskasse zugut. Im Bereich der überobligatorischen beruflichen Vorsorge sind ganz unterschiedliche Versicherungslösungen möglich.

- Konsultieren Sie das Reglement Ihrer Pensionskasse, das Ihnen über die massgebenden Punkte Auskunft geben muss. Nehmen Sie auch Ihren letzten Versicherungsausweis zur Hand, auf dem die Ihnen zustehenden Leistungen aufgeführt sind.
- Denken Sie daran, dass Sie bei der Pensionskasse Anspruch darauf haben, dass Ihre Altersgutschriften weitergeführt werden. Wenn Sie also nach einer mehrjährigen Invalidität wieder arbeitsfähig werden, muss die Pensionskasse Ihnen zusätzlich eine Freizügigkeitsleistung erbringen, die Sie in die Pensionskasse des neuen Arbeitgebers einbringen oder auf ein Freizügigkeitskonto einzahlen können.

ausmachen, kann der Unfallversicherer seine Rente auf diesen Betrag kürzen (mehr dazu auf Seite 114).

- An dritter Stelle folgen bei einem Unfall die Leistungen der **Pensionskasse** – zumindest im obligatorischen Bereich. Viele Reglemente von Pensionskassen sehen vor, dass bei einer unfallbedingten Invalidität keine überobligatorischen Leistungen ausgezahlt werden. Oft sind Sie zudem durch die Leistungen der IV und der Unfallversicherung bereits so gut abgedeckt, dass sie aus der beruflichen Vorsorge gar keine Leistung mehr erhalten. Denn die Pensionskassen können ihre Rente kürzen, wenn Sie sonst mehr als 90 Prozent des mutmasslich entgangenen Einkommens erhielten (siehe Seite 146).

Auch bei einer unfallbedingten Invalidität haben Sie allenfalls neben den Renten der Sozialversicherungen Leistungen aus einer privaten Versicherung zugut. Häufig wird beispielsweise ein zusätzliches Invaliditätskapital versichert (siehe Seite 172).

RICHTIG VORGEHEN NACH EINEM UNFALL

Wie Sie nach einem Unfall am besten vorgehen, hängt vor allem davon ab, wie sich Ihre gesundheitliche Situation entwickelt. Dennoch gibt es einige Punkte, die Sie in jedem Fall beachten sollten:

- Melden Sie den Unfall sofort Ihrer Arbeitgeberin, damit sie eine Unfallmeldung an den Unfallversicherer schicken kann. Achten Sie darauf, den Unfall möglichst genau zu beschreiben.
- Wenn Sie in einen Verkehrsunfall verwickelt sind und Zweifel haben, ob der Sachverhalt später richtig festgestellt werden kann, ziehen Sie die Polizei bei. Bestellen Sie einige Tage später den Polizeibericht und korrigieren Sie ihn, wenn Sie Fehler darin entdecken.
- Unterschreiben Sie auf dem Unfallplatz keine Schuldanerkennung. Dazu bleibt auch später noch genügend Gelegenheit.
- Wenn Sie den Eindruck haben, dass Sie ein Schleudertrauma oder eine andere Halswirbelsäulenverletzung erlitten haben, halten Sie alle gesundheitlichen Erscheinungen in den ersten Tagen nach dem Unfall genau fest. Gehen die Symptome nicht sehr rasch zurück, lohnt es sich, eine spezialisierte Beratungsstelle aufzusuchen (Adressen im Anhang).

> **TIPP** Die Grenze, ab der die Pensionskasse ihre Leistungen kürzen kann, ist höher als bei der Unfallversicherung. Denn im «mutmasslich entgangenen Einkommen» ist auch ein möglicher beruflicher Aufstieg eingeschlossen, und diesen berücksichtigt die Unfallversicherung nicht. Sie stützt sich ausschliesslich auf den im Jahr vor dem Unfall erzielten Lohn ab. Dies können Sie gegenüber der Pensionskasse geltend machen, wenn sie zu einer Leistungskürzung schreiten will.

Stelle verloren, was gilt?

Wenn Sie mit gesundheitlichen Problemen kämpfen und mit einer Invalidität rechnen müssen, ist die Gefahr oft gross, dass Sie zusätzlich die Stelle verlieren. Das bringt weitere Komplikationen mit sich. Hier einige Tipps, wie Sie sich in dieser Situation am besten verhalten:

- Wenn Sie beim Stellenverlust noch von keiner Sozialversicherung Leistungen erhalten, sollten Sie sich bei der **Arbeitslosenversicherung** melden. Geben Sie an – sofern dies medizinisch zutrifft –, dass Sie in der Lage und bereit sind, für Arbeitsversuche zur Verfügung zu stehen. Besteht mindestens eine Arbeitsfähigkeit von 20 Prozent für irgendeine Tätigkeit, muss die Arbeitslosenversicherung so lange Leistungen erbringen, bis die IV einen Entscheid gefällt hat (längstens jedoch so viele Taggelder, wie im Arbeitslosenversicherungsgesetz vorgesehen sind).
- **Taggeldversicherung:** Wenn Sie die Stelle verlieren und arbeitslos werden, haben Sie Anspruch darauf, von der Kollektivtaggeldversicherung Ihres Arbeitgebers in eine Einzelversicherung überzutreten. Der Versicherer darf keine neuen Vorbehalte anbringen. Sie können verlangen, dass die Taggelder erst ab dem 30. Tag ausgezahlt werden. Das reduziert die Prämie und für die ersten 30 Tage sind Sie über die Arbeitslosenversicherung abgedeckt (siehe Seite 191).
- **Abredeversicherung:** Wenn Sie die Stelle verlieren, sind Sie nur noch während 31 Tagen über die obligatorische Unfallversicherung abgedeckt (Nachdeckung). Sie haben aber die Möglichkeit, je nach Unfallversicherung für 25 bis 45 Franken pro Monat eine sogenannte Abredeversicherung abzuschliessen. Damit sind Sie sechs Monate un-

fallversichert. Das nötige Formular erhalten Sie bei Ihrer Arbeitgeberin oder beim zuständigen Unfallversicherer. Diese Versicherung lohnt sich dann, wenn Sie nicht sofort wieder eine neue Stelle annehmen oder arbeitslos werden. Die Versicherung wird durch Einbezahlung der Prämie abgeschlossen. Die Prämie muss innerhalb der Nachdeckungsfrist einbezahlt werden – Sie müssen sich also rasch nach dem Ende des Arbeitsverhältnisses darum kümmern.

TIPP *Der Arbeitgeber muss Sie auf die Möglichkeit der Abredeversicherung aufmerksam machen. Unterlässt er dies, kann die Abredeversicherung auch nach der Nachdeckungsfrist von 31 Tagen noch abgeschlossen werden.*

Invalid oder arbeitslos?
Diese Frage ist oft nicht ganz einfach zu beantworten. Das hängt damit zusammen, dass die IV in aller Regel etwa ein bis zwei Jahre benötigt, um über Leistungsgesuche zu entscheiden. Bis also Ihre Invalidität offiziell festgestellt ist, vergeht eine sehr lange Zeit. Während dieser Monate hängen Sie gewissermassen in der Luft, weil nicht feststeht, ob die IV tatsächlich eine Rente zahlen wird.

Melden Sie sich unbedingt bei der Arbeitslosenversicherung an. Denn wenn Sie bereits IV-Leistungen beantragt haben, gelten für Sie bei der Arbeitslosenversicherung günstigere Spielregeln. Im Zweifelsfall werden Sie als vermittlungsfähig eingestuft – und haben damit Anspruch auf Taggelder –, bis die IV über die Invalidität entschieden hat. Das wird Vorleistung genannt. Zahlt dann die IV im Nachhinein eine Rente aus, wird diese mit den Taggeldern der Arbeitslosenversicherung verrechnet. Haben Sie mehr Geld erhalten, als die IV nachzahlt, müssen Sie den zu viel bezogenen Betrag nicht an die Arbeitslosenversicherung zurückerstatten. Allenfalls erfolgt noch eine Verrechnung mit Leistungen der Pensionskasse. Es ist also für Sie nur von Vorteil, wenn Sie sich in Zweifelsfällen auch bei der Arbeitslosenversicherung anmelden.

TIPP *Während der Dauer der Vorleistung – also bis die Invalidenversicherung eine Verfügung erlassen hat – muss die Arbeitslosenversicherung ihre Taggelder ungekürzt erbringen, auch wenn nur eine teilweise Arbeitsfähigkeit besteht. Haben Sie den*

Verdacht, dass die Arbeitslosenkasse zu tiefe Taggelder ausrichtet, melden Sie sich rasch bei einer Beratungsstelle, da die Abrechnung nur drei Monate zurück berichtigt werden kann.

Weiterarbeiten trotz Invalidität?

Viele Menschen haben den Wunsch, trotz ihrer gesundheitlichen Beeinträchtigung weiterhin berufstätig zu sein, möchten aber ihre Rente nicht gefährden. Das ist grundsätzlich ohne Weiteres möglich, jedenfalls in dem Umfang, in dem Sie von den Sozialversicherungen als erwerbsfähig betrachtet werden.

Schwieriger ist es jedoch, das genaue Ausmass dieser Erwerbsfähigkeit zu bestimmen. In aller Regel müssen Sie dazu die Akten der Sozialversicherungen heranziehen. Am einfachsten ist es, wenn Sie die Verfügung der Invalidenversicherung beiziehen. Dort ist vermerkt, welches Invalideneinkommen Ihnen noch zugemutet wird (siehe auch Seite 69). Genau dieses Invalideneinkommen können Sie noch erzielen, ohne dass Sie deswegen die Rente aufs Spiel setzen würden. Finden Sie das Invalideneinkommen auf der Verfügung nicht, müssen Sie die Akten der Invalidenversicherung beiziehen und durchsehen. Auf jeden Fall müssen Sie aber damit rechnen, dass die Pensionskasse, die ebenfalls eine Invalidenrente zahlt, eine neue Überentschädigungsberechnung vornimmt und das erzielte Einkommen berücksichtigt. Wenn die Pensionskasse noch kein hypothetisches Einkommen angerechnet hat (siehe Seite 162), kann das dazu führen, dass jeder zusätzliche Franken Einkommen zu einer Kürzung der Versicherungsleistungen führt. In vielen Fällen rechnen die Pensionskassen jedoch ein hypothetisches Einkommen ein. Solange Ihr tatsächlich erzieltes Einkommen im Rahmen dieses hypothetischen Einkommens liegt, kann die Pensionskasse keine Leistungskürzung vornehmen und Sie haben Ende Monat mehr im Portemonnaie.

Als Teilerwerbstätiger invalid

Teilzeitlich Erwerbstätige waren früher eine Ausnahmeerscheinung in der Berufswelt. Heute hat sich das gründlich geändert. Immer mehr Arbeitnehmerinnen und Arbeitnehmer sind – freiwillig oder gezwungenermassen – teilerwerbstätig, bei einem oder bei mehreren Arbeitgebern. Diese Entwicklung haben die Sozialversicherungen noch recht unvollkommen nachvollzogen.

Welche Versicherung muss was leisten?

Die verschiedenen Sozialversicherungen decken unterschiedliche Lebensbereiche ab. Während die IV für den Berufs- und den Privatbereich zuständig ist, sind Unfallversicherung und berufliche Vorsorge reine Erwerbstätigenversicherungen. Das hat Auswirkungen auf die Bestimmung des Invaliditätsgrads der Teilerwerbstätigen.

Invalidenversicherung

Die IV deckt die gesamte Wohnbevölkerung in der Schweiz ab. Das bedeutet, dass bei Teilerwerbstätigen neben dem Erwerbs- auch der Haushaltsbereich mitberücksichtigt wird. Die IV ermittelt den Invaliditätsgrad nach der gemischten Methode: Im Erwerbsbereich werden die Einkommen ohne und mit gesundheitlicher Beeinträchtigung verglichen, im Haushaltsbereich die Betätigungen (mehr dazu auf Seite 60).

Unfallversicherung

Die Unfallversicherung ist eine reine Erwerbsversicherung, weshalb Teilerwerbstätige nur für das Einkommen aus ihrer Berufstätigkeit versichert sind. Der Haushaltsbereich wird von der Unfallversicherung nicht abgedeckt. Im Übrigen werden Teilerwerbstätige genau gleich behandelt wie ihre Kolleginnen und Kollegen, die vollzeitlich arbeiten.

Eine Besonderheit muss aber beachtet werden: Wie neu auch bei der Invalidenversicherung wird das Valideneinkommen auf 100 % aufgerechnet, das Invalideneinkommen wird gleich wie bei der Invalidenversicherung anhand des hypothetisch noch möglichen Lohnes oder des im konkreten Einzelfall noch erzielten Lohnes ermittelt. Im Unterschied zur Invalidenversicherung entspricht die Erwerbseinbusse direkt dem Invaliditätsgrad und es erfolgt keine Bezugnahme auf das Teilzeitpensum (mit anderen Worten wird keine sogenannte Gewichtung vorgenommen).

URS H. ARBEITET IN EINEM 80-PROZENT-PENSUM und verdient 78 000 Franken pro Jahr. Nach einem Unfall kann er nur noch leichte Tätigkeiten ausführen und 62 400 Franken verdienen (78 000 Franken entsprechen bei 80 Prozent 97 500 Franken bei einem 100-Prozent-Pensum). Es resultiert ein Invaliditätsgrad von 36 Prozent. Herr H. erhält von der Unfallversicherung eine Rente in der Höhe von 22 464 Franken (36 Prozent von 80 Prozent des im Jahr vor dem Unfall erzielten Lohnes).

Diese Berechnung kann dazu führen, dass, wenn nach einem Unfall das gleiche Teilzeitpensum wie vor dem Unfall wieder aufgenommen wird, eine Steigerung des Pensums aber aus gesundheitlichen Gründen auf 100 Prozent nicht mehr möglich ist, trotzdem noch Anspruch auf eine Rente der Unfallversicherung besteht.

Zweitens stocken die Renten der Unfallversicherung die IV-Renten auf – bis zur Überentschädigungsgrenze von 90 Prozent des versicherten Lohnes (siehe Seite 119). Bei Teilerwerbstätigen darf die Unfallversicherung für ihre Überentschädigungsberechnung jedoch nicht die ganze IV-Rente berücksichtigen. Denn dann würde sie ja auch den Teil miteinbeziehen, der die Einbusse im Haushalt entschädigt. Die Unfallversicherung muss deshalb die IV-Rente «splitten» und kann nur denjenigen Teil berücksichtigen, der tatsächlich für die Einbusse im Erwerbsbereich ausgerichtet wird. Im einen oder anderen Fall – vor allem bei tiefen Einkommen – kann dies dazu führen, dass die versicherte Person nach Eintritt der Invalidität mehr Leistungen erhält, als sie Einkommen verliert. Das allein ist jedoch nicht stossend, denn die Rente der IV soll ja auch die Einschränkung im Haushalt entschädigen.

EDITH N. IST ZU 50 PROZENT ERWERBSTÄTIG, wobei sie monatlich 3000 Franken verdient, und führt ansonsten den Haushalt. Nach einem schweren Unfall ist sie sowohl im Erwerbs- als auch im Haushaltsbereich zu 100 Prozent invalid und erhält von der IV eine ganze Rente von 2370 Franken pro Monat.

Die Unfallversicherung geht ebenfalls von einer 100-prozentigen Invalidität aus; ihre Rente beträgt 80 Prozent des früheren Einkommens von Frau N., also 2400 Franken. In ihrer Überentschädigungsberechnung zählt die Unfallversicherung die IV-Rente und ihre eigene Leistung zusammen und kommt auf 4750 Franken. Das ist mehr, als Frau N. verdient hat, also kürzt die Unfallversicherung auf 90 Prozent des versicherten Verdienstes oder 2700 Franken und will Frau N. nur noch eine Komplementärrente von 360 Franken auszahlen.

Das ist falsch. Die Hälfte der IV-Rente wird ja für die Einbusse im Haushalt ausgerichtet und diese darf die Unfallversicherung bei ihrer Berechnung nicht berücksichtigen. Die Rechnung muss lauten:

90% des versicherten Verdienstes	Fr. 2700.–
– Hälfte der IV-Rente	– Fr. 1175.–
Komplementärrente	Fr. 1525.–

Frau N. erhält also insgesamt 3875 Franken pro Monat für ihre gesundheitliche Einschränkung im Erwerbsleben und im Haushalt.

Pensionskasse
Als Teilerwerbstätige sind Sie grundsätzlich auch in der obligatorischen beruflichen Vorsorge abgedeckt – sofern Sie das massgebende Mindesteinkommen erreichen (siehe Seite 136). Ab und zu stellt sich aber die Frage, wie genau der Invaliditätsgrad von Teilerwerbstätigen zu bemessen ist.

DOMINIQUE K. WAR FRÜHER zu 50 Prozent erwerbstätig. Nach einer längeren Krankheit stellt die IV eine ebenfalls 50-prozentige Invalidität fest. Muss Frau K. nun – von der Pensionskasse aus gesehen – im selben Umfang weiterarbeiten, weil sie ja nur zu 50 Prozent invalid ist? Oder kann sie ihre Erwerbstätigkeit ganz aufgeben und eine Rente beanspruchen, weil sie ja immerhin zu 50 Prozent invalid ist?

Das Problem ist bisher nicht eindeutig geklärt. In der Regel zahlt die Pensionskasse eine Invalidenrente, wenn die betroffene Person ihre Erwerbstätigkeit aufgibt.

Eine weitere Besonderheit: Bei Teilerwerbstätigen kann die Pensionskasse nicht auf den Gesamtinvaliditätsgrad der IV abstellen. Denn während die IV den Erwerbs- und den Haushaltsbereich abdeckt, ist die Pensionskasse nur für die Einbusse im Berufsleben zuständig. Klären Sie deshalb ab, wie hoch der Invaliditätsgrad der IV für den Erwerbsbereich ist, und prüfen Sie, ob die Pensionskasse ebenfalls von diesem ausgeht. In der Regel fahren Sie damit besser, weil die Einschränkungen im Erwerbsbereich meist höher eingestuft werden als im Haushaltsbereich (siehe Beispiel auf Seite 146).

Wenn ich gesund wäre, würde ich wieder voll arbeiten

Wenn Sie als bisher Teilerwerbstätige, die invalid geworden ist, diese Aussage bestätigen können, müssen Sie sich unbedingt bei der IV melden! Die ganze Sache hat einen komplizierten Hintergrund:

Für teilerwerbstätige Personen bestimmt die IV den Invaliditätsgrad nach der gemischten Methode, berücksichtigt also die Einbusse im Erwerbs- wie im Haushaltsbereich (siehe Seite 63). Wenn Sie aber – wären Sie gesund – wieder voll arbeiten würden, haben Sie Anspruch darauf, dass die IV den Invaliditätsgrad neu nur nach der Methode des Einkommensvergleichs bestimmt (siehe Seite 53). Dies ist nicht nur ein theoretischer Unterschied, denn in aller Regel fahren Sie bei dieser Art der Bemessung des Invaliditätsgrads weit besser.

MARTINA O. HATTE EINE HALBTAGSSTELLE, als sie wegen einer Krankheit invalid wurde. Die IV bestimmt ihren Invaliditätsgrad nach der gemischten Methode (siehe Kasten auf der nächsten Seite). Mit einem Invaliditätsgrad von insgesamt 60 Prozent erhält Frau O. eine Dreiviertelsrente der IV. Dann beginnt ihr jüngstes Kind eine Lehre, und sie würde, wenn sie gesund wäre, wieder eine 100-Prozent-Stelle annehmen. Die IV muss deshalb den Invaliditätsgrad neu nur nach der Einkommensvergleichsmethode bestimmen. Da Frau O. überhaupt nicht mehr erwerbstätig sein kann (wie die Rechnung auf der nächsten Seite zeigt), ist sie also zu 100 Prozent invalid – und hat Anspruch auf eine ganze IV-Rente.

INVALIDITÄTSGRAD VON MARTINA O.

Bereich	Gewichtung	Einschränkung	Behinderung
Erwerb	50%	100%	50%
Haushalt	50%	20%	10%
Total	100%	—	60%

Wichtig: Der Grund für die höhere Rente liegt nicht etwa in einer Verschlechterung des Gesundheitszustands, sondern ausschliesslich darin, dass Frau O. – wäre sie gesund – wieder voll berufstätig wäre (man nennt dies Statuswechsel).

Wann diese Neuberechnung fällig wird, hängt von den konkreten Umständen im Einzelfall ab. Typische Auslöser sind etwa eine Scheidung, das Erwachsenwerden der Kinder, der Schuleintritt der Kinder oder der Tod des Ehegatten (siehe Seite 66).

TIPP *Wenn Sie bisher eine Rente aufgrund einer Teilerwerbstätigkeit erhalten haben, heute aber ohne gesundheitliche Einschränkung wieder voll berufstätig wären, melden Sie sich unbedingt bei der IV und verlangen Sie eine Neuberechnung Ihres Invaliditätsgrads. Dokumentieren Sie Ihr Begehren möglichst genau. Legen Sie etwa ein Scheidungsurteil bei oder belegen Sie detailliert, wie sich Ihre Einkommensverhältnisse sonst entwickelt haben (beispielsweise Wegfall der Alimente des geschiedenen Ehemanns).*

Als Arbeitslose invalid

Arbeitslose waren früher oft ausserordentlich schlecht versichert. Hier hat der Gesetzgeber kräftig nachgeholfen und für einen besseren Versicherungsschutz gesorgt. Optimal allerdings ist er dennoch nicht. Das Problem liegt darin, dass das «Einkommen», auf dem Beiträge eingezahlt werden, aus den oft tiefen Taggeldern der Arbeitslosenversicherung besteht (70 oder 80 Prozent des früheren Lohnes).

Das hat natürlich Auswirkungen auf die Höhe der Versicherungsleistungen, wenn sich ein Risiko verwirklicht.

- Wer arbeitslos ist, ist bei der **AHV** und der **IV** weiterhin versichert. Die Arbeitslosenversicherung muss die AHV/IV-Beiträge von den Taggeldern abziehen und an die Ausgleichskasse überweisen.
- Für die Risiken Tod und Invalidität sind Arbeitslose auch über die **berufliche Vorsorge** abgedeckt. Als Pensionskasse amtiert die Stiftung Auffangeinrichtung BVG. Doch der Versicherungsschutz beschränkt sich auf das BVG-Obligatorium; nur derjenige Teil des Taggelds, der über Franken 81.90 (Stand 2020) liegt, ist überhaupt erfasst. Damit ist die leistungsmässige Abdeckung über die berufliche Vorsorge natürlich schlecht.
- Wichtig ist, dass arbeitslose Personen **unfallversichert** bleiben. Die Unfallversicherung wird von der Suva durchgeführt. Wenn Sie arbeitslos sind und verunfallen, erhalten Sie ein Taggeld der Suva, und zwar in der Höhe der Nettoentschädigung der Arbeitslosenversicherung. Die Suva muss auch für alle unfallbedingten Heilbehandlungen aufkommen. Entsteht eine Invalidität, richtet Ihnen die Suva eine Rente aus.

Problem Krankheit

Als arbeitslose Person sind Sie also bei einem Unfall recht gut abgedeckt; schlecht ist dagegen die Versicherungsdeckung bei Invalidität als Folge einer Krankheit. Das fällt deshalb besonders ins Gewicht, weil Arbeitslose erfahrungsgemäss einem höheren Krankheitsrisiko ausgesetzt sind, überdurchschnittlich oft arbeitsunfähig und in der Folge auch invalid werden. Arbeitslosentaggelder aber werden bei Krankheit nur noch während maximal 44 Tagen ausgezahlt (nicht mehr als 30 am Stück). Und eine obligatorische Krankentaggeldversicherung gibt es nicht – für Arbeitslose genauso wenig wie für Arbeitnehmende.

Bessergestellt sind Sie, wenn Sie am Ende Ihres früheren Arbeitsverhältnisses von der Kollektiv-Krankentaggeldversicherung Ihres Arbeitgebers in die Einzelversicherung übergetreten sind (siehe Seite 127). Diese Taggelder können Sie auch beanspruchen, wenn Sie arbeitslos sind. In der Regel stellen die Versicherer ihre Zahlungen aber dann ein, wenn Sie auch ohne Krankheit keine Arbeitslosentaggelder mehr beziehen könnten, weil Sie ausgesteuert werden. Dies ist aber nur möglich, wenn es in den Allgemeinen Geschäftsbedingungen der Versicherung so festgelegt ist.

Als Selbständigerwerbender invalid

Wer sein Einkommen als Selbständigerwerbender verdient, ist mit einigen Löchern im Netz der Sozialversicherungen konfrontiert. Der Versicherungsschutz reduziert sich auf denjenigen der IV – weder die Pensionskasse noch eine Unfallversicherung noch die Arbeitslosenversicherung ist obligatorisch zuständig.

Als Selbständigerwerbender müssen Sie sich entweder freiwillig einer Pensionskasse und einer Unfallversicherung anschliessen oder über Privatversicherungen eine geeignete Lösung finden.

Was gilt bei der IV?

Bei der IV sind alle Personen versichert, die in der Schweiz wohnen und/oder arbeiten – also auch die Selbständigerwerbenden. Doch wenn es um die Berechnung der Leistungen geht, stellen sich einige besondere Probleme.

Wie hoch ist der Invaliditätsgrad?
Die Ermittlung des Invaliditätsgrads bei Selbständigerwerbenden stellt die IV oft vor besondere Schwierigkeiten. Natürlich kommt auch bei ihnen das grundsätzliche System des Vergleichs von zwei Einkommen zum Zug (siehe Seite 53). Wie hoch aber ist das Valideneinkommen eines Kleinunternehmers? Was kann einer Firmeninhaberin als Invalideneinkommen noch zugemutet werden? Für die IV ist es nicht einfach, die Erfolgsrechnungen von Selbständigerwerbenden zu analysieren, weil darin immer auch steuerrechtliche Aspekte und Optimierungen berücksichtigt sind. Und auch die Zukunftsaussichten einer Firma sind oft schwer einzuschätzen. Wird sie am erwarteten allgemeinen Aufschwung teilnehmen? Werden sich die grossen Investitionen in eine neue Produktionsanlage auszahlen? Fragen über Fragen, die oft nur aufgrund einer sorgfältigen betriebswirtschaftlichen Analyse beantwortet werden können.

> **TIPPS** *Sind Sie selbständigerwerbend, lohnt es sich auf jeden Fall, wenn Sie der IV bei der Anmeldung von sich aus darlegen, wie die beiden Einkommen bestimmt werden müssen. Legen Sie die Erfolgsrechnungen der letzten drei Jahre bei und belegen Sie, welches Einkommen Sie ohne gesundheitliche Einbusse erzielen könnten.*
>
> *Alles, was Ihre zukünftige Geschäftsentwicklung belegt, kann als Beweismaterial dienen. Etwa ein Branchenvergleich; ein langfristiger Auftrag, der Ihnen für die nächsten Jahre einen gewissen Umsatz garantiert hätte; die soeben angeschaffte neue Maschine, die Ihnen ermöglichen würde, die Produktion zu steigern ...*

Oft gelingt es aber der IV trotz solcher Unterlagen nicht, zwei plausible Vergleichseinkommen zu bestimmen. Dann wird ausnahmsweise ein Betätigungsvergleich vorgenommen. Verglichen werden also nicht mehr Einkommen, sondern die Arbeitsbereiche, die eine invalide Person früher bewältigen konnte, mit denen, die jetzt noch möglich sind. Dabei müssen Einschränkungen in Tätigkeitsbereichen, welche besonders gut rentieren, stärker berücksichtigt werden als Tätigkeiten, die kaum einen Mehrwert generieren. So sind beispielsweise in einem Handwerksbetrieb Einschränkungen in der Produktion mehr zu berücksichtigen als solche im administrativen Bereich. Vor allem bei Landwirten wird der Invaliditätsgrad häufig auf diese Weise bestimmt.

Das Geschäft aufgeben?
Gelegentlich verlangt die IV von Selbständigerwerbenden, dass sie in Zukunft als Angestellte ihren Lebensunterhalt verdienen – also ihr Geschäft aufgeben. Das ist natürlich nie einfach umzusetzen und führt auch oft zu Auseinandersetzungen mit den IV-Stellen. Was gilt?

Die IV darf nicht ohne Weiteres verlangen, dass Sie als Firmeninhaber oder Unternehmerin Ihre bisherige Tätigkeit aufgeben. Gerade dann, wenn Sie Ihr Geschäft bereits über einige Jahrzehnte geführt haben und in einem bestimmten Ausmass auch weiterhin selbständig tätig sein können, ist ein Wechsel zum Angestelltendasein nicht zumutbar. Dabei muss auch berücksichtigt werden, dass Selbständigerwerbende oft gar keine Anstellung mehr finden können. Die Haltung der IV – und der Gerichte – in dieser Frage ist allerdings strenger geworden.

> **TIPP** *Besprechen Sie die verschiedenen Möglichkeiten und das genaue Vorgehen mit der IV-Stelle; gerade bei Selbständigerwerbenden sind oft individuelle Lösungen notwendig.*

Selber für Sicherheit sorgen

Weil Selbständigerwerbende in aller Regel über die Obligatorien der Sozialversicherungen nur schlecht abgedeckt sind, ist es für sie wichtig, dass sie selbst für genügend Schutz sorgen – sei dies durch freiwillige Unterstellung unter die Sozialversicherungen oder über Privatversicherungen.

- Sofern Sie jährlich das BVG-Minimaleinkommen erzielen (siehe Seite 136), können Sie sich freiwillig in der **2. Säule** versichern. Sind Sie Mitglied eines Berufsverbands mit eigener Vorsorgeeinrichtung, können Sie sich dieser anschliessen. Möglich ist auch ein Anschluss an die Stiftung Auffangeinrichtung BVG; diese bietet jedoch nur Leistungen im Rahmen des Obligatoriums. Haben Sie Personal, das Sie ja als Arbeitgeber bei einer Pensionskasse versichern müssen, können Sie sich auch dieser anschliessen, sofern es das Reglement zulässt.

- Um das Risiko einer Invalidität nach einem Unfall abzudecken, können Sie sich als Selbständigerwerbende auch freiwillig einer **Unfallversicherung** nach UVG anschliessen und bei dieser Ihr Einkommen, so wie Sie es mit der AHV abrechnen, versichern.
- Sinnvoll, ja fast unerlässlich ist für Selbständigerwerbende eine **Taggeldversicherung,** die bei Krankheit – und wenn keine Unfallversicherung besteht, auch bei Unfall – den Einkommensausfall deckt. Dabei geht es um die ersten zwei Jahre einer Arbeitsunfähigkeit. Die wenigsten Selbständigerwerbenden verfügen über genügend Erspartes, um über die Runden zu kommen, bis die IV und allenfalls die freiwillige Pensionskasse ihre Renten ausrichten.
- Droht eine länger dauernde Erwerbsunfähigkeit, brauchen auch Selbständigerwerbende einen guten Versicherungsschutz. Im Rahmen der 3. Säule können Sie eine Risikoversicherung abschliessen und darin eine **Erwerbsunfähigkeitsrente** vereinbaren, die beispielsweise bis zum Pensionierungsalter den Einkommensausfall abdeckt. Statt einer Rente lässt sich auch ein Invaliditätskapital versichern. Achtung: Bei manchen Versicherern ist ein Abschluss schon ab 55 Jahren nicht mehr möglich.

> **TIPPS** *Selbständigerwerbende benötigen fachkundige Beratung, wenn es um die Abdeckung des Invaliditätsrisikos geht. Es gilt, einen guten Versicherungsschutz und die oft hohen Prämien gegeneinander abzuwägen.*
>
> *Holen Sie Offerten verschiedener Anbieter ein und vergleichen Sie sorgfältig. Lesen Sie unbedingt das Kleingedruckte – die Allgemeinen Geschäftsbedingungen – genau durch. Um im Leistungsfall Diskussionen über die Höhe der Erwerbseinbusse zu vermeiden, empfiehlt sich der Abschluss von Summenversicherungen. Leider bieten nicht alle Versicherungen solche an.*
>
> *Tritt bei Ihnen eine Invalidität ein, gehen Sie Ihre gesamten Versicherungen durch. Wo sind welche Leistungen vorgesehen?*

Mit ausländischem Pass invalid

Wenn Ausländerinnen und Ausländer in der Schweiz invalid werden, wirft dies einige spezielle Fragen auf. Zum einen muss besonders sorgfältig abgeklärt werden, in welchen Sozialversicherungen sie abgedeckt sind. Zum andern entstehen häufig Probleme, wenn Ausländer nach Eintritt der Invalidität in ihren Heimatstaat zurückkehren (müssen). Es stellt sich die Frage, ob sie die Rente «mitnehmen» können, das heisst, ob die Schweiz die Sozialversicherungsleistungen exportiert.

Die Regelungen sind kompliziert und ändern gelegentlich auch. Zum Beispiel wenn neue Staatsverträge abgeschlossen oder Übergangsfristen für neue EU-Länder ausgehandelt werden. Wenn Sie invalid sind und keinen Schweizer Pass haben, sollten Sie sich deshalb unbedingt von Fachleuten beraten lassen (Adressen im Anhang).

Wie bin ich als Ausländer versichert?

Grundsätzlich unterscheiden die Sozialversicherungen in der Schweiz nicht danach, ob jemand eine ausländische oder die schweizerische Staatsangehörigkeit hat. Doch gibt es davon einige Ausnahmen:
- Ergänzungsleistungen werden an Ausländer ohne EU- oder EFTA-Pass erst ausgerichtet, wenn sie mindestens zehn Jahre lang ununterbrochen Wohnsitz in der Schweiz gehabt haben (siehe Seite 159). Bürger von EU- und EFTA-Ländern werden gleich behandelt wie Schweizer.
- Asylbewerber, die nicht erwerbstätig sind, werden in den ersten sechs Monaten nach Einreichen ihres Asylgesuchs nicht in die Sozialversicherungen aufgenommen. Werden sie später als Flüchtlinge anerkannt, sind sie aber rückwirkend ab dem Zeitpunkt ihres Gesuchs versichert.

Ansonsten werden Ausländerinnen und Ausländer in den Sozialversicherungszweigen gleich behandelt wie Schweizerinnen und Schweizer – zumindest so lange, wie sie Wohnsitz in der Schweiz haben.

INFO *Die Aufnahme in die Sozialversicherungen setzt voraus, dass diese überhaupt vom Vorhandensein eines Ausländers erfahren. Sans-Papiers und Schwarzarbeitende sind deshalb ohne Anmeldung nicht versichert. Verunfallt oder erkrankt ein Schwarzarbeiter, erfährt aber meist wenigstens die AHV/IV davon. Dann zieht die Ausgleichskasse die Beiträge für die letzten fünf Jahre beim Arbeitgeber ein, und diese Periode wird als Beitragszeit notiert.*

Und wenn ich ins Heimatland zurückkehre?

Wer in sein Heimatland zurückkehren will, muss unbedingt abklären, ob und welche Sozialversicherungsleistungen auch ins Ausland ausgezahlt werden. Im Grundsatz gilt Folgendes:

- **IV:** Die IV exportiert ihre Renten an Schweizer Bürger und Bürgerinnen aus dem EU-/EFTA-Raum; an andere Staatsangehörige werden die Leistungen nur ausgezahlt, wenn ein Staatsvertrag dies vorsieht. Staatsverträge bestehen mit den wichtigsten aussereuropäischen Staaten mit Migrationsbezug, zum Beispiel mit den USA, Kanada, den Philippinen, Serbien, der Türkei und Kosovo. Die Viertelsrente wird nur in den EU-/EFTA-Raum exportiert, nicht aber in die übrigen Staatsvertragsländer. An Bürger von Staaten, mit denen kein Abkommen besteht, wird die Rente nicht ins Ausland ausbezahlt.
- **Unfallversicherung:** Die Unfallversicherung zahlt ihre Leistungen in der ganzen Welt aus, sodass es hier keine negativen Auswirkungen hat, wenn eine invalide Person ihren Wohnsitz ins Ausland verlegt.
- **Berufliche Vorsorge:** Auch die berufliche Vorsorge differenziert nicht nach dem Wohnort. Die Leistungen werden weltweit ausgezahlt.
- **Ergänzungsleistungen:** Diese werden nie ins Ausland überwiesen – auch nicht an Schweizer Bürger.

TIPP *Müssen Sie auch regelmässig Behandlungen oder sonstige Leistungen in Anspruch nehmen, lohnt es sich, vor der Abreise ins Ausland bei einer Beratungsstelle oder einem Experten zu prüfen, ob und unter welchen Umständen Behandlungen auch im Ausland übernommen werden.*

Als Hausfrau oder Hausmann invalid

Wenn Hausfrauen und Hausmänner invalid werden, bringt das einige versicherungsrechtliche Besonderheiten mit sich. Diese hängen im Wesentlichen damit zusammen, dass Nichterwerbstätige in den Sozialversicherungen ziemlich schlecht abgedeckt sind.

Wie bin ich versichert?

Hausfrauen und Hausmänner sind lediglich bei der IV versichert. Nur von diesem Sozialversicherungszweig können sie eine Rente erwarten, und auch hier ist ihre Stellung eher schlecht. Denn für Hausfrauen und Hausmänner – die ja keine Einkommen erzielen, die sich vergleichen liessen – bestimmt die IV den Invaliditätsgrad nach der Methode des Betätigungsvergleichs. Sie vergleicht also Tätigkeiten und prüft, welche Einschränkung beim Kochen, beim Einkaufen oder beim Putzen besteht (siehe Seite 61).

Die Erfahrung zeigt, dass auch bei erheblichen gesundheitlichen Beeinträchtigungen oft nur tiefe Invaliditätsgrade bestimmt werden. In manchen Fällen wird so trotz schwerwiegender Einschränkungen in der Haushaltsarbeit keine IV-Rente ausgerichtet.

> **TIPP** *Manche Nichterwerbstätige haben zum Beispiel eine private Taggeldversicherung abgeschlossen oder ein Invaliditätskapital versichert. Vergessen Sie nicht, Ihre Policen zu überprüfen.*

Wenn ich gesund wäre, wäre ich wieder berufstätig

Wenn diese Aussage auf Sie zutrifft – etwa nach einer Scheidung oder weil Ihre Kinder unterdessen die Ausbildung abgeschlossen haben –, lohnt es sich, bei der IV eine Neufestsetzung des Invaliditätsgrads zu beantragen. Denn mit diesem (hypothetischen) Wechsel in eine Erwerbstätigkeit wird die Hausfrau zu einer Person, für die der Invaliditätsgrad nicht nach dem

Betätigungsvergleich, sondern nach dem Einkommensvergleich zu bestimmen ist – und dies führt in aller Regel zu einem höheren Invaliditätsgrad und damit allenfalls zu einer besseren Rente (siehe Seite 65).

> **TIPP** *Besonders bereitwillig wird die IV diese Neuberechnung nicht vornehmen. Sie müssen sie mit Nachdruck verlangen und gute Begründungen vorlegen, dass Sie in Ihrer konkreten Situation wieder ins Erwerbsleben einsteigen würden, wenn Sie nur könnten.*

Werden Hausfrauen umgeschult?

Die IV kennt eine breite Palette beruflicher Massnahmen, mit denen die Versicherten für eine bessere Eingliederung in die Erwerbswelt vorbereitet werden. Kann sich auch eine Hausfrau bei der IV melden und eine Umschulung beantragen? Dies ist vom Prinzip her nicht ausgeschlossen. Solche Fälle sind aber sehr selten, was damit zusammenhängen mag, dass die IV-Stelle annimmt, auch mit einer gesundheitlichen Beeinträchtigung lasse sich der Haushalt noch ohne Weiteres weiterführen. Das ist aber manchmal eine recht oberflächliche und ungenaue Einschätzung (siehe auch Seite 61). So oder so haben auch Hausfrauen und Hausmänner Anspruch darauf, dass die IV ihnen eine Umschulung finanziert, wenn feststeht, dass dadurch ihre Invalidität reduziert werden kann.

Wenn Kinder invalid werden

Ein Kind, das invalid wird, muss nicht nur besonders viele Enttäuschungen verarbeiten, sondern ist auch sehr oft das ganze Leben lang finanziell schlecht gestellt. Dies hängt im Wesentlichen damit zusammen, dass Kinder von den Sozialversicherungen nur schlecht geschützt sind.

Wenn invalide Kinder das 18. Altersjahr erreicht haben, erhalten sie meist bloss die IV-Rente. Da bleibt oft als einziger Ausweg, daneben auch Ergänzungsleistungen zu beanspruchen (siehe Seite 153).

INFO *Bei den meisten Krankenkassen lässt sich gegen recht günstige Prämien eine Zusatzversicherung abschliessen, die im Invaliditätsfall ein vereinbartes Kapital auszahlt. Mit diesem Geld können Sie Dinge finanzieren, die die IV nicht übernimmt, die aber den Alltag erleichtern – wie ein Motorfahrzeug oder eine bauliche Anpassung in der Wohnung. Wenn Sie eine solche Risikoversicherung abschliessen, sollten Sie darauf achten, dass auch die krankheitsbedingte Invalidität eingeschlossen ist. Auch hier gilt das Rückwärtsversicherungsverbot. Wie ein brennendes Haus gegen Feuer können Sie auch nach Eintritt einer Invalidität diese nicht mehr rückwirkend versichern. Es lohnt sich, Versicherungslücken frühzeitig zu erkennen und zu entscheiden, ob Sie eine Risikoversicherung benötigen.*

Von Geburt auf krank

Wenn ein Kind mit einem sogenannten Geburtsgebrechen zur Welt kommt, wird für die Heilbehandlung aller Voraussicht nach die IV aufkommen (siehe Seite 23). Sie übernimmt die Kosten für ambulante Behandlungen und für Behandlungen im Spital, ohne einen Selbstbehalt zu verlangen – allerdings nur bis zum 20. Geburtstag. Spätere Behandlungen gehen nicht mehr zulasten der IV; allenfalls werden sie aber von der Krankenversicherung übernommen.

Als Geburtsgebrechen anerkannt sind einige Hundert Krankheiten, die alle auf einer Liste in der Verordnung über Geburtsgebrechen aufgeführt sind. Dazu gehört auch das Down-Syndrom.

TIPPS *Soll die IV für die Behandlung eines Geburtsfehlers aufkommen, müssen Sie Ihr Kind rechtzeitig anmelden. In der Regel wird Sie Ihr Arzt darauf aufmerksam machen.*

Die IV ist grosszügiger als die Krankenkassen, was die Übernahme von Behandlungen für Geburtsgebrechen angeht. Achten Sie deshalb darauf, dass eine solche Behandlung vor dem 20. Geburtstag abgeschlossen ist. Sprechen Sie sich frühzeitig mit dem Spital oder der Ärztin ab und fragen Sie Ihre Krankenkasse nach den genauen Bedingungen.

Kongenitale Hirnstörung – ein typisches Beispiel

Kongenitale Hirnstörung – bekannt als POS oder ADS – ist eine Diagnose, die bei manchen Kindern gestellt wird. Und oft kommt es dann zu Auseinandersetzungen darüber, ob die IV Leistungen erbringen muss oder nicht. Die Voraussetzungen sind recht eng gefasst: Nur wenn das Kind bereits vor Vollendung des neunten Altersjahrs behandelt worden ist, stellt sich überhaupt die Frage einer Leistungspflicht der IV. Hinzu kommt, dass auch die Diagnose kongenitale Hirnstörung bereits vor dem neunten Altersjahr feststehen muss. Ist diese Altersgrenze überschritten, kann die IV jede Leistung verweigern. Ob im Lauf der Abklärung von Verhaltensstörungen tatsächlich schon vor Ende des neunten Altersjahrs die entsprechende Diagnose feststand, darüber wird mit der IV recht häufig gestritten.

> **ACHTUNG** *Haben Sie den Eindruck, bei Ihrem Kind könnte eine kongenitale Hirnstörung vorliegen, müssen Sie unbedingt rechtzeitig vor dem neunten Geburtstag eine genauere Abklärung vornehmen lassen. Wird dann tatsächlich eine Hirnstörung diagnostiziert, müssen Sie darauf bestehen, dass auch die Behandlung noch vor dem neunten Geburtstag beginnt.*

Kinderunfall und Kinderkrankheit

Wird ein Kind wegen eines Unfalls oder wegen einer Krankheit invalid, hat es für die Heilbehandlung zunächst Anspruch auf Leistungen der Krankenversicherung. Wenn die Behandlung abgeschlossen ist und das Kind weiterhin eine Betreuung oder die Hilfe von Drittpersonen benötigt, kommen **Pflegebeiträge** sowie **Hilflosenentschädigungen** der IV infrage. Die IV klärt jeweils ab, in welchem Ausmass für das invalide Kind – verglichen mit einem gleichaltrigen gesunden Kind – eine zusätzliche Hilfe nötig ist.

Achten Sie bei diesen Abklärungen darauf, dass die IV alle Bereiche erfasst, in denen Ihr Kind Hilfe benötigt: etwa Abgabe von Medikamenten, Begleitung zum Kindergarten, Überwachung, Hilfe beim Essen. In finanzieller Hinsicht hängt sehr viel davon ab, dass solche Zusatzbetreuungen zeitlich genau erfasst werden. Denn es gelten Abstufungen je nachdem, wie viel Zusatzhilfe die IV für nötig ansieht.

Wenn ein Heimaufenthalt nötig wird
Wenn das Kind wegen seiner gesundheitlichen Situation in ein Heim gegeben werden muss, stellen sich wiederum ganz andere Finanzierungsfragen. Auch hier ist die IV eine zentrale Versicherung. Darüber wissen aber die betreffenden Heime jeweils gut Bescheid. Steht ein Heimaufenthalt bevor, lohnt es sich, wenn Sie mit der Heimleitung alle Finanzierungsfragen genau besprechen (siehe Seite 203).

Schule
Manche Kinder und Jugendliche können wegen ihrer gesundheitlichen Situation die Volksschule nicht besuchen und sind auf einen besonderen Unterricht angewiesen (Sonderschulunterricht). Welche Leistungen hier im Einzelnen beansprucht werden können, ergibt sich aus dem kantonalen Recht (in der Regel aus den Schulgesetzen). Die IV hat sich aus diesem Bereich zurückgezogen und überlässt die Regelung den Kantonen.

Diese Aufgabenteilung zwischen Bund und Kantonen hat dazu geführt, dass es keine schweizweit einheitliche Lösung mehr gibt, sondern jeder Kanton das ihn gut Dünkende anordnen kann. Allgemein besteht heute ein Konsens darüber, dass behinderte Kinder wenn möglich die Regelklassen besuchen sollen – mit den nötigen Stütz- und Hilfestunden. Studien haben gezeigt, dass auch die gesunden Kinder besser gefördert werden, wenn sie zusammen mit gesundheitlich eingeschränkten Kindern geschult werden.

Berufsausbildung
Kommt ein behindertes Kind ins Berufswahlalter, ist es mit einem beschränkten Angebot an Berufen und Ausbildungsmöglichkeiten konfrontiert. Eine Aufgabe der IV ist es, diesen jungen Leuten zu helfen: mit Berufsberatung und dem Abklären von Eignungen und Neigungen.

Wird dann eine Ausbildung in Angriff genommen, übernimmt die IV die Mehrkosten, die aus der gesundheitlichen Einschränkung entstehen. Möglich als Ausbildung sind im Prinzip alle Arten von Berufs- und Anlehren, der Besuch einer Mittel- oder Hochschule, aber auch die Vorbereitung auf eine Arbeit in einer geschützten Werkstatt. Verlangt wird einzig, dass Aussicht darauf besteht, dass die berufliche Ausbildung anschliessend auch wirtschaftlich verwertet werden kann (mehr zur Erstausbildung auf Seite 46).

Wenn das Kind volljährig wird

Wenn ein verunfalltes oder krankes Kind das 18. Altersjahr erreicht, stellt sich die Frage nach dem Anspruch auf eine IV-Rente. Die IV wird allerdings zunächst – zu Recht – versuchen, eine berufliche Eingliederung zu erreichen, indem sie zum Beispiel eine Berufsausbildung organisiert.

Ist eine berufliche Eingliederung nicht möglich, wird der Anspruch auf eine Rente nach der üblichen Einkommensvergleichsmethode ermittelt (siehe Seite 53). Doch welche Einkommen sollen verglichen werden, wenn ein Jugendlicher noch nie erwerbstätig war? Dann werden Durchschnittszahlen verwendet, um den Invaliditätsgrad zu bestimmen. Sehr häufig resultiert daraus für behinderte Jugendliche der Anspruch auf eine ganze IV-Rente. Diese wird zudem so angehoben, dass der Rentenbetrag mindestens $133^{1/3}$ Prozent des Mindestansatzes beträgt. Das macht gegenwärtig 1576 Franken pro Monat aus (Stand 2020).

Damit allein kann ein junger Erwachsener den Lebensunterhalt natürlich bei Weitem nicht bestreiten. Deshalb ist sehr wichtig, dass die Ergänzungsleistungen hinzukommen. Diese erhöhen die IV-Rente so, dass die nötigsten Lebenskosten gedeckt sind (siehe Seite 161). Freilich handelt es sich auch dabei nicht um grosse Beträge; wer schon als Kind invalid wurde, muss zeit seines Lebens auf einem sehr tiefen finanziellen Niveau haushalten.

Leben im Heim

Heim hat mit Heimat zu tun, und für manche Invalide stimmt dies auch. Andere würden lieber in den eigenen vier Wänden bleiben. Das ist heute mit dem neuen Assistenzbeitrag eher möglich.

Auch den Sozialversicherungen sind die Heime nicht gleichgültig. Der Grund dafür liegt in den oft extrem hohen Kosten, die bei einem Heimaufenthalt entstehen. Für invalide Menschen müssen dafür die Sozialversicherungen aufkommen – ganz oder doch zu einem wesentlichen Teil.

Weil es sich um hohe Beträge handelt, sind an den Leistungen für Heime immer mehrere Sozialversicherungen beteiligt.

- Das beginnt mit der **IV**, die invaliden Versicherten, die im Heim leben, in aller Regel eine Rente sowie die Hilflosenentschädigung ausrichtet (siehe Seiten 71 und 79).
- Die Renten der obligatorischen **Unfallversicherung** werden bei einem Heimaufenthalt unverändert weitergezahlt, ebenso die Hilflosenentschädigung.
- Besonders wichtig sind die **Ergänzungsleistungen.** Ohne sie könnten sich nur wenige Menschen das Leben im Heim leisten. Die EL-Stellen anerkennen als Ausgaben die massgebende Tagestaxe des Heims sowie einen zusätzlichen Betrag für persönliche Auslagen. Die Kantone können aber Höchstbeträge vorsehen, sodass nicht in jedem Fall durch die Ergänzungsleistungen sämtliche Heimkosten abgedeckt sind.
- Auch die **Krankenversicherungen** haben bei einem Heimaufenthalt Leistungen zu erbringen. Sie decken die Pflege ab. Nach einem genauen System wird der anerkannte Pflegeaufwand ermittelt. Diesen stellt das Heim dem Krankenversicherer in Rechnung.

Wie bei einem Heimaufenthalt die Finanzierung geregelt wird, ist nicht einfach zu durchschauen, und es bestehen auch kantonale Unterschiede. Wichtig ist der Heimvertrag, den Sie beim Eintritt abschliessen. Darin sollte geregelt sein, wie die kantonale Tagestaxe, der persönliche Beitrag und die Hilflosenentschädigung zusammenspielen. Seit dem Inkrafttreten der neuen Pflegefinanzierung im Jahr 2011 gilt grundsätzlich: Die Hilflosenentschädigung bleibt beim Heimbewohner. Kantonale Ausnahmen sind aber möglich.

TIPP *Wenn ein Heimaufenthalt bevorsteht und die finanziellen Mittel nicht ausreichen, müssen Sie sich unbedingt vorher mit den EL-Behörden in Verbindung setzen. Dort kann man Sie über alle Einzelfragen beraten (Adressen im Anhang).*

Doch zu Hause bleiben?

Menschen mit einer schweren Behinderung, die entscheiden müssen, ob sie in ein Heim wechseln oder sich zu Hause pflegen lassen wollen, stehen vor sehr schwierigen Fragen. Ist mit dem Heimeintritt eine Einbusse an Lebensqualität verbunden oder eher eine Verbesserung? Wie sieht es mit der persönlichen Freiheit aus? Habe ich noch meine Privatsphäre? Und nicht zuletzt: Was bedeutet ein Heimeintritt in finanzieller Hinsicht?

Zumindest auf die letzte Frage kann dieser Ratgeber eine kurze Antwort geben. Was die Finanzen angeht, ist mittlerweile das selbständige Wohnen einiges einfacher geworden. Die IV richtet dafür eine hohe Hilflosenentschädigung aus – bei schwerer Hilflosigkeit immerhin 1880 Franken monatlich. Seit dem Inkrafttreten der IV-Revision 6a kann diese Hilflosenentschädigung mit dem neuen Assistenzbeitrag ergänzt werden.

ASSISTENZBEITRAG
Im Rahmen der 6. IV-Revision wurde nicht nur gekürzt und aufgehoben. Seit 2012 gibt es den Assistenzbeitrag. Dieser wird ausgerichtet an Personen, die im eigenen Haushalt leben und wegen ihrer gesundheitlichen Situation auf die Unterstützung von Dritten angewiesen sind. Mit dem Assistenzbeitrag stellt die IV gewissermassen ein Budget zur Verfügung, um diese Dritthilfe zu bezahlen. Eine sinnvolle neue Leistung, die besonders hilft, dass sich gesundheitlich beeinträchtigte Personen autonom eingliedern können.

Die Ergänzungsleistungen decken die zusätzlichen Krankheits- und Behinderungskosten: Für ein Ehepaar werden maximal 50 000 Franken jährlich ausgezahlt. Alleinstehende und verwitwete Personen sowie Ehegatten von in Heimen wohnenden Menschen können bis höchstens 25 000 Franken geltend machen. Für zu Hause wohnende Personen mit einem Anspruch auf eine Hilflosenentschädigung der IV oder der obligatorischen Unfallversicherung erhöht sich der Betrag auf 90 000 Franken bei schwerer – bzw. 60 000 Franken bei mittelschwerer – Hilflosigkeit, soweit die Kosten für Pflege und Betreuung durch die Hilflosenentschädigung nicht gedeckt sind.

All diese Leistungen helfen recht weit. Die Finanzen allein sollten einem Leben in den eigenen vier Wänden heute nicht mehr entgegenstehen.

Anhang

Glossar

Vorlage

Hilfsmittelliste der IV

Hilfreiche Adressen und Links

Nützliche Beobachter-Ratgeber

Stichwortverzeichnis

Glossar

Abredeversicherung: Arbeitnehmende, die ihre Stelle verlieren und deshalb nicht mehr der obligatorischen → Unfallversicherung angehören, können den Versicherungsschutz für weitere sechs Monate ausdehnen.

AHV-Lohn: Gestützt auf den AHV-Lohn werden die Beiträge berechnet, die der → Alters- und Hinterlassenenversicherung AHV und der → Invalidenversicherung IV geschuldet sind. Zum AHV-Lohn gehören neben dem monatlichen Bruttolohn insbesondere auch Dienstaltersgeschenke, 13. Monatslohn, Überstundenentschädigungen, Schichtzulagen, als Spesen deklarierte Pauschalbeträge, die unabhängig von Geschäftsauslagen bezahlt werden.

Alters- und Hinterlassenenversicherung (AHV): Die AHV ist eine obligatorische Volksversicherung, die in erster Linie Renten im Pensionsalter ausrichtet. Zusätzlich ist sie eine Hinterlassenenversicherung und richtet Waisen-, Witwen- und Witwerrenten aus.

Altersgutschriften: Für die Leistungen gemäss → BVG muss jedes Jahr ein Prozentsatz des → versicherten Lohnes als Altersgutschrift gutgeschrieben werden. Der Satz beginnt bei 7 Prozent und steigt mit zunehmendem Alter bis auf 18 Prozent.

Anerkannte Ausgaben: Diese dürfen für die Berechnung von → Ergänzungsleistungen vom → anrechenbaren Einkommen abgezogen werden. Dazu gehören neben dem Betrag für den allgemeinen Lebensbedarf unter anderem die Durchschnittsprämie für die Krankenpflege-Grundversicherung, bezahlte Alimente, die Bruttomiete (begrenzt) bzw. Hypothekarzinsen und Unterhaltskosten.

Anrechenbare Einnahmen: Von diesem Einkommen werden bei der Berechnung von → Ergänzungsleistungen die → anerkannten Ausgaben abgezogen. Als Einkommen angerechnet werden unter anderem Rentenzahlungen, Taggelder von Versicherungen, Alimente, noch erzieltes Erwerbseinkommen (teilweise), Vermögenserträge und auch ein Teil des noch vorhandenen Vermögens.

Arbeitslosenversicherung: Die Arbeitslosenversicherung richtet nach dem Verlust der Arbeitsstelle für eine beschränkte Dauer Taggelder aus, sofern eine Person vermittlungsfähig ist. Dies ist wichtig für die Zeit, bis die IV über die Invalidität entschieden hat.

Arbeitsunfähigkeit: Die Arbeitsunfähigkeit umschreibt die Einbusse der Leistungsfähigkeit in der bisherigen Tätigkeit (→ Erwerbsunfähigkeit).

Ausgleichskasse: Die AHV-Ausgleichskassen sind – neben den kantonalen → IV-Stellen – auch zuständig für die IV: Sie setzen die Beiträge und Renten fest und führen die individuellen Konten der Versicherten. Die Nummern der Ausgleichskassen, bei denen individuelle Konten bestehen, sind auf dem AHV-Ausweis aufgeführt.

Ausländer: Grundsätzlich unterscheiden die Sozialversicherungen in der Schweiz nicht danach, ob jemand eine ausländische oder die schweizerische Staatsangehörigkeit hat. Die Leistungen werden grundsätzlich auch ausgezahlt, wenn eine invalid gewordene Person ins Heimatland zurückkehrt. Ausnahmen gibt es vor allem bei den → Ergänzungsleistungen. Im Zusammenhang mit den Leistungen der IV sind → Staatsverträge wichtig.

Beitragslücke: Zahlt jemand, beispielsweise wegen eines Auslandaufenthalts oder weil die Nichterwerbstätigenbeiträge vergessen gingen, in einem oder mehreren Jahren keine Beiträge an die AHV/IV, entsteht eine Beitragslücke. Dadurch reduziert sich, wenn die fehlenden Beträge nicht innert fünf Jahren nachgezahlt werden, die IV-Rente.

Berufliche Massnahmen: Unter diesem Begriff finanziert die IV Ausbildungen oder → Umschulungen, spricht Kapitalhilfen zu und vermittelt Arbeit.

Berufliche Vorsorge: In der 2. Säule sind nur erwerbstätige Personen mit einem festgesetzten Mindestlohn versichert; 2020 sind das 21 330 Franken (→ Koordinationsabzug). Die Versicherung ist geregelt im → BVG und in den Reglementen der → Pensionskassen. Sie richtet Leistungen aus im Pensionsalter, im Invaliditätsfall sowie an die Hinterlassenen im Todesfall.

Beschwerde: Verfügungen der IV sowie Einspracheentscheide der anderen Sozialversicherungen (→ Einsprache) können innert 30 Tagen mit einer Beschwerde beim zuständigen kantonalen Sozialversicherungsgericht angefochten werden.

Betätigungsvergleich: Bei nicht erwerbstätigen Hausmännern und Hausfrauen wird der → Invaliditätsgrad nicht durch einen Einkommensvergleich ermittelt, sondern durch den Vergleich der möglichen Tätigkeiten mit und ohne gesundheitliche Beeinträchtigung.

Betreuungsgutschrift: Für die Betreuung naher Verwandter im selben Haushalt kennt die AHV/IV neben den → Erziehungsgutschriften auch Betreuungsgutschriften.

Bundesgericht: Wer mit einem kantonalen Urteil über Streitigkeiten in der 1. oder 2. Säule nicht einverstanden ist, kann innert 30 Tagen beim Bundesgericht (sozialrechtliche Abteilung, Luzern) Beschwerde erheben.

BVG: Das Bundesgesetz über die berufliche Alters-, Invaliden- und Hinterlassenenvorsorge BVG ist ein Rahmengesetz und schreibt den Pensionskassen nur die Mindestleistungen vor, das sogenannte BVG-Minimum.

Case Management: Eine Person oder Stelle koordiniert die Bemühungen um die Rehabilitation von Menschen mit einer gesundheitlichen Beeinträchtigung mit dem Ziel, einen raschen Wiedereinstieg ins Berufsleben zu ermöglichen.

Drei-Säulen-Konzept: Dieses Konzept umfasst den Versicherungsschutz der → AHV/IV, der → beruflichen Vorsorge und der → privaten Vorsorge.

Dreiviertelsrente: Die IV bezahlt bei einem → Invaliditätsgrad zwischen 60 und 70 Prozent eine Dreiviertelsrente.

Dritte Säule: Sie betrifft das individuelle Sparen bzw. Absichern und ist aufgeteilt in die gebundene Selbstvorsorge 3a und die freie Selbstvorsorge 3b.

Eingliederung: Bei der IV gilt der Grundsatz «Eingliederung vor Rente». Erst wenn durch → berufliche Massnahmen eine Verbesserung der Integration im Erwerbsleben nicht möglich ist, kommt die Ausrichtung einer Rente infrage.

Einsprache: Wer mit einer → Verfügung nicht einverstanden ist, kann dagegen Einsprache erheben. Der Sachverhalt wird erneut geprüft und es wird ein Einspracheentscheid erlassen. Bei der IV gibt es keine Einsprache; hier muss direkt → Beschwerde erhoben werden.

Ergänzungsleistungen (EL): Bezügerinnen und Bezüger einer IV- oder AHV-Rente, die in schlechten finanziellen Verhältnissen leben, haben einen Rechtsanspruch auf diese Zahlungen. Die EL ergänzen die 1. Säule zur Deckung des Existenzbedarfs.

Erste Säule: Zur 1. Säule gehören die AHV und die IV. Sie soll eine angemessene Deckung des Existenzbedarfs sicherstellen (→ Ergänzungsleistungen).

Erwerbsunfähigkeit: Massgebend für die Erwerbsunfähigkeit ist die Einbusse der Leistungsfähigkeit bezogen auf den gesamten Arbeitsmarkt (→ Arbeitsunfähigkeit).

Erwerbsunfähigkeitsrente: Mit einer Versicherungspolice der Säule 3a oder 3b kann eine Rente bei Erwerbsunfähigkeit versichert werden.

Erziehungsgutschrift: Für die Jahre der Kinderbetreuung – bis zum 16. Altersjahr des jüngsten Kindes – rechnet die AHV/IV den Eltern Erziehungsgutschriften an. Verheirateten Eltern wird je die halbe Gutschrift ins individuelle Konto eingetragen, alleinerziehenden Eltern die ganze.

Freiwillige AHV/IV: Der freiwilligen AHV/IV beitreten können Schweizerinnen und Schweizer sowie Bürger von EU- und EFTA-Staaten, die ihren → Wohnsitz ausserhalb der EU oder EFTA und der Schweiz haben.

Früherfassung und Frühintervention: Die IV will erkrankte und verunfallte Personen möglichst frühzeitig erfassen. Wer während mehr als 30 Tagen arbeitsunfähig ist oder immer wieder arbeitsunfähig wird, kann sich sofort bei der IV-Stelle melden und wird zu einem Gespräch aufgeboten. Auch andere Personen, zum Beispiel der Arbeitgeber oder eine Ärztin, können Meldung machen. Unter Frühintervention versteht die IV Sofortmassnahmen, die helfen sollen, gesundheitlich angeschlagene Personen im Erwerbsprozess zu behalten.

Ganze Rente: Die IV bezahlt ab einem → Invaliditätsgrad von 70 Prozent eine ganze Rente.

Gemischte Methode: Die IV ermittelt den → Invaliditätsgrad von Personen, die teilzeitlich erwerbstätig waren und daneben den Haushalt besorgten, nach der gemischten Methode. Der Invaliditätsgrad in den beiden Arbeitsbereichen wird separat ermittelt; beide Resultate zusammengezählt ergeben den Gesamtinvaliditätsgrad.

Gutachten: Für die Beurteilung eines Gesundheitsschadens sind die Versicherungen auf fachkundige Hilfe angewiesen. Zu diesem Zweck geben sowohl die IV wie auch die Unfallversicherung Gutachten in Auftrag. Die Versicherten sind verpflichtet, sich solchen Gutachten zu stellen. Sie haben nicht nur eine Mitwirkungspflicht, sondern auch Mitwirkungsrechte. Sie können sich zum vorgesehenen Gutachter äussern.

Halbe Rente: Die IV bezahlt bei einem → Invaliditätsgrad zwischen 50 und 60 Prozent eine halbe Rente.

Hilflosenentschädigung: Die IV und die Unfallversicherung zahlen Rentnerinnen und Rentnern, die für die Bewältigung des Alltags besonders auf Dritthilfe angewiesen sind, eine Entschädigung, die nach der Schwere der Hilflosigkeit abgestuft ist.

Hilfsmittel: Die IV und in kleinerem Umfang auch die Unfallversicherung übernehmen Hilfsmittel, die Rentnerinnen und Rentner für die Bewältigung des Alltags benötigen: Hörgeräte, Rollstühle, Sprechhilfegeräte etc.

Informationsrecht: Im Rahmen der → beruflichen Vorsorge haben die Versicherten das Recht auf umfassende Information sowohl durch den Arbeitgeber als auch durch die Pensionskasse.

Integrationsmassnahmen: Die IV hat die Möglichkeit, Personen in labilen Situationen, die noch nicht für eine → berufliche Massnahme bereit sind, mit Integrationsmassnahmen zu unterstützen. Ziel ist es, die spätere berufliche Eingliederung zu ermöglichen. Integrationsmassnahmen sollen vor allem zur Stabilisierung von psychisch Erkrankten dienen.

Integritätsentschädigung: Die → Unfallversicherung bezahlt eine einmalige Geldsumme für die medizinisch-theoretisch erlittene Schädigung der körperlichen oder psychischen Gesundheit.

Invalideneinkommen: Das ist das mutmassliche Einkommen, das eine versicherte Person trotz Gesundheitsschaden in einer zumutbaren Tätigkeit noch erzielen könnte (→ Valideneinkommen).

Invalidenversicherung (IV): Dieser Teil der 1. Säule erbringt bei → Invalidität Leistungen: Massnahmen zur Wiedereingliederung ins Erwerbsleben, Renten, Taggelder, Hilfsmittel.

Invalidität: Invalid ist, wer als Folge eines Gesundheitsschadens voraussichtlich bleibend oder für längere Zeit ganz oder teilweise erwerbsunfähig ist.

Invaliditätsfremde Gründe: Die IV steht nur für Beeinträchtigungen ein, die mit dem Gesundheitsschaden in Zusammenhang stehen. Invaliditätsfremde Gründe wie das Alter, eine mangelnde Ausbildung, Verständigungsschwierigkeiten etc. werden für die Bemessung des Invaliditätsgrads nicht berücksichtigt.

Invaliditätsgrad: Die Differenz zwischen dem → Valideneinkommen und dem → Invalideneinkommen ergibt, in Prozent umgerechnet, den Invaliditätsgrad. Je nach Höhe des Invaliditätsgrads zahlt die IV eine → ganze Rente, eine → Dreiviertels-, eine → halbe oder eine → Viertelsrente.

Invaliditätskapital: Dies ist eine im Voraus vereinbarte Summe, die im Invaliditätsfall ausgezahlt wird. Invaliditätskapitalien können über die → Kranken-Zusatzversicherung oder in einer Risikoversicherung der → 3. Säule abgeschlossen werden.

IV-Stelle: Die kantonalen IV-Stellen sind die zentralen Ansprechpartner für alle Fragen zur → Invalidenversicherung. Sie nehmen Anmeldungen entgegen, klären Ansprüche ab und entscheiden über die Leistungsgesuche. Zudem sind sie verpflichtet, die Versicherten zu beraten.

Kausalzusammenhang: Die Unfallversicherung übernimmt nur Folgen von Gesundheitsschädigungen, die in einem natürlichen und adäquaten Kausalzusammenhang zum → Unfall stehen. Der natürliche Kausalzusammenhang ist gegeben, wenn die gesundheitliche Einschränkung aus medizinischer Sicht mit überwiegender Wahrscheinlichkeit ganz oder teilweise auf den Unfall zurückzuführen ist. Der adäquate Kausalzusammenhang wird bejaht, wenn diese Gesundheitsschädigung nach dem gewöhnlichen Lauf der Dinge und nach der allgemeinen Lebenserfahrung dem Unfall zugeordnet werden kann. Dies wird durch die Versicherer und die Gerichte beurteilt und hängt unter anderem davon ab, wie schwer der Unfall und seine Auswirkungen waren.

Klage: Pensionskassen können keine → Verfügungen erlassen. Wer mit einem Entscheid der Vorsorgeeinrichtung nicht einverstanden ist, kann beim Gericht Klage erheben. Zuständig ist in der Regel ein kantonales Versicherungsgericht. Auch Ansprüche gegen private Versicherungen müssen mit Klage durchgesetzt werden, wenn diese ihre vertraglichen Leistungen verweigern (→ Zuständigkeit).

Koordination: Wenn verschiedene Versicherungen für verschiedene oder gleiche Risiken Leistungen erbringen, müssen diese koordiniert werden. Dabei wird bestimmt, welche Versicherung ab welchem Zeitpunkt und in welchem Umfang Leistungen zu erbringen hat. Insbesondere geht es darum, eine → Überentschädigung zu verhindern.

Koordinationsbetrag: Im BVG-Obligatorium wird vom → AHV-Lohn ein Koordinationsabzug vorgenommen. 2020 beträgt dieser Abzug 24 885 Franken. Wer zwischen 21 330 Franken (Eintrittsschwelle) und 28 440 Franken verdient, ist zum Mindestbetrag von 3555 Franken versichert. Maximal versichert ist ein Lohn von 85 320 Franken (minus Koordinationsbetrag). Ist jemand zu mindestens 40 Prozent (Viertelsrente), zu mindestens 50 Prozent (halbe Rente) oder zu mindestens 60 Prozent

(Dreiviertelsrente) invalid, wird dieser Koordinationsbetrag um einen Viertel, die Hälfte oder drei Viertel gekürzt.

Koordinierter Lohn: → Versicherter Lohn

Krankentaggeld: Das Krankentaggeld deckt den Lohnausfall ab für die Zeit, in der (noch) keine Invaliditätsleistungen ausgerichtet werden. Viele Arbeitnehmende sind über ihren Arbeitgeber einer Kollektiv-Krankentaggeldversicherung angeschlossen. Solche sind aber nicht obligatorisch. Bei Verlust der Arbeitsstelle haben sie das Recht, in die Einzelversicherung überzutreten.

Krankenversicherung: Die Krankenversicherung bezahlt die Heilungskosten, die als Folge einer Krankheit entstehen. Der obligatorischen Grundversicherung sind alle in der Schweiz wohnenden und/oder arbeitenden Personen unterstellt. Im Rahmen der Zusatzversicherung können weitere Leistungen abgedeckt werden, beispielsweise auch ein → Krankentaggeld oder ein → Invaliditätskapital.

Nachdeckung: Der Schutz der obligatorischen → Unfallversicherung, die über den Arbeitgeber abgeschlossen wurde, dauert 31 Tage über das Ende des Arbeitsverhältnisses hinaus an. Die Abdeckung des Invaliditäts- und Todesfallrisikos durch die Pensionskasse 30 Tage darüber hinaus.

Obligatorische Leistungen: Das sind die Mindestleistungen, die jede Pensionskasse gestützt auf das → BVG berechnen und ausrichten muss.

Pensionskassen: Die Pensionskassen oder Vorsorgeeinrichtungen führen die → berufliche Vorsorge durch. Da das BVG nur die Minimalanforderungen festlegt, sind die Pensionskassen darüber hinaus frei, wie sie die Versicherung gestalten. Die Leistungen und Bedingungen sind deshalb von Vorsorgeeinrichtung zu Vorsorgeeinrichtung unterschiedlich.

Plafonierung: Ehepaare erhalten von der IV zusammen höchstens 150 Prozent einer Einzelrente, unabhängig davon, wie hoch die individuellen Renten von Mann und Frau ausfallen würden.

Prämienbefreiung: In der 2. Säule wird das Alterskonto von invaliden Versicherten weitergeführt, obschon die Prämien dafür je nach Invaliditätsgrad ganz oder teilweise nicht mehr bezahlt werden. Auch für eine Versicherungslösung der 3. Säule kann Prämienbefreiung vereinbart werden.

Private Vorsorge: Sie umfasst das freiwillige Sparen und die freiwillige Risikoversicherung in der 3. Säule.

Rechtliches Gehör: Bei den Abklärungen der staatlichen Behörden der Sozialversicherungen besteht ein Anspruch auf rechtliches Gehör. Versicherte können zu allem Stellung beziehen, was für den Entscheid wichtig ist, und haben ein Recht auf Einsicht in die Akten.

Rechtsmittelbelehrung: → Verfügungen, Einspracheentscheide und Urteile müssen eine Rechtsmittelbelehrung enthalten, in der aufgeführt ist, bei welcher Stelle und innert welcher Frist man dagegen ein Rechtsmittel (beispielsweise Einsprache, Beschwerde) einreichen kann.

Rente: Leistungen der Sozialversicherungen werden in der Regel als Rente in monatlich wiederkehrenden Beträgen ausgezahlt. Im Rahmen der 3. Säule kann stattdessen auch eine Kapitalauszahlung vereinbart werden.

Rentenumwandlungssatz: Der Rentenumwandlungssatz hat eine zentrale Bedeutung in der beruflichen Vorsorge; er wirkt sich direkt auf die Höhe der Renten aus. Dieser Umwandlungssatz ist eine Prozentzahl und gibt an, wie das angesparte Alterskapital in die Rente «umgelegt» wird. Wenn der Rentenumwandlungssatz 6,8 Prozent beträgt, ergibt ein angespartes Alterskapital von 100 000 Franken eine Jahresrente von 6800 Franken.

Revision: Die → Invalidenversicherung führt in regelmässigen Zeitabständen Revisionen der Renten durch und überprüft, ob alle Voraussetzungen dafür noch erfüllt sind. Ist dies nicht der Fall, wird die Rente angepasst.
Auch Gesetze und Verordnungen können revidiert werden. So wurde per 1. Januar 2017 das Unfallversicherungsgesetz revidiert. Und auch das Scheidungsrecht wurde per 1. Januar 2017 abgeändert, was sich aus versicherungsrechtlicher Sicht insbesondere in der beruflichen Vorsorge bemerkbar macht.

Rückerstattung: Zu Unrecht bezogene Leistungen sind nachträglich zurückzuerstatten. Wurde die Leistung gutgläubig bezogen und würde das Zurückzahlen eine finanzielle Härte bedeuten, kann die Rückerstattung erlassen werden.

Sozialversicherungsrechtliche Streitigkeit: Darunter fallen die Streitigkeiten im Bereich der 1. und der 2. Säule, der Unfall- und der Krankenversicherung. Zuständig sind die kantonalen Sozialversicherungsgerichte; ein Weiterzug an das → Bundesgericht ist möglich.

Splitting: Um die Aufgabenteilung während der Ehejahre zu berücksichtigen, werden die Einkommen, die Mann und Frau während der Ehe verdient haben, zusammengezählt und den beiden je zur Hälfte angerechnet.

Staatsverträge: In den Staatsverträgen, die die Schweiz vor allem mit europäischen sowie einigen aussereuropäischen Ländern abgeschlossen hat, sind unter anderem auch sozialversicherungsrechtliche Fragen geregelt. Welches Land erhebt die Beiträge? Wohin werden die Leistungen ausgezahlt?

Taggeld: Während der Heilungsphase bis zur allfälligen Zusprechung einer Rente zahlt die Unfallversicherung für die bestehende Arbeitsunfähigkeit Taggelder aus. Die Invalidenversicherung zahlt während der Eingliederung ebenfalls Taggelder (→ Krankentaggeld).

Überentschädigung: Viele Menschen sind für verschiedene Risiken über unterschiedliche Versicherungen mehrfach abgedeckt. Das kann dazu führen, dass im Versicherungsfall theoretisch insgesamt mehr Geld fliesst, als erforderlich ist, um den Schaden zu decken. Solche Überentschädigungen führen bei der → Koordination der verschiedenen Leistungen häufig dazu, dass einzelne Versicherungen ihre Leistungen kürzen.

Überobligatorische Leistungen:
Solche Leistungen einer Pensionskasse gehen über das vom → BVG vorgeschriebene Minimum hinaus. Massgebend im überobligatorischen Bereich sind die Statuten und das Reglement der einzelnen Pensionskasse.

Umschulung: Dies ist die wichtigste → berufliche Massnahme der IV. Sie wird gewährt, wenn jemand aus gesundheitlichen Gründen eine Lohneinbusse von mindestens 20 Prozent erleidet und wenn dank der Umschulung Aussicht auf → Eingliederung ins Erwerbsleben besteht.

Unentgeltlicher Rechtsbeistand: Wenn jemand nicht über die nötigen finanziellen Mittel verfügt, um einen Anwalt beizuziehen, hat er oder sie allenfalls Anspruch auf eine unentgeltliche Rechtsvertretung. Dies allerdings nur, wenn der Prozessstandpunkt nicht von vornherein aussichtslos erscheint.

Unfall: Ein Unfall ist die plötzliche, nicht beabsichtigte schädigende Einwirkung eines ungewöhnlichen äusseren Faktors auf den menschlichen Körper, die eine Beeinträchtigung der körperlichen oder psychischen Gesundheit oder den Tod zur Folge hat.

Unfallversicherung: Die für unselbständig Erwerbstätige obligatorische Unfallversicherung (UV) übernimmt Heilbehandlungskosten und richtet Taggelder, Renten und Integritätsentschädigungen aus.

Untersuchungspflicht: Bei Auseinandersetzungen mit Sozialversicherungen sind diese verpflichtet, die wichtigen Punkte von sich aus abzuklären. Die versicherten Personen haben aber eine Mitwirkungspflicht. Die Untersuchungspflicht gilt aber nicht für private Versicherungen: Bei solchen müssen die Versicherten die Beweise vorlegen, dass sie Anspruch auf Versicherungsleistungen haben.

Valideneinkommen: Das ist das mutmassliche Einkommen, das eine invalide Person ohne die gesundheitliche Beeinträchtigung erzielen könnte (→ Invalideneinkommen).

Verfügung: Zum Abschluss eines Verfahrens erlassen die staatlichen Behörden der 1. Säule eine Verfügung, in der die geschuldeten Leistungen oder die zu bezahlenden Beiträge festgelegt werden. Die Verfügung muss eine Begründung und eine → Rechtsmittelbelehrung enthalten.

Versicherter Lohn: In der beruflichen Vorsorge werden die Beiträge aufgrund des versicherten Lohnes berechnet. Ausgangspunkt ist der → AHV-Lohn. Davon wird der → Koordinationsbetrag abgezogen, weshalb der versicherte Lohn regelmässig tiefer liegt als der AHV-Lohn. Die Unfallversicherung geht für die Berechnung der Leistungen vom versicherten Lohn aus. Versichert ist der zuletzt verdiente AHV-Lohn bis zum Maximalbetrag von 148 200 Franken (Stand 2020).

Versicherungsausweis: Jede versicherte Person hat Anspruch auf einen Versicherungsausweis der → Pensionskasse, der jedes Jahr neu ausgestellt wird und in dem alle relevanten Informationen zum Versicherungsverhältnis enthalten sind. Andere

Bezeichnungen sind etwa Vorsorgeausweis, Leistungsausweis, Leistungsblatt oder persönlicher Ausweis.

Verzugszinsen: Wenn eine Sozialversicherung die Leistung mehr als zwölf Monate nach der Anmeldung zuspricht und mehr als 24 Monate nach dem Zeitpunkt, in dem die Leistung eigentlich hätte ausgerichtet werden müssen, sind Verzugszinsen geschuldet.

Viertelsrente: Die IV bezahlt bei einem → Invaliditätsgrad zwischen 40 und 49 Prozent eine Viertelsrente.

Vorbehalt: Vorbehalte sind konkret umschriebene Risiken, für die eine Versicherung keine Leistungen erbringen wird. Während die Sozialversicherungen keine Vorbehalte anbringen dürfen, sind Privatversicherer in dieser Hinsicht frei und können im individuell ausgehandelten Versicherungsvertrag gesundheitliche Vorbehalte festhalten. Für die Pensionskassen gilt: Im Obligatoriumsbereich sind ebenfalls keine Vorbehalte möglich; im überobligatorischen Bereich können gesundheitliche Vorbehalte bis maximal fünf Jahre angebracht werden.

Vorbescheid: Der Vorbescheid ist ein gewöhnlicher Brief, in dem die IV mitteilt, was sie zu entscheiden beabsichtigt. Dagegen kann die versicherte Person und/oder die Pensionskasse innert 30 Tagen Einwände vorbringen, die die IV prüfen muss. Anschliessend fällt die IV den definitiven Entscheid und stellt ihn als → Verfügung zu.

Wohnsitz: Als Wohnsitz gilt der Lebensmittelpunkt einer Person.

Zivilrechtliche Streitigkeit: Auseinandersetzungen in der 3. Säule und mit Privatversicherern (z. B. Krankentaggeld- oder Zusatzversicherung) gehören nicht zu den → sozialversicherungsrechtlichen Streitigkeiten. Trotzdem werden sie in vielen Kantonen vor den Sozialversicherungsgerichten ausgetragen.

Zweite Säule: Die 2. Säule umfasst die berufliche Vorsorge und soll zusammen mit der 1. Säule die Fortsetzung der gewohnten Lebenshaltung in angemessener Weise ermöglichen. Sie ist geregelt im → BVG und in den Reglementen der Pensionskassen.

Vorlage

 Beispiel für eine Beschwerde gegen eine IV-Verfügung

Einschreiben
[An das zuständige Sozialversicherungsgericht / Versicherungsgericht; Adresse einfügen]

Beschwerde gegen Verfügung der IV vom XX *[Datum einfügen]*

Sehr geehrte Damen und Herren SozialversicherungsrichterInnen
Sehr geehrte Damen und Herren

Die Invalidenversicherung hat mir am XX *[Datum einfügen]* die beigelegte Verfügung geschickt. Mit dieser Verfügung bin ich nicht einverstanden und erhebe deshalb hiermit Beschwerde mit den Anträgen,
– dass die Verfügung vom XX *[Datum einfügen]* aufgehoben wird;
– dass die Invalidenversicherung verpflichtet wird, mir die mir zustehenden Leistungen *[hier die von Ihnen verlangte Leistung einfügen, z. B. IV-Rente ab XY, Hilflosenentschädigung etc.]* auszurichten.

Als Begründung bringe ich Folgendes vor:

[Hier müssen Sie nun begründen, was vorgefallen ist, an welchen Krankheiten Sie leiden und vor allem, weshalb Sie der Meinung sind, dass der Entscheid der Invalidenversicherung nicht richtig ist respektive warum Sie Leistungen oder höhere Leistungen wollen.]

Gerne bitte ich Sie, im Sinne meiner Anträge zu entscheiden.

Freundliche Grüsse

[Name und Unterschrift]

Im Doppel

Beilagen:
– Verfügung vom XX *[Datum einfügen]*
– *[allfällige weiter Beilagen aufführen]*

Hilfsmittelliste der IV

Im Folgenden finden Sie alle Positionen, die auf der Hilfsmittelliste der IV aufgeführt sind. Bei einzelnen Hilfsmitteln ist eine Kostenbeteiligung der Versicherten vorgesehen, andere sind an Bedingungen gebunden, beispielsweise dass damit eine Erwerbstätigkeit oder ein selbständiges Fortbewegen ausser Haus ermöglicht wird. Am besten erkundigen Sie sich direkt bei der IV-Stelle, welches Hilfsmittel unter welchen Bedingungen für Sie infrage kommt.

HILFSMITTEL, DIE DIE IV ÜBERNIMMT

Prothesen
- Definitive funktionelle Fuss- und Beinprothesen
- Definitive Hand- und Armprothesen
- Definitive Brust-Exoprothesen

Orthesen
- Beinorthesen
- Armorthesen
- Rumpforthesen
- Halsorthesen

Schuhwerk und orthopädische Fusseinlagen
- Orthopädische Massschuhe und orthopädische Serienschuhe einschliesslich Fertigungskosten
- Kostspielige orthopädische Änderungen/Schuhzurichtungen an Konfektionsschuhen oder orthopädischen Spezialschuhen
- Orthopädische Spezialschuhe
- Invaliditätsbedingter Mehrverbrauch von Konfektionsschuhen
- Orthopädische Fusseinlagen

Hilfsmittel für den Kopfbereich
- Augenprothesen
- Gesichtsepithesen
- Zahnprothesen

- Perücken
- Hörgeräte bei Schwerhörigkeit
- Implantierte und knochenverankerte Hörgeräte
- Sprechhilfegeräte nach Kehlkopfoperationen

Brillen und Kontaktlinsen
(zusätzlich zu einer medizinischen Massnahme)
- Brillen
- Kontaktlinsen

Rollstühle
- Rollstühle ohne motorischen Antrieb
- Elektrorollstühle

Beiträge an Motorfahrzeuge und Invalidenfahrzeuge
- Motorfahrräder, zwei- bis vierrädrig
- Kleinmotorräder und Motorräder
- Automobile
- Invaliditätsbedingte Abänderungen von Motorfahrzeugen

Hilfsmittel für Blinde und hochgradig Sehschwache
- Blindenlangstöcke
- Blindenführhunde
- Abspielgeräte für Tonträger
- Lese- und Schreibsysteme
- Lupenbrillen, Ferngläser und Filtergläser

Gehhilfen
- Krückstöcke
- Rollatoren und Gehböcke

Hilfsmittel am Arbeitsplatz, im Aufgabenbereich, zur Schulung und Ausbildung sowie bauliche Vorkehren zur Überwindung des Arbeitswegs
- Invaliditätsbedingte Arbeits- und Haushaltsgeräte sowie Zusatzeinrichtungen, Zusatzgeräte und Anpassungen für die Bedienung von Apparaten und Maschinen

- Der Behinderung individuell angepasste Sitz-, Liege- und Stehvorrichtungen
- Der Behinderung individuell angepasste Arbeitsflächen
- Invaliditätsbedingte bauliche Änderungen am Arbeitsplatz und im Aufgabenbereich
- Hebebühnen und Treppenlifte sowie Beseitigung oder Abänderung baulicher Hindernisse im und um den Wohn-, Arbeits-, Ausbildungs- und Schulungsbereich

Hilfsmittel für die Selbstsorge
- WC-Dusch- und -Trockenanlagen sowie Zusätze zu bestehenden Sanitäreinrichtungen
- Krankenheber
- Elektrobetten (mit Aufzugbügel, jedoch ohne Matratze und sonstiges Zubehör)
- Invaliditätsbedingte bauliche Änderungen in der Wohnung: Anpassen von Bade-, Dusch- und WC-Räumen an die Invalidität; Versetzen oder Entfernen von Trennwänden; Verbreitern oder Auswechseln von Türen; Anbringen von Haltestangen, Handläufen und Zusatzgriffen; Entfernen von Türschwellen oder Erstellen von Schwellenrampen; Installation von Signalanlagen für hochgradig Schwerhörige, Gehörlose und Taubblinde
- Treppenfahrstühle und Rampen
- Assistenzhund für körperbehinderte Personen

Hilfsmittel für den Kontakt mit der Umwelt
- Elektrische und elektronische Kommunikationsgeräte
- Abspielgeräte für Tonträger
- Seitenwendegeräte
- Umweltkontrollgeräte
- SIP-Videophones
- Beiträge an massgefertigte Kleider
- Sturzhelme für Epileptiker und Hämophile
- Ellbogen- und Knieschoner für Hämophile
- Spezielle Rehab-Kinder-Autositze für Versicherte ohne Kopf- und Rumpfkontrolle

Stand 2020

Hilfreiche Adressen und Links

Amtliche Stellen

Bundesamt für Sozialversicherungen BSV
Abteilung IV
Effingerstrasse 20
3003 Bern
Tel. 058 462 90 11
www.bsv.admin.ch

Bundesamt für Privatversicherungen BPV
Schwanengasse 2
3003 Bern
Tel. 031 322 79 11
www.finma.ch (→ Archiv → Bundesamt für Privatversicherungen)

Bundesamt für Gesundheit BAG
Schwarzenburgstrasse 157
3003 Bern
Tel. 058 462 21 11
www.bag.admin.ch

Kantonale IV-Stellen

Die Adressen aller kantonalen IV-Stellen finden Sie auch im Internet unter www.ahv-iv.info (→ Kontakte → IV-Stellen).

AG   SVA Aargau
     Bereich Invalidenversicherung
     Bahnhofplatz 3C
     5001 Aarau
     Tel. 062 836 81 81
     www.sva-ag.ch

AI   IV-Stelle Appenzell Innerrhoden
     Poststrasse 9
     9050 Appenzell
     Tel. 071 788 18 30
     www.akai.ch

AR   Sozialversicherungen Appenzell Ausserrhoden
     Neue Steig 15
     9102 Herisau 2
     Tel. 071 354 51 51
     www.sovar.ch

BE   IV-Stelle Kanton Bern
     Scheibenstrasse 70
     3001 Bern
     Tel. 058 219 71 11
     www.ivbe.ch

BL   SVA Basel-Landschaft
     Hauptstrasse 109
     4102 Binningen
     Tel. 061 425 25 25
     www.sva-bl.ch

BS   IV-Stelle Basel-Stadt
     Lange Gasse 7
     4052 Basel
     Tel. 061 225 25 25
     www.ivbs.ch

FR   Office AI du Canton de Fribourg
     Impasse de la Colline 1
     1762 Givisiez
     Tel. 026 305 52 37
     www.ivfr.ch

GE Office cantonal des assurances sociales
Rue des Gares 12
1211 Genève 2
Tel. 022 327 27 27
www.ocas.ch

GL Sozialversicherungen Glarus
Burgstrasse 6
8750 Glarus
Tel. 055 648 11 11
www.svgl.ch

GR SVA Graubünden
Ottostrasse 24
7001 Chur
Tel. 081 257 41 11
www.sva.gr.ch

JU Office cantonal de l'assurance invalidité du Jura
Rue Bel-Air 3
2350 Saignelégier
Tel. 032 952 11 11
www.caisseavsjura.ch

LU IV-Stelle Luzern
Landenbergstrasse 35
6002 Luzern
Tel. 041 369 05 00
www.ivstlu.ch

NE L'office de l'assurance-invalidité du canton de Neuchâtel
Rue de Chandigarh 2
2301 La Chaux-de-Fonds
Tel. 032 910 71 00
www.ai-ne.ch

NW IV-Stelle Nidwalden
Stansstaderstrasse 88
6371 Stans
Tel. 041 618 51 00
www.aknw.ch

OW IV-Stelle Obwalden
Brünigstrasse 144
6060 Sarnen
Tel. 041 666 27 50
www.akow.ch

SG SVA St. Gallen
Brauerstrasse 54
9016 St. Gallen
Tel. 071 282 66 33
www.svasg.ch

SH SVA Schaffhausen
Oberstadt 9
8200 Schaffhausen
Tel. 052 632 61 11
www.svash.ch

SO IV-Stelle Solothurn
Allmendweg 6
4528 Zuchwil
Tel. 032 686 24 00
www.ivso.ch

SZ IV-Stelle Schwyz
Rubiswilstrasse 8
6431 Schwyz
Tel. 041 819 04 25
www.aksz.ch

TG Sozialversicherungszentrum Thurgau
St. Gallerstrasse 11
8005 Frauenfeld
Tel. 058 225 75 75
www.svztg.ch

TI Istituto delle assicurazioni sociali
Via Canonico Ghiringhelli 15
6500 Bellinzona
Tel. 091 821 94 11
www.iasticino.ch

UR Sozialversicherungsstelle Uri
    Dätwylerstrasse 11
    6460 Altdorf
    Tel. 041 874 50 10
    www.svsuri.ch

VD Office AI pour le Canton de Vaud
    Av. Général-Guisan 8
    1800 Vevey
    Tel. 021 925 24 24
    www.aivd.ch

VS Office cantonal AI du Valais
    Av. de la Gare 15
    1950 Sion
    Tel. 027 324 96 11
    www.aivs.ch

ZG IV-Stelle Zug
    Baarerstrasse 11
    6302 Zug
    Tel. 041 560 47 00
    www.akzug.ch

ZH SVA Zürich
    Röntgenstrasse 17
    8087 Zürich
    Tel. 044 448 50 00
    www.svazurich.ch

IV-Stelle für Versicherte mit Wohnsitz
im Ausland / Office AI pour les assurés
résidant à l'étranger
Avenue Edmond-Vaucher 18
1211 Genève 2
Tel. +41 58 461 91 11
www.zas.admin.ch

Ausgleichskassen und Ergänzungsleistungsbehörden

Die Ausgleichskassen beantworten Fragen zu den Beiträgen an die AHV/IV/EL. Die Nummern der zuständigen Kassen finden Sie im Internet (www.ahv-iv.ch → Kontakte).

Berufliche Vorsorge

Informationen zur beruflichen Vorsorge finden Sie unter: www.bsv.admin.ch (→ Sozialversicherungen → Berufliche Vorsorge und 3. Säule).

Stiftung Auffangeinrichtung BVG
Zweigstelle
Elias-Canetti-Strasse 2
8036 Zürich
Tel. 041 799 75 75
www.chaeis.net
Fragen zur beruflichen Vorsorge beantworten die Zweigstellen in Lausanne, Bellinzona und Zürich. Die Adressen finden Sie auf der Webseite (→ Berufliche Vorsorge → Über uns → Kontakt).

Unfallversicherung

Schweizerische Unfallversicherungsanstalt
Suva
Fluhmattstrasse 1
6004 Luzern
Tel. 0848 820 820
www.suva.ch

Ersatzkasse UVG
Richtiplatz 1
8304 Wallisellen
Tel. 058 358 05 70
www.ersatzkasse.ch
Erbringt die gesetzlichen Versicherungsleistungen an verunfallte Arbeitnehmer, die von ihrem Arbeitgeber nicht versichert worden sind und für die nicht die Suva zuständig ist.

Eine Liste der weiteren Unfallversicherer nach UVG können Sie von der Webseite des Bundesamts für Gesundheit herunterladen: www.bag.admin.ch (→ Themen → Versicherungen → Unfallversicherung → Versicherer und Aufsicht).

Krankenversicherung

santésuisse
Römerstrasse 20
4502 Solothurn
Tel. 032 625 41 41
www.santesuisse.ch

Die Aufsicht über die Versicherer, die die Grundversicherung anbieten, liegt beim Bundesamt für Gesundheit (BAG), die Aufsicht über die Zusatzversicherungen beim Bundesamt für Privatversicherung (BPV, siehe Seite 221). Eine Liste der Krankenversicherer samt Links findet sich unter www.santesuisse.ch (→ über santésuisse → Krankenversicherer).

Gemeinsame Einrichtung KVG
www.kvg.org

Betroffenenorganisationen

Aids-Hilfe Schweiz
Stauffacherstrasse 101
8036 Zürich
Tel. 044 447 11 11
www.aids.ch

epi-suisse, Schweizerischer
Verein für Epilepsie
Seefeldstrasse 84
8008 Zürich
Tel. 043 488 68 80
www.epi-suisse.ch

FRAGILE Suisse, Schweizerische
Vereinigung für
hirnverletzte Menschen
Beckenhofstrasse 70
8006 Zürich
Tel. 044 360 30 60
www.fragile.ch

INSOS Soziale Institutionen für
Menschen mit Behinderung Schweiz
Zieglerstrasse 53
3000 Bern 14
Tel. 031 385 33 00
www.insos.ch

ANHANG

Krebsliga Schweiz
Effingerstrasse 40
3001 Bern
Tel. 031 389 91 00
www.swisscancer.ch

Lungenliga Schweiz
Chutzenstrasse 10
3007 Bern
Tel. 031 378 20 50
www.lungenliga.ch

Parkinson Schweiz
Gewerbestrasse 12a
8132 Egg
Tel. 043 277 20 77
www.parkinson.ch

pro audito schweiz
Oberer Graben 48
8400 Winterthur
Tel. 044 363 12 00
www.pro-audito.ch

Procap Schweiz
Frohburgstrasse 4
4601 Olten
Tel. 062 206 88 88
www.procap.ch

Pro Infirmis Schweiz
Feldeggstrasse 71
8032 Zürich
Tel. 058 775 20 00
www.proinfirmis.ch

Rheumaliga Schweiz
Josefstrasse 92
8005 Zürich
Tel. 044 487 40 00
www.rheumaliga.ch

SAHB
Hilfsmittelberatung für Behinderte
Dünnernstrasse 32
4702 Oensingen
Tel. 062 388 20 20
www.sahb.ch

Der Schmerzverband
Horneggstrasse 9
8008 Zürich
Tel. 044 388 57 00
www.touche.ch

Schweizer Paraplegiker-Stiftung
Guido A. Zäch Strasse 6
6207 Nottwil
Tel. 041 939 62 62
www.paraplegie.ch

Inclusion Handicap
Mühlemattstrasse 14a
3007 Bern
Tel. 031 370 08 30
www.inclusion-handicap.ch

Schweizerische Fachstelle
für behindertengerechtes Bauen
Stiftung zur Förderung einer
behindertengerechten Umwelt
Kernstrasse 57
8004 Zürich
Tel. 044 299 97 97
www.hindernisfrei-bauen.ch

Schweizerische Muskelgesellschaft
Kanzleistrasse 80
8004 Zürich
Tel. 044 245 80 30
www.muskelgesellschaft.ch

Schweizerische Multiple Sklerose
Gesellschaft
Josefstrasse 129
8031 Zürich
Tel. 043 444 43 43
www.multiplesklerose.ch

Schweizerische Stiftung
für das cerebral gelähmte Kind
Erlachstrasse 14
3001 Bern
Tel. 031 308 15 15
www.cerebral.ch

Schweizerische Stiftung Pro Mente Sana
Hardturmstrasse 261
8031 Zürich
Tel. 044 446 55 00
Beratungstelefon:
0848 800 858
www.promentesana.ch

Schweizerischer Zentralverein
für das Blindenwesen SZB
Schützengasse 4
9001 St. Gallen
Tel. 071 223 36 36
www.szb.ch

Sonos Schweizerischer Verband
für Gehörlosen- und
Hörgeschädigten-Organisationen
Feldeggstrasse 69
8032 Zürich
Tel. 044 421 40 10
www.sonos-info.ch

Rechtsberatung und Ombudsstellen

Beobachter-Beratungszentrum
Das Wissen und der Rat der Expertinnen und Experten in acht Fachbereichen steht den Mitgliedern des Beobachters im Internet und am Telefon zur Verfügung. Wer kein Abonnement der Zeitschrift oder von Guider hat, kann online oder am Telefon eines bestellen und erhält sofort Zugang zu den Dienstleistungen.

- www.guider.ch: Guider ist der digitale Berater des Beobachters mit vielen hilfreichen Antworten bei Rechtsfragen.
- Beratung am Telefon: Montag bis Freitag von 9 bis 13 Uhr. Direktnummern der Fachbereiche unter www.beobachter.ch/beratung (Telefonische Beratung)
- Kurzberatung per E-Mail: Link unter www.beobachter.ch/beratung (E-Mail-Beratung)

Beratungsstelle des Vereins
BVG-Auskünfte
Sozialzentrum
Ausstellungsstrasse 88
8005 Zürich
Tel. 044 447 17 17
Voranmeldung obligatorisch
Beratungstermine auch in Bern, Brugg, Frauenfeld, Genf, Lausanne, Luzern, St. Gallen, Winterthur, Zürich
www.bvgauskuenfte.ch

KS Partner
Anwaltskanzlei
Ulrichstrasse 14
8032 Zürich
Tel. 044 388 57 77
www.kspartner.ch
Kostenlose Telefonberatung
Mo und Do 16.30 bis 17.30 Uhr

Ombudsman der
Privatversicherung
und der SUVA
Sekretariat
8024 Zürich
Tel. 044 211 30 90
www.versicherungsombudsman.ch

Ombudsstelle Krankenversicherung
Morgartenstrasse 9
6002 Luzern
Tel. 041 226 10 10
www.om-kv.ch

Patienten Anlauf- und Beratungsstelle PABS
Medizinische Gesellschaft Basel
Marktgasse 5
4051 Basel
Tel. 061 560 15 15
Patientenstellen
- Patientenstelle Basel
  Hebelstrasse 53
  4002 Basel
  Tel. 061 261 42 41
- Patientenstelle Zentralschweiz
  St. Karli-Quai 12
  6004 Luzern
  Tel. 041 410 10 14
- Patientenstelle Zürich
  Hofwiesenstrasse 3
  8042 Zürich
  Tel. 044 361 92 56

Kostenpflichtige Hotline für
Nichtmitglieder: 0900 10 41 23
www.patientenstelle.ch

Rechtsberatung Schweizer
Paraplegiker-Vereinigung
Guido A. Zäch Strasse 6
6207 Nottwil
Tel. 041 939 54 00
www.paranet.ch

Rechtsberatungsstelle UP
für Unfallopfer und Patienten
Alderstrasse 40
8008 Zürich
Tel. 0800 707 277
www.rechtsberatung-up.ch

Rechtsdienst
Behindertenforum Basel
Bachlettenstrasse 12
4054 Basel
Tel. 061 205 29 29
www.behindertenforum.ch

Rechtsdienst für Behinderte
- Zweigstelle Zürich
  Bürglistrasse 11
  8002 Zürich
  Tel. 044 201 58 27
- Zweigstelle Bern
  Mühlemattstrasse 14a
  3007 Bern
  Tel. 031 370 08 35
- Bureau de la Suisse romande
  Pl. Grand-St-Jean 1
  1003 Lausanne
  Tel. 021 323 33 52
www.inclusion-handicap.ch

Rechtsschutz Procap
Schweizerischer Invalidenverband
Frohburgstrasse 4
4601 Olten
Tel. 062 206 88 88
www.procap.ch

Schweizerische Patienten- und
Versichertenorganisation SPO
Beratungsstellen:
- Häringstrasse 20
  8001 Zürich
  Tel. 044 252 54 22
- Postgasse 15
  3000 Bern 8
  Tel. 031 372 13 11
- Fährweg 8
  4600 Olten
  Tel. 062 212 55 89
- Rosenbergstrasse 72
  9000 St. Gallen
  Tel. 071 278 42 40
- Chemin de Mont-Paisible 18
  1011 Lausanne
  Tel. 021 314 73 88

Kostenpflichtige Hotline für
Nichtmitglieder: 0900 56 70 47
www.spo.ch

Suche nach einem Anwalt

Demokratische Juristinnen
und Juristen der Schweiz (DJS)
Schwanengasse 9
3011 Bern
Tel. 078 617 87 17
www.djs-jds.ch
Vermittelt Adressen von spezialisierten
Anwälten

Rechtsberatungsstelle UP
für Unfallopfer und Patienten
Alderstrasse 40
8008 Zürich
Tel. 0800 707 277
www.rechtsberatung-up.ch

Schweizerischer Anwaltsverband
Marktgasse 4
3001 Bern
Tel. 031 313 06 06
www.sav-fsa.ch
Führt Mitgliederlisten, auf denen die
Spezialgebiete der Anwälte genannt sind

Vereinigung Fachanwälte SAV Haftpflicht-
und Versicherungsrecht
www.versicherungsfachanwalt.ch

Selbsthilfeorganisationen und Elternvereinigungen

Agile, Behinderten-Selbsthilfe Schweiz
Effingerstrasse 55
3008 Bern
Tel. 031 390 39 39
www.agile.ch

insieme
Schweizerische Vereinigung der
Elternvereine für geistig Behinderte
Aarbergergasse 33
3001 Bern
Tel. 031 300 50 20
www.insieme.ch

Schweizer Paraplegiker-Vereinigung
Kantonsstrasse 40
6207 Nottwil
Tel. 041 939 54 00
www.paranet.ch

Schweizerische Vereinigung
der Gelähmten
Route du Grand-Pré 3
1700 Fribourg
Tel. 026 322 94 33
www.aspr-svg.ch

Schweizerischer Blindenbund
Friedackerstrasse 8
8050 Zürich
Tel. 044 317 90 00
www.blind.ch

Schweizerischer Blinden- und
Sehbehindertenverband
Könizstrasse 23
3001 Bern
Tel. 031 390 88 00
www.sbv-fsa.ch

Schweizerischer Gehörlosenbund
Räffelstrasse 24
8045 Zürich
Tel. 044 315 50 40
www.sgb-fss.ch

Selbsthilfe Schweiz
Laufenstrasse 12
4053 Basel
061 333 86 01
www.selbsthilfeschweiz.ch
Vermittelt Kontakte zu
Selbsthilfeorganisationen
in Ihrer Region

Vereinigung Cerebral Schweiz
Zuchwilerstrasse 43
4501 Solothurn
Tel. 032 622 22 21
www.vereinigung-cerebral.ch

Nützliche Beobachter-Ratgeber

Baumgartner, Gabriela: **Clever mit Geld umgehen.** Budget, Sparen, Wege aus der Schuldenfalle. 3. Auflage, Beobachter-Edition, Zürich 2019

Bräunlich Keller, Irmtraud: **Job weg – meine Rechte.** Wie weiter bei Kündigung und Arbeitslosigkeit? 4. Auflage, Beobachter-Edition, Zürich 2018

Hubert, Anita: **Ergänzungsleistungen.** Wenn die AHV oder IV nicht reicht. 3. Auflage, Beobachter-Edition, Zürich 2019

Ihde-Scholl, Thomas: **Ganz normal anders.** Alles über psychische Krankheiten, Behandlungsmöglichkeiten und Hilfsangebote. 3. Auflage, Beobachter-Edition, Zürich 2019

Ihde-Scholl, Thomas: **Wenn die Psyche streikt.** Psychische Gesundheit in der Arbeitswelt. Beobachter-Edition, Zürich 2015

Jahn, Ruth: **Rezeptfrei gesund mit Schweizer Hausmitteln.** 3. Auflage, Beobachter- Edition, Zürich 2012

Kessler, Helga; Hell, Daniel: **Wege aus der Depression.** Burn-out, Lebenskrise, Stress – Hilfe für Betroffene und Angehörige. 3. Auflage, Beobachter-Edition, Zürich 2011

Limacher, Gitta: **Krankheit oder Unfall – wie weiter im Job?** Das gilt, wenn Sie nicht arbeiten können. 5. Auflage, Beobachter-Edition, Zürich 2018

Strebel Schlatter, Corinne: **Wenn das Geld nicht reicht.** So funktionieren die Sozialversicherungen und die Sozialhilfe. 4. Auflage, Beobachter-Edition, Zürich 2020

Schreiber, Roland: **Dem Schmerz die Stirn bieten.** Das ganze Spektrum an Behandlungsmöglichkeiten. 1. Auflage, Beobachter-Edition, Zürich 2020

Schreiber, Delia: **Die Selbstheilung aktivieren.** Die Kraft des inneren Arztes. 4. Auflage, Beobachter-Edition, Zürich 2019

Koch, Robert G.: **Immunsystem – so stärke ich meinen Bodyguard.** Die eigene Abwehr optimieren. 2. Auflage, Beobachter-Edition, Zürich 2020

Noser, Walter: **Alles über die KESB.** Rechte und Pflichten gegenüber der Kindes- und Erwachsenenschutzbehörde. 1. Auflage, Beobachter-Edition, Zürich 2020

Klingler Lüthi, Christine / Bodenmann, Guy: **Stark gegen Stress.** Mehr Lebensqualität im Alltag. 1. Auflage, Beobachter-Edition, Zürich 2013

Stichwortverzeichnis

A

Abklärungen der IV 87
Abredeversicherung 183, 208
Adäquater Kausalzusammenhang 109
AHV 16, 208
AHV-pflichtiger Lohn 39, 208
Akteneinsichtsrecht 88, 91
Alternativmedizin 124
Altersgutschriften 142, 181, 208
Änderung der
   Verhältnisse 97, 151, 189, 198
Anerkannte Ausgaben 163, 208
Anmeldung bei IV 44, 92
Anrechenbare Einnahmen 151, 208
Arbeitnehmer 39, 106, 136, 178
Arbeitslose 39, 127, 183, 191
Arbeitslosen-
   versicherung 16, 77, 183, 208
Arbeitsunfähigkeit 20, 178, 208
Assessment 47
Assistenzbeitrag 205
Ausgeglichener Arbeitsmarkt 58
Ausgleichskasse 38, 40, 84, 208, 223
Auslandaufenthalt 37, 161
Ausländer 160, 196, 209
– Zahlung ins Ausland 197

B

Behindertenorganisationen 224, 228
Beiträge an IV 36, 38
Beiträge an Pensionskasse 143
Beitragsdauer 73
Beitragsjahr 35, 36
Beitragslücke 41, 74, 209
Beratungsstellen 52, 97, 224, 226
Berufliche Massnahmen 47, 209
Berufliche Vorsorge 16, 18, 98, 133,
   181, 189, 209
– Eintrittsschwelle 136
– Invalidenrente 141
– Invaliditätsgrad 144
– Koordinationsabzug 136, 142, 212
– Leistungen 141
– Mindesteinkommen 136, 181
– Organisation 134
– Selbständigerwerbende 136, 194
– Teilinvalide 140
– Teilzeit-
   erwerbstätige 136, 140, 146, 186
– Überentschädigung 186
– überobligatorische
   Leistungen 135, 139, 141, 181, 215
– Verfahren 153
– zuständige Pensionskasse 147
Beschwerde 94, 121, 209
Betätigungs-
   vergleich 26, 60, 192, 198, 209
Betrag für den allgemeinen
   Lebensbedarf 163
Betreuungsgutschrift 36, 75, 209
Bundesamt für Sozial-
   versicherung 84, 221
Bundesgericht 95, 121, 154, 209
BVG-Obligatorium 139

C/D

Case Management 19, 74, 209
Dreiviertelsrente 72, 140, 210
– berufliche Vorsorge 144
Dritte Säule 168, 209

E

Ehepaare 38, 75, 163
Einarbeitungszuschuss 45, 47
Eingetragene Partner 38, 76, 163

Eingliederung 27, 42, 47, 49, 51, 52, 57, 210
– berufliche Massnahmen 47, 209
– Erstausbildung 49
– Früherfassung 43, 210
– Frühintervention 44, 210
– Integration 45, 211
– Taggeld 49, 214
– Umschulung 47, 215
Einkommensvergleich 53, 117
– Jugendliche 56, 173
Einsprache 121, 125, 210
Einspracheentscheid 121
Eintrittsschwelle BVG 136
Ergänzungsleistungen EL 16, 157, 197, 203, 205, 211
– Berechnung 163
– für Ausländer 159, 197
– Jugendliche 203
– krankheits- und behinderungs-
  bedingte Kosten 163
– und Heimaufenthalt 205
– und Vermögen 162, 165
Ergänzungsleistungsbehörden 223
Erstausbildung 48
Erste Säule siehe AHV und
  Invalidenversicherung
Erwerbsunfähigkeit 20, 21, 210
– dritte Säule 169
Erwerbsunfähigkeitsrente 172, 203, 210
Erziehungsgutschrift 36, 74, 210

F
Finanzielle Härte 101
Finanzielle Leistungen an
  Behinderte (FLB)....................................158
Finanzielle Schwierigkeiten...............77, 158
Freiwillige AHV/IV 37, 210
Freizügigkeitsleistung 144
Früherfassung 43, 210
Frühintervention 44, 210

G
Ganze Rente 71, 136, 211
Gebundene Vorsorge 168
Geburtsgebrechen 23, 240
Gemischte Methode 62, 186, 211
Gutachten der IV 90, 211
Gutgläubigkeit 101

H
Halbe Rente 72, 144, 211
Hauptrente 71
Hausfrauen, -männer .. 25, 34, 60, 136, 198
– bei Heimaufenthalt................................204
– Umschulung 198
Hilflosenentschädigung...........79, 111, 201, 204, 205, 211
– bei Heimaufenthalt................................204
– IV... 79
– Unfallversicherung 111
Hilfsmittel 81, 111, 218
– IV... 81
– Unfallversicherung 111
Hilfsmittelliste 218

I
Individuelles Konto 35, 40
Integrationsmassnahmen 45, 211
Integritätsentschädigung 111, 114, 211
Invalideneinkommen 53, 55, 116, 211
– Definition 54
Invalidenversicherung IV 14, 16, 33, 99, 186, 211
– Anmeldung 44, 85
– Arbeitnehmer 39, 178
– Arbeitslose 39, 183, 191
– Assistenzbeitrag 205
– Beiträge 34, 38
– Eingliederung 27, 42, 46, 49, 51, 52, 57, 210
– Früherfassung 43, 210
– Frühintervention 44, 210

- Gutachten 91, 211
- Hauptrente 71
- Hausfrauen, -männer 25, 34, 60, 136, 198
- Hilflosenentschädigung 79, 201, 204, 205, 211
- Hilfsmittel 81, 218
- Integrationsmassnahmen 45, 211
- Kinderrente 72, 97, 100
- Meldepflicht 97
- Mitwirkungspflicht 51, 88
- Nichterwerbstätige 38, 39, 198
- Renten 53, 71
- Selbständigerwerbende 39, 58, 192
- Taggeld 49, 214
- Teilzeiterwerbstätige 62, 186
- und Pensionskasse 25, 145, 146
- und Unfallversicherung 117
- Verfahren 83
- Verheiratete 38, 75

Invalidität, Definition 20, 22, 180, 212
Invaliditätsfremde Gründe 67, 212
Invaliditätsgrad 24, 53, 117, 144, 192, 212

- Betätigungs-
  vergleich 26, 60, 192, 195, 209
- Einkommensvergleich 53, 117
- gemischte Methode 186, 211
- Hausfrauen 25, 60, 198
- Mütter 64
- Nichterwerbstätige 61, 198
- Selbständigerwerbende 192
- Teilzeiterwerbstätige 62, 186
- und Pensionskasse 144
- und Rente 71

Invaliditätskapital 124, 172, 212
IV-Entscheid 93
IV-Rente 53, 71
- Berechnung 53, 71, 73
- und Weiterarbeiten 69, 182

IV-Stellen 43, 45, 84, 87, 212, 221

K

Kantonale IV-Stellen 43, 45, 84, 86, 212, 221
Kapitalhilfe 49
Kausalzusammenhang 109, 212
Kinder 199
- Geburtsgebrechen 23, 200
- Heimaufenthalt 201
- Sonderschulung 202
Kinderrente 72, 97, 100
Klage 154, 212
Kollektiv-Krankentaggeld-
  versicherung 126, 181, 183, 191
Komplementärrente 119
Kongenitale Hirnstörung 23, 201
Koordinationsabzug 136, 142, 212
Koordinierter Lohn siehe
  versicherter Lohn
Krankenkasse siehe
  Krankenversicherung
Krankentaggeld 126, 172, 213
- Überentschädigung 129, 173
Krankentaggeldversicherung 126, 172, 181, 183, 191
- Selbständigerwerbende 195
- Übertritt in
  Einzelversicherung 127, 191
Krankenversicherung 16, 105, 123, 213
- Grundversicherung 122
- Kostengutsprache 125
- Zusatzversicherung 124, 173
Krankheits- und behinderungs-
  bedingte Kosten 163

L

Lebenspraktische Begleitung 80
Lohnausfallversicherung siehe
  Krankentaggeldversicherung

233

M

MEDAS Medizinische
   Abklärungsstellen 50, 87, 90
Meldepflicht 97
Mindestbeitragszeit 35
Mindestlohn BVG 136, 181
Missbrauchsdebatte 26
Mitwirkungspflicht 52, 88
Mutmasslich entgangenes
   Einkommen 146, 182

N

Nachdeckung 107, 181, 213
Natürlicher Kausalzusammenhang 109
Nichterwerbstätige ... 38, 39, 106, 186, 198

O

Obligatorische berufliche
   Vorsorge 135, 137
Obligatorische
   Invalidenversicherung 34, 36
Obligatorische Leistungen,
   Pensionskasse 135, 137, 213
Obligatorische Unfallversicherung 106

P/Q

Pensionierung 99
Pensionskasse (siehe auch berufliche
   Vorsorge) 133, 181, 189, 213
– Arten 138
– und IV 25, 145, 146, 150
– und privat finanzierte
   Versicherungen 173
– zuständige 147
Pflegefinanzierung 204
Plafonierung 74, 213
Prämienbefreiung 169, 172, 213
Privat finanzierte
   Versicherungen 167, 173, 213
– Überentschädigung 173
Quotenregelung 52

R

Recht zur Mitwirkung 86
Rechtliches Gehör 86, 213
Rechtsbeistand, unentgeltlicher 96, 215
Rechtsberatung 52, 95, 224, 226
Rechtsmittelbelehrung 94, 121, 213
Rechtsmittelfrist 83, 94, 121
Rechtsmittelverfahren 94, 121, 153
Regionale ärztliche Dienste (RAD) 84
Renten der IV 53, 71
– Berechnung 53, 71, 73
Renten der Pensionskasse 141
Renten der Säule 3a und 3b 168, 170
Renten der Unfallversicherung 111, 113
Rentenumwandlungssatz 143, 214
Revision der IV-Rente 214
Rückerstattung von Leistungen 100, 214
– Erlass 101

S

Säule 3a 167
Scheininvalidität 26
Schleudertrauma 28, 111, 120, 179
Schwarzarbeit 37, 56, 197
Selbständig-
   erwerbende 39, 58, 106, 136, 191
– Versicherungsschutz 194
Somatoforme Schmerzstörung 28
Sonderschulung 202
Sozialhilfe 77, 145
Sozialversicherung, Definition 14
Sozialversicherungssystem 14, 16, 210
– bei Invalidität 15, 18
– für Ausländer 196
Splitting 75, 214
Staatsverträge 37, 196, 214

T

Tabellenlohn 56, 203
Taggeld, IV 49, 214
– Wartezeittaggeld 50

■■■ ANHANG

Taggeld,
  Unfallversicherung 111, 120
Taggeldversicherung siehe
  Krankentaggeldversicherung
Teilzeiterwerbs-
  tätige 62, 136, 140, 146, 186
– Änderung der Verhältnisse 189

U
Überentschädigung 73, 118, 129,
                                173, 176, 214
– berufliche Vorsorge 121, 146, 182
– Invalidenversicherung 73
– und privat finanzierte Versicherung 173
– und Taggelder 120, 129
– Unfallversicherung 118, 186
Überobligatorische
  Leistungen 137, 139, 151, 181, 215
Umschulung 47, 199, 215
Unentgeltlicher Rechtsbeistand 96, 215
Unfall, Definition 107, 215
– und Pensionskasse 142
Unfallversicherung 14, 16, 18, 96,
                                  105, 186, 215
– Arbeitnehmer 106
– Grobfahrlässigkeit 114
– Integritätsentschädigung 111, 115, 211
– Leistungen 111
– Renten 111, 114
– Selbständigerwerbende 106, 195
– Taggeld 111, 214
– Teilzeiterwerbstätige 186
– und IV 117
– Verfahren 121
– versicherter Lohn 108, 215
Unklare Beschwerdebilder 28
Untersuchungspflicht 215

V
Valideneinkommen 54, 117, 215
– Definition 54
Verfahren, berufliche Vorsorge 153
Verfahren, IV 83
Verfahren, Unfallversicherung 121
Verfügung 93, 121, 215
Versicherter Lohn,
  berufliche Vorsorge 136, 142, 215
Versicherter Lohn,
  Unfallversicherung 108, 215
Versicherungsausweis 142, 215
Versicherungsgericht,
  kantonales 95, 121, 153
Versicherungsvertrags-
  gesetz VVG 127, 170
Verzugszins 92, 216
Viertelsrente 71, 144, 216
Vorbehalt 125, 127, 171, 183, 216
Vorbescheid 93, 216

W
Warten auf Rente 76, 92
Wartezeittaggeld 50
Weiterarbeiten und IV-Rente 69, 185
Weitergehende berufliche
  Vorsorge 135, 137, 151, 181, 215
WISA-Massnahme 45
Wohnsitz 34, 36, 85, 97,
                                  159, 196, 216

Z
Zumutbares Einkommen 59
Zusatzversicherung
  der Krankenkasse 124, 173
Zweite Säule siehe
  berufliche Vorsorge

Meine Notizen

Ratgeber, auf die Sie sich verlassen können

Dem Schmerz die Stirn bieten

Der erfahrene Schmerzmediziner Dr. med. Roland Schreiber klärt für Laien verständlich über die Komplexität chronischer Schmerzen auf, und zwar über die rein medizinischen Aspekte hinaus. Er gibt Betroffenen und ihren Angehörigen Instrumente in die Hand, um eine gute Lebensqualität trotz Schmerzen zu erreichen.

312 Seiten, Klappenbroschur
ISBN 978-3-03875-243-1

Krankheit oder Unfall

Es kann alle treffen: Arbeitsunfähigkeit etwa nach einer Krankheit, einem Unfall oder einer Operation. Wer plötzlich am Arbeitsplatz ausfällt, hat viele finanzielle und arbeitsrechtliche Fragen und vielleicht auch Ängste. Dieser Ratgeber bietet alle nötigen Informationen.

200 Seiten, Broschur
ISBN 978-3-03875-050-5

Ergänzungsleistungen

Wenn die AHV- oder IV-Rente zum Leben nicht reicht, kommen die Ergänzungsleistungen zum Zug. Dieser Ratgeber zeigt mit vielen Beispielen aus der Beobachter-Beratungspraxis, wie das System der EL funktioniert und wer Anspruch auf Leistungen hat. So wissen Betroffene und Angehörige Bescheid über ihre Rechtsansprüche.

176 Seiten, Broschur
ISBN 978-3-03875-229-5

Die E-Books des Beobachters: einfach, schnell, online. **www.beobachter.ch/ebooks**

„Gut zu wissen, wo Inhalt gleich Nutzen ist."

Bruno H., Beobachter-Abonnent

Warum Beobachter-Abonnenten die spannenden Reportagen und Geschichten aus dem wahren Leben so schätzen? Vielleicht liegt es am direkten Nutzwert durch Tipps, Ratschläge und Hilfestellungen, der ihnen mit dem Inhalt jeder Ausgabe und darüber hinaus ins Haus geliefert wird. Nützliches sollte man haben. Mehr zum Abo, mehr zu allen anderen Vorteilen auf **shop.beobachter.ch/abos**

Wissen hilft.

Beobachter

Ratgeber, auf die Sie sich verlassen können

Ganz normal anders

In jedem Leben schlummert das Risiko, von einer psychischen Krankheit betroffen zu werden. Dieses praktische Nachschlagewerk bietet umfassende Informationen zu Krankheiten, Behandlungsmöglichkeiten und Hilfsangeboten. Es beantwortet alle Fragen – auch jene, die nicht laut gestellt werden.

368 Seiten, Klappenbroschur
ISBN 978-3-03875-184-7

Alles über die KESB

Dieser Ratgeber gibt einen Einblick ins Tätigkeitsfeld und den Aufgabenbereich der Kesb. Er vermittelt, warum das Kindes- und Erwachsenenschutzgesetz uns alle angeht und welche Überlegungen wir anstellen sollten für uns selbst und unsere Angehörigen.

216 Seiten, Klappenbroschur
ISBN 978-3-03875-245-5

Wenn das Geld nicht reicht

Was tun, wenn man in eine finanzielle Notlage gerät? Dieser Ratgeber hält viele praktische Tipps und Informationen bereit, wie man aus dem Engpass herausfindet. Er gibt einen Überblick über das Netz der sozialen Sicherheit in der Schweiz und erklärt, wer Anspruch auf Sozialhilfe hat.

216 Seiten, Broschur
ISBN 978-3-03875-248-6

Die E-Books des Beobachters: einfach, schnell, online. www.beobachter.ch/ebooks